高级会计师评审一本通

分享多年教学实践经验
传授独特评审修炼心法

在此相遇 评审尽知
看清评审的底层逻辑

领匠教育 陈鹤 编著

图书在版编目（CIP）数据

　　高级会计师评审一本通 / 领匠教育，陈鹤编著.一北京：企业管理出版社，2024.3
　　ISBN 978-7-5164-3051-4

　　Ⅰ.①高… Ⅱ.①领… ②陈… Ⅲ.①会计师－资格考试－自学参考资料 Ⅳ.①F232

　　中国国家版本馆CIP数据核字（2024）第068498号

书　　名：	高级会计师评审一本通
书　　号：	978-7-5164-3051-4
作　　者：	领匠教育　陈鹤
策　　划：	杨慧芳　唐琦林
责任编辑：	杨慧芳
出版发行：	企业管理出版社
经　　销：	新华书店
地　　址：	北京市海淀区紫竹院南路17号　邮　编：100048
网　　址：	http://www.emph.cn　电子信息：314819720@qq.com
电　　话：	编辑部（010）68420309　发行部（010）68701816
印　　刷：	北京亿友创新科技发展有限公司
版　　次：	2024年5月第1版
印　　次：	2024年5月第1次印刷
开　　本：	787mm×1092mm　　1/16
印　　张：	13.75印张
字　　数：	218千字
定　　价：	68.00元

版权所有　翻印必究·印装有误　负责调换

前 言

近年来，随着社会对高级会计职称的广泛认可，愈来愈多的财务从业者涌入考试大潮，并面临着高级会计职称取证流程的持续更新和优化的挑战。本书是一本系统、全面、与时俱进的评审辅导教材，旨在帮助读者深入理解和掌握高级会计职称的核心知识和实践技能。

本书在编写过程中，力求体现以下几个特点。

1. 系统性：本书按照高级会计职称的评审流程与读者的学习规律，对评审各环节知识点进行了科学组织和安排，使读者能够循序渐进地掌握相关知识和技能。

2. 前沿性：本书密切关注高级会计职称的最新政策与动态，及时将最新的政策变动与经验心得纳入教材内容，使读者能够掌握最前沿的评审资讯。

3. 实用性：本书注重理论与实践的结合，通过丰富的案例和实际操作，帮助读者将所学知识应用于评审工作中，增强高级会计职称取证能力。

4. 可读性：本书在语言表达上力求清晰、准确、生动，避免过多的专业术语和复杂的句子结构，使读者能够轻松阅读和理解。

在编写本书的过程中，笔者得到了许多评审专家的支持和帮助，在此表示衷心的感谢。同时，笔者也欢迎广大读者对本书提出宝贵的意见和建议，以便不断完善教材内容，提高教材质量。

作为一名拥有多年教育经验和评审指导经历的专家，笔者在这个领域积累了丰富的知识和实践经验。笔者的职业生涯始于教育领域。2011年起，笔者开始从事会计、经济职称评审教学工作。工作期间，笔者不仅深入研究了该环节的核心知识，还积累了大量与考生互动、指导他们学习和成长的宝贵经验，同时兼任多家知名杂志社栏目主编，在职称评审、论文发表、答辩指导等方面具有非常丰富的实践经验（见图1）。

图1 全国巡讲报告会-上海站

在教学过程中，笔者始终关注考生的学习习惯与评审需求，致力于开发创新教学方法，以提升考生的学习效果。笔者深知，编写一本优秀的辅导书不仅需要深厚的学科背景，还需要对教学方法和学习心理有深入的了解。因此，在编写本书的过程中，笔者充分利用了自己多年的教学经验和学术研究成果，力求为读者提供一本既系统全面又实用易懂的辅导书。

在过去的十几年里，笔者已累计辅导超 30000 名高级会计职称考生，帮助他们顺利通过评审，取得证书。在教学实践中，笔者积累了丰富的经验。这些经验使笔者对高级会计职称评审知识的结构和教学方法有了更深刻的认识，也为本书的编写提供了有力的支持。

在高级会计职称取证流程中，考生往往最为关注业绩部分，主要原因在于对政策要求不够清晰，经验较为欠缺，对于业绩挖掘、写作常常无从下手，难以有效解答问题，对评审政策了解较为笼统，最终导致评审申报内容缺乏竞争力，从而错失良机。

笔者认为，通过高级会计职称评审最为首要的是建立自信，曾经有太多考生因为自身因素，险些主动放弃。如吴女士是某人民医院药剂科的工作人员，2021 年非常顺利地通过了高级会计实务考试，成绩高达 87 分，但是在评审中却遇到了层层阻力，如业绩写出来、却又拿不到佐证材料等。笔者根据吴女士单位药剂科现有的资料，最终将部门预算、固定资产管理、医改药价、过期药品处理、科室内部人员培养等作为主要申报业绩，指导她完成申报参评，并于当年顺利地取得了高级会计职称证书。

实际上，类似吴女士这样的案例比比皆是，我们在评审过程中，不可避免地会遇到诸多阻力，如家庭不信任、同事不配合、领导不支持等，考生应该做到坚定信心，用科学的方法排除万难，只有通过评审，取得证书，才是对自己付出最大的安慰，并获得能升职加薪的资质（见图 2）。

图 2　报告会现场评审答疑

前 言

其次是充分了解评审政策与评审标准。每年都会有非常多的考生因为论文未及时发表、业绩材料未提前准备而造成无法参与评审或在评审中竞争力不突出。甚至由于对政策把握不清，考生有可能找不到自己没能通过评审的原因，这是非常遗憾的。如雷女士在上一年度评审未通过后，借笔者在广州开展报告会的机会，带着申报资料找到了笔者，想探究一下导致她评审没能通过的原因。她是企业的财务总监，各项业绩也按参评资料要求严格筛选，但是最终还是没能通过评审，她也找不到问题所在，下一年度仍无从下手优化参评资料。经过当面确认，雷女士 2022 年参与评审，实际业绩中有超过 50%的内容都发生于 2017 年，换言之，在评委看来，她近 3 年内在财务领域是毫无建树的，即便其他内容再全面，毕竟都是过往，相较之下，评委更青睐近 5 年有突出工作业绩的人士。后经笔者指导，雷女士把各项业绩的时间线拉长，确保整体业绩都是在近 5 年内发生的，并于 2023 年顺利通过评审。

类似的案例还有很多，而相关案例的积累正是本书诞生的动因。笔者深信，通过对本书的阅读和学习，读者将能够更好地掌握评审技巧，提高学习效果，实现自己的"高会梦"。同时，笔者也期待与广大读者一起分享教学和学习的心得，共同提高本领域的教学效果。

目 录

第一章 总论 1
 我国会计职称体系 1
 高级会计职称概述 2
 专业技术资格考试 3
 初识高级会计职称评审 5

第二章 评审政策汇编 8
 北京市高级专业技术资格评审政策 8
 上海市高级专业技术资格评审政策 12
 山东省高级专业技术资格评审政策 14
 浙江省高级专业技术资格评审政策 17
 广东省高级专业技术资格评审政策 20
 四川省高级专业技术资格评审政策 24
 天津市高级专业技术资格评审政策 29
 安徽省高级专业技术资格评审政策 33
 河南省高级专业技术资格评审政策 38
 河北省高级专业技术资格评审政策 39
 陕西省高级专业技术资格评审政策 42
 湖南省高级专业技术资格评审政策 48
 广西壮族自治区高级专业技术资格评审政策 53
 甘肃省高级专业技术资格评审政策 58
 贵州省高级专业技术资格评审政策 62
 海南省高级专业技术资格评审政策 66
 湖北省高级专业技术资格评审政策 72
 江苏省高级专业技术资格评审政策 75
 江西省高级专业技术资格评审政策 77
 福建省高级专业技术资格评审政策 81
 辽宁省高级专业技术资格评审政策 83

吉林省高级专业技术资格评审政策	86
黑龙江省高级专业技术资格评审政策	88
内蒙古自治区高级专业技术资格评审政策	90

第三章 评审申报程序 93

网上信息填报	93
现场资料提交	96
答辩流程与技巧	99

第四章 评审阶段评分标准解析 105

浙江省高级会计师职务任职资格量化评价标准	105

第五章 发表职称论文 109

评审论文政策要求	109
论文选题与写作	111
投稿与刊物选择	116
论文收录与检索	117

第六章 工作业绩报告 118

工作业绩概述	118
企、事业单位常见业绩	120
业绩挖掘与补充	129

第七章 优秀业绩报告及论文赏析 130

优秀业绩报告赏析	130
优秀论文赏析	144

第八章 高级会计师评审之百问百答 174

第一章　总论

我国会计职称体系

会计职称是会计业务水平的标志，会计职称越高，表明一个人会计业务资质越高。高级会计师资格考评结合工作中的考试（以下简称高级会计师资格考试）由国家统一组织。财政部、人力资源和社会保障部全国会计专业技术资格考试领导小组办公室（以下简称全国会计考办）负责确定考试科目、制定考试大纲和确定合格标准，对阅卷工作进行指导、监督和检查。财政部负责组织专家命题。人力资源和社会保障部负责组织专家审定试题。

我国现有会计职称包括初级、中级和高级。初级会计职称亦称为助理会计师，中级会计职称又称为会计师，高级会计职称又称为高级会计师。其中高级会计师又分为副高级会计师和正高级会计师，副高级会计师相当于副研究员或副教授，正高级会计师相当于研究员或教授。

初级会计职称考试科目包括《初级会计实务》《经济法基础》，中级会计职称考试科目包括《中级会计实务》《财务管理》《经济法》，高级会计职称考试科目为《高级会计实务》。其中，参与初、中级会计职称考试合格者，可以获得相应的会计专业技术资格证书，而高级会计职称考试合格者，还需要通过高级会计职称评审，才可获得高级会计专业技术资格证书。

高级会计职称评审是指对会计人员的高级会计专业技术资格进行评定的过程。评审工作一般由各级人力资源和社会保障部门或会计专业技术资格评审机构组织实施。评审对象需要提交个人申报材料，包括学历、工作经历、业绩成果、论文著作等，经过专家评审、答辩等程序，最终确定是否通过评审。通过评审的人员，可以获得高级会计专业技术资格证书，该证书在全国范围内有效。

正高级会计职称评审在多数地区不需要进行理论考试，但均需要参与面试答辩，以确认评审对象是否具备正高级专业技术资格。

高级会计职称概述

高级会计职称是我国会计领域的高级职称，也是体现会计专业技术人员能力水平的重要标志。目前，高级会计师资格的取得实行考试与评审相结合的评价制度，考试科目为《高级会计实务》，考试合格者由全国会计考办核发高级会计师资格考试合格证书，而后需要参加高级会计职称评审。高级会计师的评审工作由各省、自治区、直辖市和国务院有关部门组织的高级会计师评审委员会负责。评审工作按照各省高级会计师资格评审条件进行，包括资格审核、评审和答辩等环节。评审通过者，由财政部统一颁发高级会计专业技术资格证书。

高级会计师应具有较高的政治素质和业务能力，具有较强的领导能力和组织协调能力，能够指导和培养下一级会计人员，发挥会计专业技术骨干作用。

截止到 2023 年年末，全国具有高级会计职称人员约 23 万人，在整体会计从业人员中占比非常小，也进一步体现了高级会计师人才的稀缺性。而随着我国市场经济的发展，以及高级会计职称的评价方式（考评结合）更具灵活性，使得高级会计师的含金量较高，促使各企、事业单位对高级会计师人才的专业能力更为认可与青睐，这也使得越来越多的会计从业者加入职称晋升的队伍。

第一章 总论

专业技术资格考试

高级会计实务考试是中国会计行业的一项专业考试，旨在测试考生在会计、财务和审计等方面的专业知识和技能。该考试由国家财政部和人力资源社会保障部共同组织，考试科目为《高级会计实务》。

高级会计实务考试为开卷无纸化考试，考试时间为 210 分钟，满分为 100 分。考试内容涵盖了企业战略与财务战略、企业全面预算管理、企业风险管理与内部控制、企业投资、融资决策与集团资金管理、企业成本管理、企业并购、企业绩效评价、企业财务共享服务、行政事业单位预算与财务管理、金融工具会计等多个方面，要求考生具备扎实的专业知识和丰富的实践经验，同时还需要具备一定的管理和领导能力，以应对评审环节。

高级会计实务考试为全国统一考试，报名时间一般为每年 12 月—次年 1 月，考试时间一般为每年 5 月中旬，考试成绩一般于当年 6 月下旬公布。考生可于全国会计资格评价网进行考试报名及成绩查询。

考生在高级会计实务考试中取得合格成绩，并且成绩在有效期内（国家线为 60 分，有效期为 3 年；省线为 50~59 分，有效期为 1 年，但请注意，仅部分地区设有省线，未设省线的地区要求高级会计实务考试成绩达到 60 分及以上），同时满足所在参评地区的业绩和论文要求（具体评审政策详见本书第二章），即有资格参与该地区的高级会计职称评审，评审环节为各地区自行组织，因此各地政策要求略有差异，时间亦不相同，需要考生提前做好时间规划。《高级会计实务》考试成绩省线设置如下表所示。

《高级会计实务》考试成绩省线设置

地区	2021 年	2022 年	2023 年
陕西	55 分	60 分	58 分
宁夏	55 分	55 分	55 分
吉林	55 分	55 分	55 分
辽宁	55 分	55 分	55 分
河北	55 分	55 分	55 分
兵团	省级 55 分，第一、二、三、十四师 50 分	55 分	55 分
内蒙古	55 分	55 分	55 分
甘肃	省级 55 分、"三区三州" 50 分	55 分	55 分
湖南	省级 55 分、边远地区 50 分	省级 55 分、"脱贫县、乡村振兴县" 50 分	55 分

续表

地区	2021年	2022年	2023年
黑龙江	57分	57分	57分
云南	55分	55分	55分
新疆	55分	55分	55分
贵州	55分	55分	55分
广西	省级55分、挂牌督战县50分	55分	55分
青海	省级55分、"三区三州"50分	55分（2022年起省线长期有效）	55分（省线长期有效）
西藏	59分	50分	50分

未列示地区无省线，各地区省线可能受政策影响而变化，请以当年政策为准。

初识高级会计职称评审

高级会计职称评审是对会计专业技术人员的会计实践能力、业务水平和工作业绩进行考核和评价的一种方式。

申请参加高级会计职称评审的人员，须持有高级会计师资格考试成绩合格证或本地区、本部门当年符合参评标准的成绩证明。各地区的评审工作仍按现行办法，由各省（自治区、直辖市）和新疆生产建设兵团组织进行。中央单位的评审工作，由在人力资源和社会保障部（或原人事部）备案、具有高级会计师职务任职资格评审权的部门组织进行；没有高级会计师职务任职资格评审权的中央单位，可按规定委托在人力资源和社会保障部（或原人事部）备案、具有高级会计师职务任职资格评审权的其他中央单位或所在地省级高级会计师职务任职资格评审委员会进行。即高级会计职称评审，由各省（自治区、直辖市）和新疆生产建设兵团组织进行，中央单位以及部分拥有任职资格评审权的单位进行单位内部评审，或通过委托推荐的形式，推荐所属参评人员参与各地区组织的社会评审。

因高级会计职称评审工作由各省（自治区、直辖市）和新疆生产建设兵团组织，故而各地评审开展的时间、参评条件、是否答辩等要求，均存在细微差异，但评审环节的评分标准几近相同，高级会计实务考试成绩为全国有效，考生可根据自身单位情况或依据就近原则参与职称评审。

高级会计职称评审的程序一般包括申请、资格审查、考核、评审、公示、发证等。申请人需要提交申请材料，包括个人基本信息、会计工作经历、会计业绩、科研成果等。资格审查合格后，申请人需要参加评审，评审内容包括申请人的会计实践能力、理论能力、业务水平和工作业绩等。评审合格后，评审结果需要进行公示，公示期满无异议的，由评审机构发放高级会计专业技术资格证书。

高级会计职称考评流程如下图所示。

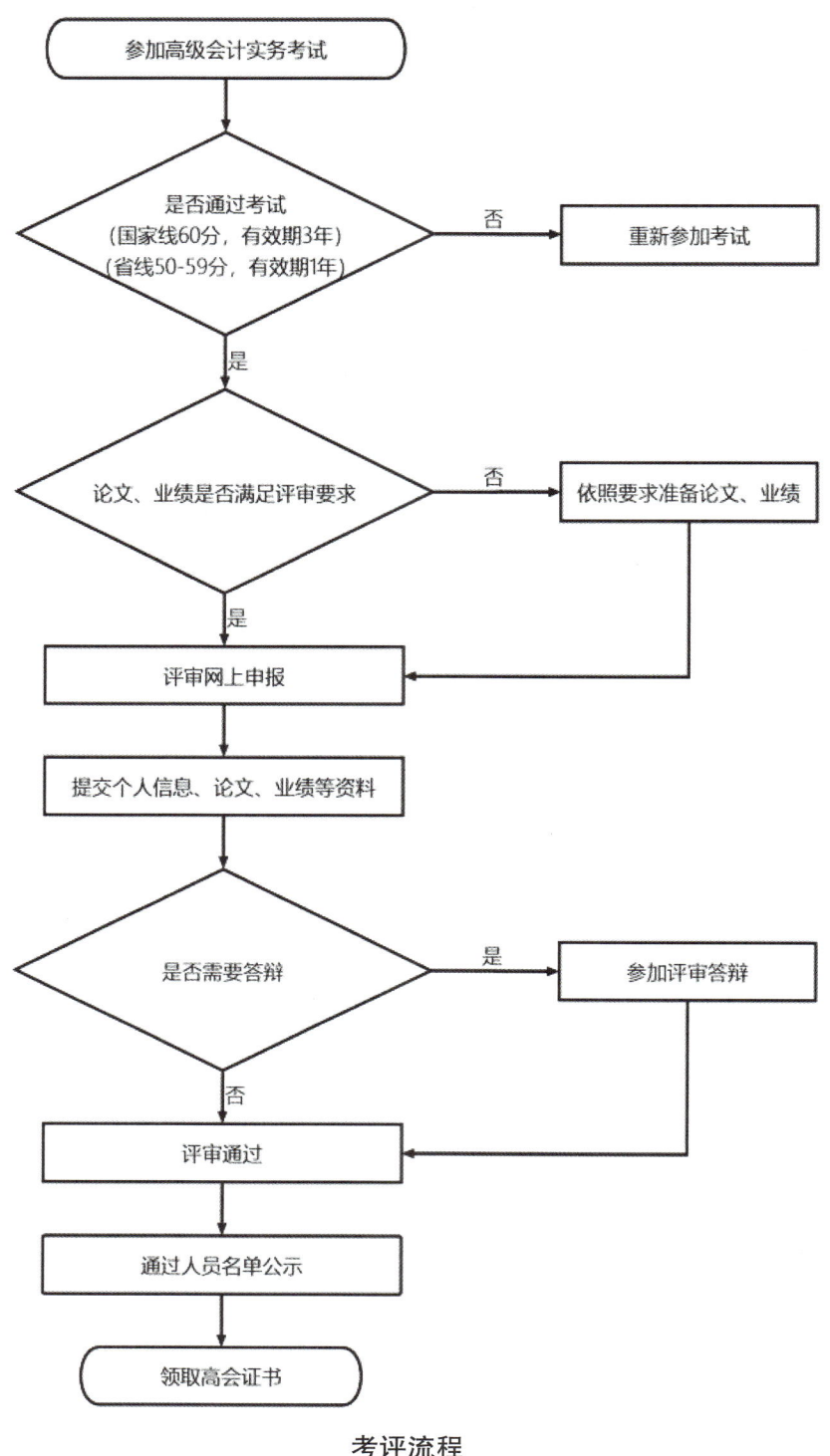

考评流程

高级会计师评审流程通常包括以下步骤。

网上申报：申报人员需要在规定时间内登录当地财政厅或财政局网站进行网上申报。申报人员在填写申报信息时，应按照要求如实填写，并上传相关材料。

提交资料审核：申报人员在网上申报后，需要将相关材料提交至所在单位或主管单位进行审核。审核通过后，方可进行下一步。

网上或者现场缴费：申报人员需按照要求进行网上或者现场缴费，以确保申报流程得以继续。

参加答辩（各省自定）：部分省份在高级会计职称评审中设有答辩环节，申报人员需要做好充分准备，通过答辩展现自己的专业能力和水平。

"评审组"评议："评审组"将对申报人员的材料进行评议，评估其是否符合高级会计师的评审标准。

"高评委"评审："高评委"将对申报人员的材料进行深入评估和审核，并做出最终评审决定。

评审结果公示：评审结果将在官方网站上进行公示，申报人员需要关注公示信息，确认自己的评审结果。

领取高级会计师资格证书及评审资料：如果申报人员通过了高级会计职称评审，需要前往相关部门领取高级会计技术资格证书及评审资料，并将其归入人事档案。

需要注意的是，评审工作由各省自行组织，不同地区的评审时间、论文要求、业绩要求，以及是否设置答辩均有所不同，参评申报人员需要关注评审年度当地财政厅或财政局发布的具体通知和要求，有针对地进行参评准备。

第二章 评审政策汇编

北京市高级专业技术资格评审政策

京人社事业字〔2023〕80号

各区人力资源和社会保障局，北京经济技术开发区社会事业局，市属各部、委、办、局、总公司、高等院校人事（干部）处，人民团体人事（干部）部门，各职称考试、评审服务机构，各有关单位：

为保障本市职称评价工作顺利进行，按照《北京市职称评审管理暂行办法》（京人社事业发〔2020〕12号）、《关于进一步加强和改进职称工作的通知》（京人社事业发〔2023〕10号）等有关规定，现就开展2023年度北京市职称评价工作有关事项通知如下：

一、申报人员范围

与本市所属国有企事业单位、非公有制经济组织、社会组织等机构建立人事劳动关系的专业技术人才（含港澳台地区人才、持有外国人来华工作许可证的外籍人才），可参加本市职称评价。

符合相应申报条件的高技能人才可申报工程、农业、工艺美术、文物博物、实验技术、艺术、体育、技工院校教师系列职称评价。

近1年在北京市舞台影视、美术、动漫游戏、文学创作、工艺美术等专业领域工作、符合条件的自由职业者，经市文化和旅游局、市文联等行业主管部门认可的文艺家协会或行业协会推荐，可参加艺术、工艺美术系列职称评价。

公务员不得参加专业技术人才职称评审。

二、评审服务机构

北京市职称评审专业分布及评审服务机构设置以《2023年度北京市职称评审专业、机构及联系电话》清单为准。除清单中公布的职称评审服务机构以及经市人力资源社会保障局备案自主开展职称评聘的高校、科研机构、新型研发机构等以外，其他单位不得开展北京市职称评价及相关工作。北京市职称评审相关政策及申报具体要求，可咨询相关职称评审服务机构。申报与评审系统使用和技术支持可咨询12333。

三、评审工作安排

（一）专业技术资格评审

除国家有明确要求外，工程技术、农业技术、经济、会计、统计、审计、体育、新闻、出版、播音主持、翻译、艺术、工艺美术、文物博物、图书资料、档案、自然科学研究、哲学社会科学研究、公共法律服务等系列（专业）各级别采取专业技术资格评审。

1. 个人网上申报

申报人登录市人力资源社会保障局政府网站，点击进入"个人办事"栏目，选择"职称评审"模块进入"专业技术人员职称管理系统"，根据各系列（专业）基本评价标准及各评委会要求，在规定时限内按照客观、准确、齐全的要求填写个人全部职称申报信息并提交。申报人对其申报材料的真实性负责。

2. 单位审核推荐

申报人提交职称申报信息后，相关内容将被提交到社保缴纳单位进行审核。申报人社保缴纳单位需登录市人力资源社会保障局政府网站，通过"法人办事"之后点击进入"职称评审单位审核推荐"模块，对申报人所填写的个人全部申报信息真实性进行审核，并在单位内部公示不少于 5 个工作日，无异议后在规定时限内按照管理权限如实填写推荐意见，提交后评审服务机构将进行审核。推荐意见作为评审委员会评审表决的重要参考依据。

对于无单位的艺术、工艺美术自由职业专业技术人才，可自行打印职称申报信息表、个人诚信承诺、公示模板等材料，线下提交相关协会学会进行推荐。经相关协会学会审核公示并加盖推荐机构印章后，在规定时间内上传，提交评审服务机构审核。

3. 评审机构审核

评审服务机构按照申报条件，对申报材料进行审核。申报材料不完整、不规范的，评审服务机构应在规定期限内一次性告知申报人需要补正的全部内容。申报人逾期未补正或未按要求履行申报手续的，视为放弃申报。申报人审核通过后，根据评审机构通知，在规定时间内通过申报系统进行网上缴费。申报人逾期未完成缴费，视为放弃申报。评审服务机构将审核通过且缴费成功的申报人提交评审委员会评审。

4. 申报人答辩评审

在精准落实新冠"乙类乙管"等要求的情况下，高、中级职称评审前需进行现场答辩，初级采用专家评审的方式开展。专业评议组对申报人的专业技术工作情况进行考核，评价意见作为评审委员会评审表决的重要参考依据。评审委员会按照分类评价标准对申报人进行综合评价，采取无记名投票方式表决，申报人须获得出席委员三分之二以上同意票数才可取得相应的专业技术资格。

答辩时间具体安排详见职称申报系统中各系列（专业）的报名通知或须知。

5. 评审结果验收公示

评审工作结束后，由市人力资源社会保障局按全市职称评审的统一要求进行验收。评审结果通过验收后将进行公示，公示期不少于 5 个工作日。其中，高级专业技术资格评审结果在市人力资源社会保障局政府网站"通知公告"栏目公示，中、初级专业技术资格评审结果在相关职称评审服务机构网站或公众号公示。

6. 颁发电子职称证书

公示无异议后，市人力资源社会保障局将分批发布 2023 年度电子职称证书和电子职称评价结果通知书。专业技术人员可在市人力资源社会保障局政府网站"个人办事"栏目"专业技术人员资格证书"模块下载使用。法人或个人可通过扫描电子证书的二维码或登录市人力资源社会保障局政府网站,在"法人办事"栏目"专业技术人员资格证书查询"模块,按照要求进行查验操作。

(二)专业技术职务评审

卫生技术、中小学教师、中等职业学校教师、技工院校教师等系列(专业)专业技术职务评审,评审工作流程及时间安排以相关行业主管部门评审服务机构安排为准。

(三)自主评聘

经备案实行自主评聘的高等学校、党校和部分科研机构、新型研发机构,按照备案的自主评聘工作方案,自主开展评审工作。对于不具备开展学术评议能力的高等院校(党校),可在完成本单位自主评聘工作方案的基础上,委托市教委或市委党校进行学术评议。经备案开展自主评聘试点的机构参照执行。

四、工作要求

(一)申报人诚实守信要求。申报人对个人申报材料负责,如弄虚作假将"一票否决"。本市职称评审工作已采取全程网上申报,支持职称、学历、社保等多项信息数据调取,在职称申报、推荐、审核等环节提供虚假材料、剽窃他人作品和学术成果或者采取其他不正当手段的,将被取消申报资格;已取得职称的,撤销职称,记入职称评审诚信档案库,纳入全国信用信息共享平台,记录期限为3年;情节严重的3年内取消职称及岗位晋升资格。

(二)用人单位审核推荐工作要求。申报人所在工作单位(或推荐协会学会)应全面、认真审核申报人材料,对审核和推荐意见的真实性负责。对于没有认真履行审核责任,或包庇、纵容弄虚作假、出具虚假证明的,市人力资源社会保障局将会同行业主管部门、评审服务机构依法追究单位责任,情节严重的,依法追究相关人员责任。

(三)职称评审服务机构评审工作要求。各职称评审服务机构应严格按照《北京市职称评审管理暂行办法》《北京市职称评审服务机构和职称评审专家管理暂行办法》等有关规定开展职称评价工作,严格按照规定的各系列(专业)的申报条件审核材料,规范答辩、评审工作程序,严肃职称评价工作纪律,按规定受理申报人复查申请和投诉,并将相关情况答复申报人。评审服务机构违反评审程序,不能保证评审质量的,将暂停其评审工作,责令采取补救措施;情节严重的,收回其职称评审权,并依法追究相关人员责任。

(四)中央在京单位委托评审工作要求。中央在京单位的专业技术人才,申报时在京缴纳社会保险,由上级主管单位人事部门出具《2023年北京市职称评审委托函》,或经上级主管单位同意后由本单位出具委托函,可参加本市职称评审。委托函需在个人申报时上传到申报系统。经人力资源和社会保障部核准备案的《中央单位高级职称评审委员会备案目录》中已备案的职称系列(专业)不接受委托。

(五)实现职称制度与专业技术人员职业资格制度有效衔接。在国家及本市确定的专业技术人员职业资格与职称对应关系范围内,专业技术人才取得职业资格并符合相应系列（专业）任职的学历年限要求，方可认定其具备相应系列和层级的职称，并可作为申报高一级职称的条件。用人单位可根据工作需要，对符合对应条件的人员按照相应专业技术岗位要求和聘任程序，择优聘任相应专业技术职务。

（六）申报人破格申报工作要求。申报人不具备规定学历、资历，但业绩显著、贡献突出的，在符合本市相关职称系列（专业）破格条件的基础上，由2名及以上具备正高级职称的同行专家填写《北京市高级职称破格申报推荐表》推荐申报，法律法规另有规定的除外。专家推荐表及相关材料需在个人申报时上传到申报系统。

（七）坚决抵制打击各类违规违纪违法行为。我们将进一步加强与公安、经信、教育、新闻出版、市场监管等部门的信息数据共享，建立联动机制，坚决抵制打击在职称评审中的各类违规违纪违法行为。通过数据比对、复查核查、社会公示等方式，不断加强职称评审诚信体系建设，营造更加诚信的评审环境，并积极协助公安部门依法查处假冒职称评审、制作和销售假证等违法行为，做好相关违法案件的侦查工作。申报人对评审结果公示进行举报的，需提供客观明确的证据材料，可查证线索和具体的举报对象、违规事实等，并对举报内容负责。

北京市人力资源和社会保障局

上海市高级专业技术资格评审政策

沪财会〔2023〕33 号

各有关单位：

根据《上海市会计人员高级职称评审办法》（沪人社专〔2023〕233 号，以下简称《评审办法》）有关规定，经市人力资源社会保障局同意，现就本市 2023 年度高级会计师职称评审有关工作通知如下：

一、组织机构

本市高级会计师职称评审组织机构为"上海市会计系列高级职称评审委员会"（以下简称"市高会评委会"），市高会评委会办公室设在上海市财政局会计处。

二、申报范围

具有本市户籍（含持有有效期内的《上海市居住证》，或近 2 年内在本市累计缴纳社会保险满 12 个月），取得会计师或相关专业中级专业技术职业资格后，在本市企事业单位中受聘会计师职务（岗位），并通过会计专业技术高级资格考试，拟聘任高级会计师职务（岗位）的在职人员。当年度达到退休年龄或已办理退休手续的人员，不受理申报（按规定已办理延长退休手续的除外，申报时需提供延长退休审批表）。

三、申报方法

2023 年度上海市高级会计师评审申报流程包括网上申报、资格审核、现场提交书面材料及缴费等环节。

（一）网上申报

1. 登录路径。申报人员登录"上海市职称服务系统"后，通过手机"随申办市民云"APP 进行扫码注册。相关申报流程及具体操作申报人员可在"上海市职称服务系统"的登录页下载《申报人操作手册》作为参考。

2. 申报要求。进入"上海市职称服务系统"后，申报人员应根据操作提示及帮助，按照要求填写基本资料、上传规定的申报材料。申报材料填写及有关证明资料上传完成后，应确认无误再提交。申报人员应确保上传附件不含病毒，否则可能导致材料上传不完整而影响评审。

3. 时间要求。

4. 主送论文要求。申报人员需在"上海市职称服务系统"将其中一篇论文标注为主送论文。市高会评委会将委托相关专业机构统一检测申报人员的主送论文，若论文检测未通过的，将不予受理。

（二）资格审核

市高会评委会办公室将对申报人员网上提交的材料进行审核。对通过审核的申报人员分配受理号，并通知申报人员提交书面材料和支付评审等费用。由于需要逐一审核、陆续分配受理号，请申报人员在规定时间内完成网上申报，通过"上海市职称服务系统"

中"评审进程查看"功能及时了解工作进程，市高会评委会办公室不采用电话通知。

（三）现场提交书面材料及缴费

网上申报材料经审核通过并取得受理号后，申报人员应向市高会评委会办公室提交书面材料及相关证书原件，并缴纳受理费和评审费。

1. 需要递交的书面材料包括：

（1）《申报高级会计师材料目录》1 份（贴于自备材料袋外）；

（2）《高级职称评审申报表》3 份（纸型 A4，可在网上"生成申报表"栏目自动生成）；

（3）按规定完成会计专业技术人员继续教育的证明材料；

（4）全国会计专业技术高级资格考试成绩合格证明；

（5）送审论文、著作或相关专业科研课题；

（6）学历和学位、中级会计师等证书，其他相关书面证明材料。

其中（5）（6）可提交复印件，但需同时提供原件以供查验，查验完毕后，原件可现场退回。

2. 现场缴费。统一采用现场付费方式，收费标准为受理费每人 100 元，评审费每人 800 元。

四、评审安排

市高会评委会将根据《评审办法》规定，按程序组织开展评审。将择期进行面试答辩（具体时间和地点另行通知）。届时未参加面试答辩的，视同放弃本次评审，将不予办理补面试答辩，所缴费用不予退回。

五、其他事宜

（一）已通过 2020 年度、2021 年度、2022 年度全国会计专业技术高级资格考试的，可以参加本次评审。

（二）有关从事会计工作、取得会计师或相关专业中级专业技术职业资格、受聘会计师职务（岗位）的年限计算截止日为 2022 年 12 月 31 日。

（三）事业单位申报人员应根据本单位专业技术岗位设置情况，按岗位缺额进行申报。

（四）2022 年度评审未通过且无新增突出业绩和重大贡献的，本次申报不予受理。

（五）凡弄虚作假，存在虚报、谎报、瞒报情况的，一经查实，将取消申报资格，并按相关规定予以处理。

特此通知。

咨询电话：63185009，54679568 转 17041、17116 分机。

上海市财政局

山东省高级专业技术资格评审政策

鲁会学〔2023〕9号

根据《山东省职称评审管理服务实施办法》（鲁人社规〔2021〕1号）、《山东省人力资源和社会保障厅关于做好职称评审工作的公告》，经山东省财政厅研究同意，现将我省高级会计师评审有关事项公告如下：

一、评审依据

《山东省会计人员高级会计师职称标准条件》（鲁财会〔2019〕39号）（以下简称《标准条件》）。

二、评审范围

通过全国统一组织的高级会计师资格考试并在成绩有效期内，符合《标准条件》的会计专业技术人员可参加评审。公务员、参照公务员法管理的人员、离退休人员不在评审范围之内。

外省会计专业技术人员委托我省职称评审委员会评审的，需向山东省人力资源和社会保障厅提交外省省级职称综合管理部门开具的委托函。中央驻鲁单位和外省国有驻鲁企业及其分支机构（分公司、办事处等）会计专业技术人员，如需在我省申报评审的，须经有人事管理权限的主管部门开具委托函，相关程序按照《山东省人力资源和社会保障厅关于简化中央驻鲁单位高级职称委托评审手续的通知》（鲁人社字〔2019〕163号）规定执行。

本省自主评聘单位委托评审的，向山东省财政厅开具委托函，评审结束后，山东省会计专业资格高级评审委员会将结果反馈给出具委托函的单位，由自主评聘单位按规定自行公示公布、自主聘用。

三、申报程序和路径

高级会计师评审材料申报实行个人网上申报、单位审核推荐、主管部门审核、呈报部门审核呈报的申报程序。申报人员的申报材料（含电子材料和《山东省专业技术职称评审表》）经单位、主管部门、呈报部门逐级审核后，由呈报部门上报至山东省会计专业资格高级评审委员会办事机构（山东省会计学会，以下称办事机构）复核。

（一）申报人员登录"山东省专业技术人员管理服务平台"，登录方式为：山东省人力资源和社会保障厅官网—网上办事服务大厅—系统快捷入口—山东省职称申报评审系统，注册个人账户，依次填写个人信息、上传证明材料，连同其他纸质材料报工作单位审核。

（二）申报人员所在工作单位、主管部门、呈报部门登录"山东省专业技术人员管理服务平台"，依次逐级建立申报路径接收申报人员材料，并进行审核和逐级上报。呈报部门需与"山东省会计专业资格高级评审委员会"建立申报路径，上报申报人员信息。以前年度已经建立申报路径的，无须再建立路径。

设区的市及以下单位，市财政部门或市人力资源社会保障部门为呈报部门；省属一级国有企业为本企业及下属企业的呈报部门；省属事业单位，其上级主管部门为呈报部门；劳务派遣或人事代理的，其所在单位或人事代理机构为呈报部门。

四、申报要求

（一）个人申报。申报人员应先参加会计人员信息采集并完成相应的继续教育。已参加信息采集的申报人员，在"山东省专业技术人员管理服务平台"注册个人账户后，部分申报信息将从信息采集系统自动提取，无须个人填报和上传附件，比如，申报人员的姓名、身份证号、学历、专业技术资格、专业课继续教育学分等。为保证个人申报信息准确无误，需及时更新信息采集系统中的个人信息。未能自动提取的申报信息，须在"山东省专业技术人员管理服务平台"据实填报、上传附件，并对信息的真实性、完整性、合法性负责。涉及国家秘密的申报材料，需按照申报人所在单位传递涉密文件的方式线下报送（如机要邮寄、专人报送等），不得上传平台，对使用平台违规填报、上传、流转国家秘密造成的后果，由个人负责，并按照国家、省保密相关规定严肃处理。

（二）单位审核推荐。申报人员所在单位负责审核申报材料的合法性、真实性、完整性、有效性和规范性，并负责组织好申报推荐工作。单位确定推荐申报职称人员名单后，将申报人员的申报材料及有关情况（有保密要求和涉及个人隐私的除外），在单位内部进行公示（公示期不少于5个工作日），并填报《推荐申报专业技术职称"六公开"监督卡》。劳务派遣人员、人事代理人员分别由劳务派遣单位、人事代理机构或申报人员现工作单位推荐申报和公示。

（三）主管部门审核。主管部门负责审核个人申报材料的真实性、完整性、合法性和规范性，并对申报人员所在单位的推荐及公示情况进行把关。审核通过的，将申报材料送呈报部门审核。

（四）呈报部门复核呈报。呈报部门负责对个人申报材料的规范性进行复核，经复核合格的，统一呈报办事机构。

（五）严格审核把关。工作单位、主管部门、呈报部门要按照各自职责，认真负责，严格审核，对不符合申报条件和程序、超出评委会受理范围或违反委托评审程序报送的申报材料，应及时退回申报人，并告知原因。申报人员应及时查看申报材料的审核情况，并接收退回材料。有以下情形之一的，不予受理：1.不符合评审条件；2.不符合填写规范；3.不按规定时间、程序报送；4.未经或未按规定进行公示；5.有弄虚作假行为；6.其他不符合职称政策规定的。

（六）补充完善材料。办事机构对不规范、不完整的申报材料直接退回申报人并一次性告知修改意见，仅提供一次修改机会。申报人员应及时查收，并在规定时间内对申报材料进行修改后再次逐级报送。对弄虚作假的一经退回，不再接收申报材料，并按照相关规定处理。由于申报人员未按时修改、修改不全面等个人原因影响评审结果的，后果由申报人员本人承担。

（七）其他事项。经办事机构复核通过的，申报人员自行打印《山东省专业技术职称评审表》一式2份（系统生成，A3纸双面打印，原件），经所在单位、主管单位和呈报单位签字盖章。负责人签字处由负责人签字或加盖人名章，公章处应加盖单位公章或职称专用章。申报材料中如有公开出版的会计类书籍无法通过网络查询的，请一并寄送。《山东省专业技术职称评审表》属个人档案材料，评审通过后应及时报本单位人事部门，存入人事档案。

五、材料报送时间、地点

网上申报结束后，系统将自动关闭，不再受理网上申报材料。

联系电话：0531-51769803、51769574

邮寄地址：山东省济南市市中区济大路3号高会评审委员会

邮政编码：250002

六、评审费用

根据《关于改革专业技术职务资格评审收费有关问题的通知》（鲁发改成本〔2021〕638号），评审费收费标准为每人次360元。

评审费用实行网上缴费，申报材料经办事机构审核通过后，申报人员应及时登录"山东省专业技术人员管理服务平台"查看申报进度并按提示要求进行缴费，过期未缴费的视为自动放弃。

七、申报纪律和责任

申报材料报送实行告知承诺制。

（一）申报人员对本人的申报行为负责，承诺填写的内容及申报材料真实准确；不得伪造、涂改证件及证明，不得提交虚假申报材料，不得有其他违反评审规定的行为，一经查实，按有关规定严肃处理；涉嫌违纪违规的，按照人事管理权限予以党纪政纪处分。

（二）各级财政部门和各单位、各企业要高度重视评审工作，切实加强组织领导，按照各自职责，相互配合、加强沟通，及时审核会计人员信息采集和申报材料，积极稳妥地开展评审工作。对于审核不及时造成的影响，由有关单位负责。

（三）申报人员所在单位、上级主管部门对申报材料和推荐程序的真实性、合法性、规范性负责；对申报材料要严格把关，严格履行申报人员的推荐公示程序，组织好材料呈报工作，对未履行评议推荐公示程序的，取消参评资格。按照"谁审核、谁负责"的管理责任制，各环节相关单位对发现的问题要及时纠正，妥善处理解决，对因不负责导致严重后果的，将依法追究有关人员责任。

（四）各单位应指派专人负责申报材料的呈报工作，办事机构不接受个人申报。

（五）各单位要鼓励符合条件的人员积极申报，并从严审核申报材料，确保申报材料真实可靠，防止弄虚作假。有关组织或个人为专业技术人员评聘专业技术职务提供虚假证明材料的，将对负有责任的组织给予通报批评，对负有责任的专业技术人员依法依规严肃处理。

山东省会计学会

浙江省高级专业技术资格评审政策

浙财会〔2023〕18号

各市、县（市、区）财政局、人力社保局：

为做好我省2023年度会计专业技术高级职务任职资格申报工作，现将有关事项通知如下：

一、申报要求及条件、评价内容规定

会计专业技术高级职务任职资格包括高级会计师职务任职资格和正高级会计师职务任职资格。申报要求及条件、评价内容按照《浙江省财政厅浙江省人力资源和社会保障厅关于印发浙江省会计专业技术高级职务任职资格评审管理实施办法的通知》（浙财会〔2023〕6号，以下简称《评审管理实施办法》）规定执行。

二、个人申报要求

1. 申报准备。申报人员应于申报前，登录浙江会计之家（宁波地区申报人员为宁波会计之窗）查询本人基本信息是否准确。不准确的，应先办理变更手续。

2. 申报要求。申报人员应于本通知规定的申报时间内，登录浙江省专业技术职务任职资格申报与评审管理服务平台进行申报。申报人员须按照客观、准确、完整的要求，更新完善个人信息，提交反映本人专业技术工作经历、专业技术理论水平、专业技术工作业绩与成果等方面的材料。申报人员对其申报材料的真实性、完整性负责。申报人员不得将涉及国家秘密的材料上传管理服务平台。

3. 申报地规定。申报人员原则上按人事隶属关系向单位所在地财政部门申报。人事、社保、劳动关系三者不一致的，向社保参保地财政部门申报。

4. 申报材料要求。按照《2023年度会计专业技术高级职务任职资格网上申报材料要求》上传相关材料。

三、单位审核要求

申报人员所在单位应根据《评审管理实施办法》规定，对申报人员的申报条件、申报材料等进行审核，并将《专业技术职务任职资格评审表》《会计专业技术工作总结》在本单位主要公共场所或内网办公系统公示5个工作日，公示期间申报人员所有申报材料向本单位人员开放查阅。经公示无异议或虽有异议但经核查无问题的，申报人员所在单位方可予以推荐。

财政部门和人力社保部门审核退回后，申报人员补齐补正相关材料的，其所在单位应将修改后的《专业技术职务任职资格评审表》《会计专业技术工作总结》再次公示5个工作日，公示不影响网上申报流程。再次公示期间有异议并经查实有问题的，申报人员所在单位应及时向负责受理的财政部门书面反馈查实情况。

经单位审核符合申报条件的，须在管理服务平台填写公示情况（包括公示方式、公示起止日期）和审核意见。

四、市县财政部门和人社部门审核要求

各市、县（市、区）财政部门根据会计专业技术人员管理权限，受理会计专业技术高级职务任职资格申报。各市、县（市、区）财政部门和人力社保部门按照职责分工，对申报人员的申报条件、申报材料等进行审核。审核后符合规定的，逐级提交上级财政部门和人力社保部门复核。

财政部门和人力社保部门在审核中发现申报材料不符合规定的，应当及时告知申报人员需补齐补正的具体事项。申报人员应当在管理服务平台提示的期限内提交补齐补正材料，逾期未提交或未按规定要求补齐补正的，视为放弃申报。

五、省级联审复核要求

省财政厅组织部分市县财政部门工作人员，对各市、县（市、区）提交的申报人员的申报条件、申报材料等进行集中联审复核。相关市县财政部门应指派政治过硬、业务精通的人员参加联审复核。联审复核情况将予以内部通报。

六、其他事项说明及要求

申报人员、用人单位账号为浙江政务服务网个人、法人登录账号，由申报人员和用人单位自行注册。财政部门账号由省人力社保厅统一分配。申报人员个人用户操作手册、用人单位及财政部门网上审核操作手册可在管理服务平台下载。

在党政机关和参公事业单位工作的事业（或企业）编制人员，还须提供事业单位聘用合同书（或劳动合同书）。

中央或外省单位驻浙机构人员，须向省人力社保厅提供中央单位或外省的省级人力社保部门出具的委托评审函。以分公司名义申报的，须由总公司出具委托评审函。

在浙就业的港澳台以及外籍人员，还须提供港澳台居民居住证和外国人就业证、居留证等。

七、评前公示

省财政厅会同省人力社保厅将复核后符合申报条件的人员名单在省财政厅门户网站公示 5 个工作日。经公示无异议或调查核实符合申报条件人员的申报材料，提交评委会评审。

八、评审结果公示及确认

评审结束后，省财政厅将评审通过人员名单在省财政厅门户网站公示 5 个工作日。经公示无异议或调查核实符合规定的，由省财政厅、省人力社保厅公布具有会计专业技术高级职务任职资格人员名单，已实行高级职称自主评聘单位的人员由评委会出具《评审结果通知书》。

九、证书打印

获得会计专业技术高级职务任职资格的人员，由省人力社保厅统一颁发《浙江省高级专业技术职务任职资格证书》，可登录浙江政务服务网，依次点击"部门服务—省人力社保厅—按事项类型—公共服务—专业技术人员资格证书管理服务"，或直接搜索"高级职称评审与专技考试"，自行下载、打印电子证书，不再发放纸质证书。已实行高级职称自主评聘单位的人员不颁发证书。

十、电子票据获取

申报人员缴费成功后,可通过以下任意一种方式获取电子票据。

1. 短信短链接。缴费成功后,申报人员会收到"浙江公共支付"发送的短信。打开短信,点击短链接,跳转至"非税和票据公共服务平台",通过页面下方"发送到邮箱"或"电子票据下载"获取电子票据。

2. "浙里办"APP。登录"浙里办"APP,依次点击"我的"—"我的票据",查询到相应票据,点击该票据,通过页面"票据图片下载"或点击"更多"—"发送到邮箱"获取电子票据。

3. 支付宝、微信小程序。搜索"浙江票据"公众号,点击"浙里办票",验证身份后,查询到相应票据,点击该票据,通过页面"票据图片下载"或点击"更多"—"发送到邮箱"获取电子票据。

十一、收费标准

根据省财政厅、原省物价局《关于有关部门部分收费项目和收费标准的补充通知》(浙财综字〔2007〕100号)规定,高级职务评审费为280元/人。通过审核的申报人员收到12333短信提示后,登录管理服务平台缴纳评审费用,未按规定缴费的视同放弃申报。

各级财政部门、人力社保部门要高度重视申报工作,增强责任意识和服务意识,切实加强申报条件、申报材料的审核工作,积极主动做好申报服务,不断提升审核质量和服务质量。

浙江省财政厅
浙江省人力资源和社会保障厅

广东省高级专业技术资格评审政策

粤财会〔2023〕16号

省直有关单位，各地级以上市财政局、人力资源社会保障局：

根据省人力资源社会保障厅《关于做好2023年度职称评审工作的通知》（粤人社发〔2023〕32号）有关规定，结合工作实际，现就我省2023年度高（正高）级会计师职称评审工作有关事项通知如下：

一、申报范围

（一）符合申报条件和相关政策规定，在广东省内从事会计财务实务工作的在职在岗人员（广州、深圳市所辖单位人员分别向广州、深圳市高评委办申报）。

（二）中直、部属和外省驻粤单位人员，原则上应在本单位所属评委会申报评审。如确需委托评审的，须经其具有人事管理权限的主管部门同意，并出具委托评审函。

（三）公务员（含参照公务员管理事业单位人员）不得申报评审；离退休人员不得申报评审；事业单位工作人员受到记过以上处分的，在受处分期间不得申报评审。

二、评审条件和相关政策

（一）评审条件。按照《广东省人力资源和社会保障厅 广东省财政厅关于印发〈广东省深化会计人员职称制度改革实施方案〉的通知》（粤人社规〔2019〕39号）附件《广东省会计人员职称评价标准条件》执行。

（二）职称资历年限计算和申报材料时段的计算

1.对于2021年度及此后评审取得职称的人员，评审高一级职称时，职称资历年限和有效材料时段的起算时间为本级职称评审年度的下一自然年1月1日，截止时间为申报高一级职称评审年度的12月31日。

2.对于2020年度及以前年度评审取得职称的人员，评审高一级职称时，职称资历年限的起算时间为本级职称评审年度的1月1日，截止时间为高一级职称评审年度的12月31日；有效材料时段的起算时间为本级职称评审年度的9月1日，截止时间为高一级职称评审年度的12月31日。

3.对于通过考试和认定取得职称的人员，评审高一级职称时，职称资历年限和有效材料时段的起算时间为考试和认定通过之日，截止时间为高一级职称评审年度的12月31日。

（三）评审方式

1.高级会计师职称评审方式。高级会计师职称评审实行考评结合，申报高级会计师职称评审须参加全国会计专业技术高级资格考试，取得《全国会计专业技术高级资格考试成绩合格单》（含2021年度、2022年度、2023年度）。

2.正高级会计师职称评审方式。正高级会计师职称实行评审方式，须进行面试答辩，面试具体安排另行通知。全国会计高端人才培养工程毕业学员申报正高级会计师职称认定不需参加面试答辩。

（四）继续教育条件。按照《财政部 人力资源社会保障部关于印发〈会计专业技术人员继续教育规定〉的通知》（财会〔2018〕10号）执行。申报人需完成2023年度专业技术人员继续教育（含公需课、专业课），并提供2023年度《广东省专业技术人员继续教育证书》（会计专业）。

（五）职称英语和计算机应用能力条件。广东省高（正高）级会计师职称评审对职称外语、计算机应用能力不作要求。

（六）申报转系列评审。具备非会计系列高级职称的专业技术人才转换工作岗位后，从事财务会计实务工作满1年可申报转系列职称评审。转系列评审晋升的，应按规定先取得现岗位同层级职称。申报评审现岗位同层级职称时，资历可从取得原系列低一层级职称的时间起算，取得原系列同层级职称后的相关业绩成果可作为有效业绩成果。申报评审现岗位高一层级职称时，资历可从取得原系列同层级职称的时间起算，取得原系列同层级职称后的相关业绩成果可作为有效业绩成果。

（七）跨区域、跨单位流动的专业技术人员申报评审。按照《广东省跨区域跨单位流动专业技术人才职称重新申报评审和确认规定》，跨区域、跨单位流动专业技术人才可根据需要自行选择申报职称重新评审或确认，原职称经重新评审或确认后方可在我省申报评审高一层级的职称。

（八）港澳台专业技术人员申报评审。根据《关于推进粤港澳大湾区职称评价和职业资格认可的实施方案》（粤人社规〔2019〕38号）及有关政策规定，在我省工作的外籍和港澳台专业技术人才，可按自愿原则申报高（正高）级会计师职称评审。在申报职称时，实行的职称评价标准条件、评审程序、评审办法等与省内专业技术人才一致。其中，对于在粤港澳大湾区内地九市工作的港澳台专业人才，以及引进到粤东西北地区或基层一线企事业单位担任技术骨干的外籍或港澳台专业人才，从事本专业对口专业技术工作满一定工作年限后，可根据粤人社规〔2019〕38号文有关规定直接申报高级或正高级职称。国家另有规定的，按照国家规定执行。

（九）民营企业专业技术人才申报评审。根据《转发人力资源社会保障部办公厅关于进一步做好民营企业职称工作的通知》，我省民营企业专业技术人才在职称申报评审的程序、标准、办法、证书等方面，享有与公有制单位专业技术人才平等的权益，履行同等义务。民营企业专业技术人才职称申报不与人事档案管理挂钩，一般在劳动关系所属的法人单位所在地参加职称评审，由工作单位履行审核、公示、推荐等程序。派驻省内其他地区连续工作一年以上的，由法人单位委托并经派驻地市级人社部门同意后，可在派驻地申报职称评审。

（十）技工院校学历。技工院校中级技工班毕业生与中专学历人员同等对待，高级技工班毕业生与大专学历人员同等对待，预备技师（技师）班毕业生与本科学历人员同等对待。

三、申报途径

我省高（正高）级会计师职称评审实行网上申报方式进行。

（一）申报人登录"广东省会计信息服务平台"，完成会计人员信息采集。

（二）申报人登录"广东省会计人员高级职称评审管理系统"（以下简称会计职称评审系统）填写申报信息并上传相关佐证材料。

四、申报安排及要求

（一）账号注册

1. 单位账号注册。申报人所在单位应在规定时间登录"会计职称评审系统"注册单位账号（系统原注册账号可继续沿用），上传单位证书（如《统一社会信用代码证书》《事业单位法人证书》《营业执照》等），经省高评委办公室审核后方可使用。

2. 个人账号注册。申报人应在规定时间登录"会计职称评审系统"注册个人账号（系统原注册账号可继续沿用）。

（二）个人申报

申报人根据自身专业技术岗位情况，对照《广东省会计人员职称评价标准条件》要求，认真、客观、如实填报，按要求一次性提交全部申报材料，送单位审核和公示。

申报人应通过省财政厅、省人力资源社会保障厅官网了解职称评审政策文件及通知信息，切勿轻信各类网站、广告等"代办""包过"等虚假宣传。

（三）单位审核

1. 做好材料审核工作。按照"谁审核、谁签名；谁签名、谁负责"的原则，申报人所在单位要认真审查申报材料的合法性、真实性、完整性和时效性。对申报人提交的评审材料，每份均须审核人签名、单位盖章和注明审核时间（复印件审核后须注明"经审核，与原件相符"字样）。对不符合申报条件的材料，应及时退回并向申报人说明原因。

2. 做好评前公示工作。单位要按规定将申报材料，特别是《（）级职称申报人基本情况及评审登记表》和投诉受理部门及电话，在单位显著位置张榜或在单位网站进行公示。其他申报材料应在单位相对固定的公开位置摆放，以方便查验。公示期不少于5个工作日。受理信访主要由单位人事（职称）管理部门负责。经查实存在弄虚作假或其他违规行为的申报材料不予报送，并按有关规定处理；对举报问题一时难以核实的，应如实注明，评审材料先行报送，待核实后结果及时报送省高评委会办公室。

公示结束后，由单位人事（职称）管理部门在《广东省专业技术人员申报职称评前公示情况表》和《（）级职称申报人基本情况及评审登记表》上加具意见并加盖单位公章，将《广东省专业技术人员申报职称评前公示情况表》上传会计职称评审系统。

（四）省直主管部门、市人力资源社会保障部门审核

省直主管部门、市人力资源社会保障部门应加强对申报材料的审查，明确审查责任人，落实审核责任。建立诚信档案制度，对提供虚假材料的个人列入失信档案，作为今后申报评审的重要参考依据。

省直非公有制组织、社会组织专业技术人才申报材料经用人单位审核后直接报送省高评委会办公室。

（五）省高评委会办公室审核

省高评委会办公室对省直主管部门、各市报送的申报材料进行审核。对不符合申报条件和程序、超出省高评委会办公室受理范围或违反委托评审程序报送的申报材料，及时按原报送渠道退回。

（六）申报人网上缴费

申报人应在省高评委会办公室审核受理后进行网上缴费，逾期视为放弃申报评审。

（七）纸质材料报送方式及要求

1. 申报人须提供的纸质申报材料。

（1）《广东省职称评审表》1份（A4纸双面打印；职称申报系统自动生成，所在单位、市级人社部门或省直主管部门等盖章）。

（2）《（ ）级职称申报人基本情况及评审登记表》1份（A3纸单面打印、不要超过1页纸；职称申报系统自动生成，经所在单位盖章）。

（3）《2023年广东省会计职称评审表移交登记表》1份（A4纸打印）。

2. 地市所属申报人报送要求。地市所属申报人应于规定时间将纸质申报材料交至所在地的市财政局。地市财政部门应于规定时间将本地区申报材料核实汇总后报至省高评委会办公室。省高评委会办公室不接受地市所属申报人及其所在单位报送的申报材料。

3. 省直单位所属申报人报送要求。省直单位所属申报人应于规定时间将纸质申报材料直接快递至省高评委会办公室。

地址：广州市仓边路26号2楼西侧省会计学会。

联系电话：020-83170315、83170155、83170310、83170400。

五、评审收费标准

按照《省物价局关于同意省财政厅收取专业技术资格评审费的复函》（粤价函〔2012〕1122号）规定，评审收费标准如下：

（一）高级会计师职称评审。700元/人（含评审费500元、论著鉴定费200元）；

（二）正高级会计师职称评审。840元/人（含评审费500元、论著鉴定费200元、答辩费140元）。

无论评审结果通过与否，所缴费用均不退还。

六、评审结果公示

（一）评审通过名单公示。评审通过名单将在广东省财政厅门户网站、广东省会计信息服务平台发布。

（二）评后公示。申报人所在单位应按照规定进行评后公示，评后公示期不少于5个工作日。对评审过程中出现的违纪违规行为，单位和个人均可向省高评委会办公室、省人力资源和社会保障厅署名举报。

七、材料清退和证书领取

（一）评审通过人员材料清退。评审工作结束后，地市评审通过人员的《广东省职称评审表》由所在地的市财政局负责统一领回并发放。省直单位评审通过人员的申报材料由所在单位人事部门到省高评委办公室领取。《广东省职称评审表》应由单位存入个人人事档案，遗失无法补办。

（二）职称证书（电子证书）打印。评审通过人员登录《广东省专业技术人才职称管理系统》自行下载打印本人职称证书，不再发放纸质证书。

广东省财政厅　广东省人力资源和社会保障厅

四川省高级专业技术资格评审政策

各市（州）财政局，省级主管部门，有关单位：

按照工作安排，我厅拟于近期启动2023年度四川省高级会计师职称申报评审工作，现将有关事项通知如下。

一、申报事项

（一）申报条件

按照《四川省高级会计师职称评价基本标准条件》（以下简称《条件》）规定执行。

（二）申报评审成绩使用标准

2021、2022、2023年度全国会计专业技术高级资格考试成绩达到60分及以上，取得由全国会计专业技术资格考试领导小组办公室核发的《全国会计专业技术高级资格考试成绩合格单》。

（三）申报范围

全省范围内（成都市除外）取得会计师职称，从事与会计师职责相关工作的在职在岗人员（公务员、参照公务员法管理的事业单位人员、离退休人员除外），符合申报条件规定均可申报我省高级会计师职称评审。央属在川单位和自主开展职称评审的高校、科研院所、医疗卫生机构以及其他具备独立评审权限的评审组织人员如需评审，需向人力资源社会保障厅或四川省高级会计师职称评审委员会（以下简称"省高会评委会"）出具委托函。

（四）申报方式

实行网上申报方式。

（五）申报流程

1. 个人申报

申报人员登录"四川省财政厅"网站，进入四川会计服务"职评审"栏目，选择"四川省会计高级职称评审系统"（以下简称"评审系统"）进行实名注册，按要求填报信息并上传相关证明材料。

2. 单位审核及公示

申报人员所在单位对符合条件的申报人员学历、专业技术职务任职资格、工作经历、工作业绩成果、专业理论成果等相关申报材料进行审核并公示，公示期应在申报起止时间内且不少于5个工作日（如申报单位与工作单位不一致，需在申报单位和工作单位同时进行公示并出具公示结果），公示情况需以图片方式留存。公示无异议的，由所在单位出具公示结果证明并盖章后（需注明公示起止时间、公示内容、公示方式及公示结果），与公示情况图片一并上传评审系统。

3. 单位推荐及签章

申报人员从评审系统中导出《专业技术职务任职资格评审表》（以下简称《评审表》）2份、《高级会计师资格评审综合情况表》（以下简称《综合表》）1份，交所在单位填写推荐意见，由单位负责人签字并加盖公章后将申报材料逐级报送至主管部门审核。

4. 主管部门意见及签章

各级主管部门对所属单位报送的申报材料进行审核，并在"呈报单位意见"栏填写意见，主管部门负责人签字并加盖公章。

（1）公有制组织申报人员

申报人员按照人事档案管理隶属关系，将申报材料逐级报送至各市（州）主管部门、人力资源社会保障部门或省级主管部门审核并盖章。

（2）非公有制组织申报人员

申报人员不受本人人事档案是否由各级公共就业和人才服务机构以及经人力资源社会保障部门授权的单位代理（以下简称"人事档案代理"）的限制，按照个人申请、单位推荐、人力资源社会保障部门审核的程序进行。

①已实施人事档案代理的申报人员，由人事档案代理机构负责对申报材料进行审核，并报送相应人力资源社会保障部门逐级审核、盖章。

②未实施人事档案代理的申报人员，由所在单位按属地原则推荐至工作单位所在县（市、区）人力资源社会保障部门审核，并经逐级审核、盖章。

（3）自主开展职称评审的高校、科研院所、医疗卫生机构和其他具备独立评审权限的评审组织申报人员

申报人员单位职称管理部门（人事部门）需先向省高会评委会出具委托函，经同意后再将申报材料报送省高会评委会办公室审核。评审结束后，省高会评委会将评审结果反馈委托单位，由委托单位自行复核、办理证书。

（4）央属在川单位申报人员

申报人员单位职称管理部门（人事部门）需先报经国家行业主管部门同意，并向人力资源社会保障厅出具委托函，经审核同意后将申报材料报送省高会评委会办公室审核。

5. 申报审核

（1）审核方式与内容。审核采取网上审核与现场审核相结合的方式，审核包括申报人员的申报资格、申报范围、申报材料的规范性和完整性、单位推荐及主管部门意见等相关内容。

（2）审核程序。申报人员在评审系统上传经各级主管部门签章的《评审表》《综合表》，在确认所填写信息及上传材料准确无误后申报。完成网上申报后，申报人应及时将《评审表》（2份）、《综合表》（1份）、《自我评价表》（1份），按照人事档案隶属关系报送至各市（州）财政局或省高会评委会办公室审核（纸质资料对照网上资料审核）。

（3）审核部门。各市（州）财政局负责所在地单位申报人员材料审核，省高会评委会办公室负责省级各主管部门、省属各企业、央属在川单位以及有自主职称评审权限的单位申报人员材料审核。

6. 网上缴费。申报人员通过审核后，应进入评审系统完成网上缴费，缴费成功才能视为申报成功。

（六）申报材料要求

申报高级会计师职称评审必须准备下列申报材料并按要求签章，根据评审系统要求填报并以 PDF 格式文件上传。

1. 主评材料

（1）单位综合推荐材料（1000 字以内，三号字体）1 份，内容包括：担任会计师以来被推荐者的思想素质、职业道德、专业理论水平、工作经历，主要专业技术工作业绩与贡献，由单位负责人审查签名并加盖单位公章上传评审系统。

（2）任现职以来的业务自述（2000 字以内，三号字体），内容包括：专业理论水平、工作经历、业绩成果、获奖情况以及其他成果等。

（3）《条件》中规定的业绩成果要求、专业学识水平要求的证明材料各 1 份。其中：涉及合作会计专业课题研究，需说明本人在其中的贡献并征得其他合作者同意。上述材料需将原件报各地财政部门或省高会评委会办公室审查，复印件需所在单位审查盖章确认并上传评审系统。

2. 辅评资料

（1）《全国会计专业技术高级资格考试成绩合格单》打印件 1 份（通过"全国会计资格评价网"下载打印）。

（2）会计师专业技术资格证书及查询结果材料各 1 份（通过"全国会计资格评价网"考试合格信息查询栏目查询）。

（3）公示结果材料 1 份（注明公示起止时间、公示内容、公示方式及公示结果）。

（4）工作经历要求证明材料 1 份。

（5）2023 年度继续教育完成情况证明材料 1 份。按照《四川省财政厅关于组织开展 2023 年会计继续教育的通知》规定，完成专业科目和公需科目（具体科目）登记情况（通过"四川会计服务"网查询继续教育登记情况）。

（6）学历证书及证明材料 1 份。除学历证书外，需提供从"中国高等教育学生信息网"（以下简称"学信网"）下载的《教育部学历证书电子注册备案表》（在线验证有效期设置为 6 个月及以上）1 份。国（境）外高校的毕业生，需提供（境）外学历学位认证书 1 份。2002 届以前国内高等教育毕业的申报人员，在学信网（学位网）无法或无法准确查询学历相关信息的，由用人单位进行学历审查并经责任人签字、单位盖章。

（7）获奖证书、专利证书、成果鉴定证书等其他证明材料各 1 份。

（8）事业单位申报人员需提供所在事业单位法人证书、事业单位人员身份证明文件材料各 1 份。

（9）企业单位申报人员应提供企业营业执照，非公有制单位申报人员还需提供与所在单位依法签订的劳动合同、近一年单位购买社保证明或其他证明材料各 1 份。

以上材料需经所在单位审查盖章确认后，再扫描上传评审系统。

3. 相关表格

（1）《评审表》2 份。

（2）《综合表》1 份。

(3)《自我评价表》1份。

以上表格须在评审系统中下载打印，并按要求签字、加盖公章。

（七）申报材料填写及上传要求

1. 填写要求。申报人员应按要求填写相关信息，并对填报的信息真实性、规范性、完整性、准确性负责。

2. 照片要求。近期1寸白底免冠标准证件照，格式JPG、JPEG。

3. 证明材料要求

（1）证明材料签章要求。证明材料由所在工作单位提供业绩及盖章，如果申报单位与工作单位不一致的，可能存在委派（派遣）、借调等情况的，需出具工作单位与申报单位的关联证明（派遣、劳务输出、借调等文件）；申报单位与上级单位、主管单位不一致的，需提供产权纽带关系或组织机构图。

（2）专业学识水平要求。每个专业课题需提供整套材料，如涉及合作课题，需说明本人在其中的贡献并征得其他合作者同意，按照课题的征集、立项、参与情况说明、内容、结项、验收材料顺序扫描；每篇公开发表的论文按照期刊封面、目录（个人姓名处作明显标记）及论文正文顺序扫描；专著或译作按照封面、显示本人撰写情况页面、目录、主要内容顺序扫描（另需提供专著或译作原件用于评审）；相关部门采纳的会计政策制度性文件、专项调查分析报告、专题方案、财务案例等，需提供被采纳证明，按照采纳证明及具体材料的顺序扫描。以上各类证明材料均应按要求顺序扫描成一个PDF格式文件上传评审系统。

（3）业绩成果要求。申报人提供的每份工作业绩材料，均需由成果单位（工作业绩成果涉及不同单位，需分别由取得业绩的所在单位出具确认证明）提供申报人的参与情况及对成果的贡献程度说明，相关证明人签字及联系方式，并由成果单位盖章确认。每份业绩材料按照参与情况说明、工作业绩材料的顺序扫描成一个PDF格式文件上传评审系统。

4. 证明材料扫描上传要求。所有涉及需扫描上传的证明材料，如学历、资历、论文、业绩材料等均应正放扫描，保证每份材料清晰、完整，不影响审阅。上传证明材料应与申报内容准确对应。

二、评审事项

（一）评审组织

高级会计师职称评审组织机构为省高会评委会，办公室设在财政厅会计处（行政审批处）。

（二）评审程序

1. 初审。各市（州）财政局、人力资源社会保障局按照自身工作职责负责对申报人员的申报材料进行初审，对不符合申报条件、不符合申报程序以及未按照要求提供申报材料的，不予受理或者要求其补充完善后受理。初审合格的申报材料，由各市（州）财政局予以受理。省级主管部门、央属在川单位以及自主开展职称评审的高校、科研院所、医疗卫生机构和其他具备独立评审权限的评审组织，按照自身工作职责负责对申报材料进行初审后报送省高会评委会办公室。

2.复审。省高会评委会办公室负责对申报材料进行复审，对复审不合格的材料予以退回或补充完善后再受理。

3.现场答辩。省高会评委会办公室从评审专家库中随机抽取答辩专家，组建答辩专家组，组织进行现场答辩。经省高会评委会办公室复审合格的申报人员，应当按照通知的时间、地点和顺序，就高级会计师应当具备的工作经历、专业学识、任现职期间所取得的业绩成果等方面的情况进行答辩。每名申报人答辩时间为15分钟。答辩结果分为优、良、合格、不合格四个等次。达到合格及以上等次的申报人员方能进入第二阶段的评审审议，答辩结果作为评审审议的参考依据。答辩时间、地点及相关事宜另行通知。

4.评审。答辩结束后，省高会评委会办公室将现场答辩通过人员的申报材料报送省高会评委进行同行评议。

5.公示。评审结束后，省高会评委会办公室向社会公示本次评审通过人员名单，公示期不少于5个工作日。

6.资格批复。评审结果公示结束后，省高会评委会办公室将公示情况及相关材料报人力资源社会保障厅进行资格确认，并由其批复评审通过人员的高级会计师职称资格。

7.电子职称证书打印。经批复评审通过申报人员，自行在人力资源社会保障厅"四川人社"APP用户端下载打印电子职称证书。

（三）收费标准

按照《四川省发展和改革委员会 四川省财政厅关于重新公布全省人力资源社会保障部门行政事业性收费的通知》（川发改价格〔2017〕472号）文件规定，每人次收取评审费320元。

三、其他事项

（一）申报人员应在申报起止时间内完成网上申报提交和现场审核，通过审核后及时缴费，逾期评审系统关闭将不再办理相关事宜。

（二）要加强对多头申报职称的审核排查力度，防止出现同一份业绩材料申报多个职称的现象。

（三）申报人专业理论水平材料有效时间认定，截止到2023年10月27日为止；资格及工作年限计算，截止到2023年底。

（四）人力资源社会保障厅下发任职资格文件后，申报人员应在省高会评委会办公室取回本人评审表；通过市（州）财政局报送的，由各市（州）财政局统一领回发放。

省高会评委会办公室联系地址：成都市南新街16号财政厅二号楼711室。

联系电话：（028）86667246。

四川省财政厅

天津市高级专业技术资格评审政策

按照《市人社局关于开展 2023 年度职称评审工作的通知》（津人社办函〔2023〕355 号）、《市人社局市财政局关于深化会计人员职称制度改革的实施意见》（津人社规字〔2020〕10 号）、市人社局关于印发《天津市职称评审管理暂行办法》的通知（津人社规字〔2019〕4 号）文件规定，现将有关工作安排通知如下：

一、申报范围和申报方式

（一）申报范围

本市企事业单位、非公经济组织、社会组织等单位（含中央和外省市驻津单位）在岗从事会计工作，并取得全国会计专业技术高级资格考试成绩合格单（2020—2023年度）的专业技术人才可以申报。以前年度一直从事会计工作，2023 年新调到其他岗位的人员可以申报。

受到党纪处分、政务处分、处分的人员，在影响期内不得申报职称评审。公务员（含参公管理事业单位工作人员）和离退休人员不得申报职称评审。

（二）申报方式

按照市人社局工作安排，2023 年度职称评审统一使用"天津市专业技术人才职称评审信息系统"（以下简称"职称评审系统"），系统操作咨询请拨打市人社局咨询电话：022-23269878。

为优化职称申报评审服务，实行"免跑即办"，申报人所有信息和佐证材料、业绩材料均在网上提交，不再提交纸质申报材料。

（三）评审委员会和评审方式

评审委员会为天津市会计系列高级职称评审委员会（以下简称"会计副高评委会"），采取线上面试答辩与评审相结合的评审方式。未参加面试答辩的人员不能参加当年的评审。

二、工作流程及时间安排

（一）自主申报

申报人登录职称评审系统，按要求在线填报相关信息、上传佐证材料，核对无误后提交至用人单位。

（二）用人单位审核推荐

用人单位对照评审政策和申报要求对申报人提交的申报材料（包括岗位、学历、资历、专业技术工作经历、专业能力、业绩、论文等）进行审核，符合申报条件的，由有关领导、技术专家或骨干以及专业技术人员代表组成的推荐委员会（小组），以无记名投票表决的方式提出推荐意见，赞成票未超过一半的，用人单位不得推荐。

用人单位对推荐结果在单位内部进行公示，公示期不少于 5 个工作日，公示应明确起止日期、受理部门、受理方式、联系人等。公示资料需以图片方式留存备查，并在职称评审系统中上传，提交给业务主管部门审核。

（三）业务主管部门推荐至评委会

业务主管部门对所属用人单位提交的申报材料进行审核，并于规定时间在职称评审系统中提交至会计副高评委会，过期将无法接收。

（四）线上评委会审核

会计副高评委会将在线对申报资格进行审核，审核通过后，在职称评审系统进行"确认接收"操作。（公休日不审核）

（五）面试答辩

线上面试答辩具体时间和安排另行通知，请关注"天津会计"网站。

（六）组织专家评审

依据《天津市职称评审管理暂行办法》规定，职称评审实行专家票决制。职称评审委员会组织评审专家在审阅申报材料、开展评议的基础上，通过无记名投票表决确定评审结果，同意票数达到出席评审会议评审专家总数2/3及以上的即为评审通过，未达到2/3的为评审未通过。

（七）评审结果公示

评审结束后，将对评审结果在职称评审系统中公示，公示期不少于5个工作日。经公示无异议的评审通过人员，由会计副高评委会将评审结果和评审工作报告报送市人社局备案。

（八）电子证书获取

评审通过人员公示结束后可在职称评审系统中下载、打印职称电子证书及电子版《天津市专业技术职称评审表》交存档部门归档。

三、副高级会计师申报条件

（一）基本条件

1.拥护党的路线、方针、政策，热爱祖国，遵守《中华人民共和国会计法》和国家统一的会计制度等法律法规，具有良好的法律意识和执行政策的能力与水平。

2.热爱会计工作，具备良好的职业道德，无严重违反财经纪律的行为。

3.具备相应的会计专业知识和业务技能。

4.按照国家及本市规定参加继续教育，并完成相应的学时、学分要求。任现职期间，年度考核或绩效考核为称职（合格）以上等次的年限不少于申报职称等级要求的资历年限。

（二）学历、资历要求

1.具备大学专科学历，取得会计师职称后，从事与会计师职责相关工作满10年。

2.具备硕士学位，或第二学士学位或研究生班毕业，或大学本科学历或学士学位，取得会计师职称后，从事与会计师职责相关工作满5年。

3.具备博士学位，取得会计师职称后，从事与会计师职责相关工作满2年。

（三）专业理论知识考试要求

申报人须参加全国《高级会计实务》科目统一考试，通过后核发高级资格考试成绩合格单，该证书在全国范围内3年有效。

（四）专业能力要求

系统掌握和应用经济与管理理论、财务会计理论与实务，具有较高的政策水平和丰富的会计工作经验，能独立负责某领域或本单位财务会计管理工作。任现职期间，还具备下列条件之一：

1. 担任本单位财务会计核心业务骨干。
2. 主持（或指导）地市级以上地区（行业、企事业系统）的财会管理工作。
3. 主持（或参与）本单位的经营决策和内部管理改革工作，发挥了比较重要的作用。
4. 担任企事业单位财务会计专业服务项目负责人，或者政府（行业主管部门）委托的专项审计或检查项目的负责人或主审（主管）人员。
5. 主持（或参与）制定大中型企事业单位内部财务、会计制度或办法；或者主持制定小型企事业单位内部财务、会计制度与办法。
6. 参与地市级以上地区（行业、企事业系统）执行的财务、会计制度或法规、办法的制定与编写工作。

（五）业绩成果要求

取得会计师资格后，应具备下列3项及以上条件：

1. 作为负责人主管的财务会计工作，或主持（或指导）地市级以上地区（行业、企事业系统）的财会管理工作，取得显著成绩。
2. 主持（或参与）单位经营决策与内部管理工作，提出解决单位经营管理中疑难问题和关键性问题的建议；或主持（或参与）企业上市、并购重组、资本运作、重大投融资等项目决策分析等工作，发挥重要作用，显著提高单位管理水平，取得良好经济效益。
3. 主持（或参与）承担大中型企事业单位年度审计、资产评估、财务与管理咨询、绩效评价、信贷分析、证券分析、资产管理等项目，经济效益或社会效益显著，业内认同。
4. 主持（或参与）单位内部财务管理制度、内部控制、预算管理、资金管控等体系和方法与技术等建设工作，成效显著。
5. 在参与制定与编写地市级以上地区（行业、企事业系统）执行的财务、会计制度或法规、办法工作中发挥重要作用，所制定的制度或法规、办法被采纳，收到良好效果。
6. 能体现申报人工作业绩较为突出、有效提高单位财务会计管理水平或经济效益的其他情形。
7. 具备以下学术成果之一：

（1）主持（或参与）完成供本单位或政府相关部门参考的专题研究报告、专业调研报告、分析报告、工作规划与发展报告、咨询报告等具创造性的成果2项（须能够代表本人会计实务工作实践，每项不少于3000字）。

（2）主编（著）或参编（著）公开出版的会计或相关专业的专著、教材、案例集等1部以上（单部著作个人承担2万字及以上）。

（3）独立或第一作者身份在公开出版的专业刊物发表会计相关专业论文2篇（每篇不少于3000字），或在核心期刊上发表会计相关专业论文1篇（每篇不少于2000字）。

（4）独立（或参与）撰写的会计相关专业研究论文和报告2项（单篇文章个人承担

3000 字及以上），并被省部级以上专业学会（协会）相关会议纳入会刊（会议论文集）。

（5）主持（或参与）完成省部级以上会计相关专业研究课题（案例）1 项；主持或参与完成省部级以上行业主管部门、省部级以上专业学会（协会）会计相关专业研究课题 2 项（单篇文章个人承担 3000 字及以上）。

（6）结合本单位会计工作实际撰写工作报告、研究报告、可行性分析等 2 篇（每篇不少于 5000 字）。

（六）继续教育要求

按照《天津市专业技术人员和管理人员继续教育条例》要求，申报高级会计师资格的人员在取得会计中级资格后，每人每年应参加累计不少于 12 天（96 学时）的继续教育培训。继续教育完成情况实行申报人承诺制，由用人单位、业务主管部门逐级对申报人继续教育情况进行核验，市人社局对申报人继续教育情况进行抽查，对承诺不实的申报人取消当年申报资格。

四、线上申报注意事项

（一）基本情况

1.评价方式：社会化评审。

2.申报类别：正常申报。

3.申报层级：副高级。

4.申报资格名称：高级会计师。

（二）资历信息

具备执业资格证书栏：上传会计中级资格证书扫描件，上传文件名为姓名+年度+考试省份，如"张三 2019 天津"。

（三）业绩成果

业绩成果"序号 7"栏：上传论文，每篇论文应按照顺序扫描杂志封面、目录和内容后，存为 PDF 文件上传到申报系统。最多上传 3 篇论文。

（四）继续教育

填写 2019—2023 年参加继续教育情况，每人每年应参加累计不少于 96 学时（其中公需课不少于 32 学时）。

（五）考核情况

填写 2018—2022 年考核结果（须达到"合格"以上等次）。

（六）评委会需求申报材料

1.考试成绩合格证：上传全国会计专业技术高级资格考试成绩合格单扫描件（2020—2023 年有效，上传文件名为姓名+年度+考试省份，如"李四 2020 北京"）。

2.省级高端（领军）毕业证书，非省级高端（领军）毕业学员不上传。

申报人务必对填写的信息和上传的证书及佐证材料进行认真核对（学历、资历、合格成绩单上传时必须保证正放，论文必须清晰），保证真实、清晰和完整后再提交审核，以免因填写信息不准确、上传的佐证材料不清楚、不完整等情况影响评审结果。用人单位和业务主管部门应严格审核推荐人员的申报材料，保证申报材料的真实性。

天津市会计系列副高级职称评审委员会

安徽省高级专业技术资格评审政策

皖财会〔2023〕825号

各市财政局，省直各部门，中央驻皖有关单位：

为服务我省经济社会发展和加强会计人才队伍建设，根据《安徽省人力资源和社会保障厅关于做好 2023 年度全省职称评审工作的通知》（皖人社秘〔2023〕133 号）精神，经研究，决定开展 2023 年度正高级和高级会计师专业技术资格评审工作，现就有关事项通知如下：

一、评审标准

按照《安徽省人力资源和社会保障厅 安徽省财政厅关于印发〈安徽省会计系列高级专业技术资格评审标准条件〉的通知》（皖人社发〔2019〕16 号）执行。

二、申报范围

（一）在皖各类企事业单位（含中央驻皖单位，不含参公管理事业单位）专业技术岗位上从事会计专业技术工作且符合相应资格条件的，与用人单位签订劳动（聘用）关系的会计专业技术人才。

（二）在皖就业的港澳台会计专业技术人才，以及持有外国人永久居留证或我省颁发的外国人工作许可证的外籍会计专业技术人才。

公务员、参照公务员法管理的事业单位工作人员、离退休人员（含返聘在岗）不得申报。

三、申报材料

（一）全国高级会计师资格考试成绩合格证（2021 年、2022 年或 2023 年度）（申报高级会计师资格人员需提供）；

（二）《专业技术资格评审表》（一式 3 份）；

（三）专业技术资格证书、专业技术职务聘书或聘任文件；

（四）2019—2023 年度继续教育（业绩库中点击"提取"，再导入申报系统）；

（五）近 5 年（2018—2022 年）存入个人档案的《年度考核登记表》（加盖单位人事部门公章），非国有单位未进行年度考核的，由年度考核时所在单位提供书面证明；

（六）任现专业技术职务以来的荣誉证书、获奖证书、其他相关资格证书等；

（七）任现专业技术职务以来的专业技术业务工作总结 1 份（以近 5 年为主，5000 字以内，需经用人单位负责人签字并加盖单位公章）；

（八）任现专业技术职务以来的学术成果（以近 5 年为主，财务分析报告、管理建议书或经济分析报告，需写明报告价值，经单位负责人签字并加盖单位公章）；

（九）任现专业技术职务以来的工作业绩、成果证明材料（以近 5 年为主，制度办法等业绩成果证明材料应由单位说明，证明由本人制定；多人共同完成的项目，需提供本人在该项目中承担工作及发挥作用的相关证明材料）；

（十）《个人申报专业技术资格诚信承诺书》1 份（本人签字）；

（十一）事业单位人员职称申报岗位信息表（由所在地人社部门或省直主管部门人事部门盖章）；

（十二）《单位公示证明》及相关公示材料（公示件原件和公示截图）；

（十三）单位推荐意见书（2000字以内，经单位负责人签字并加盖单位公章）；

（十四）申报人员所在核算主体单位相关情况简表。

上述材料中，第1项由申报人在系统中上传；第2项由申报人在系统中导出打印，线下逐级盖章；第3项至第11项由申报人在系统中录入或导入上传；第12项至第14项由用人单位审核时上传系统（以上材料具体操作见相应操作手册）。

四、用人单位初审

（一）材料审核。用人单位应对申报人申报的材料、证件进行逐项核实，查验是否真实、齐全、规范，签署审核意见，按要求盖章。

（二）公示。用人单位审查后将申报人基本情况、评审材料、考核结果在本单位进行公示，接受群众监督，公示期不少于5个工作日，公示无异议后方可报送。

（三）单位评价。用人单位应对申报人任期以来的职业道德、工作表现、专业业绩、学术成果等情况进行全面、客观、准确的评价，并在确认完全符合评审条件后为其出具单位推荐意见书。

五、申报准备

2023年正高级和高级会计师评审申报采取网上申报及网上评审的方式。申报人进行网上申报前，需完成"信息采集"。（登录"安徽省财政厅"门户网站，在"服务直通车"板块，点击"会计管理—会计管理服务平台—信息采集"进行信息采集）。同时，将相关材料录入业绩库并提交，经单位进行审核，进行职称申报时，导入业绩库数据。

六、申报程序

（一）网上申报和审核

1. 个人申报

（1）登录"安徽省人力资源和社会保障厅"门户网站，点击"资讯中心"下方"专题专栏"中的"专技人员综合管理服务平台"，进入该系统首页，选择"职称申报"，跳转至登录页面，选择"个人登录"下方"安徽政务服务网"，输入相应账号、密码、验证码进行登录。

（2）申报人严格按照文件要求和系统提示，逐项填写信息，扫描上传或从业绩库导入数据，提交至单位审核。

（3）申报的工作业绩、学术成果、工作总结、荣誉表彰等材料，必须是申报人取得现任专业技术资格以来，重点是近5年来的情况，内容需与会计工作有关；网上申报时请按重要性排序填报，业绩材料应分类归集，课题研究类需上传结项材料；上传的材料原则上要为原件扫描，如只能提供复印件，须标注原件复印，并加盖申报单位印章后扫描上传。

2. 单位审核推荐

单位在线审核申报人材料，并上传公示证明及公示材料、推荐意见书、所在核算主体单位相关情况简表等材料。

3. 部门逐级审核

（1）县区属单位：县区属单位→县财政部门→县人社部门→市财政部门→市人社部门→评委会组建单位逐级审核。

（2）市属单位：市属单位→市财政部门→市人社部门→评委会组建单位逐级审核。

上述单位，市财政部门请于规定时间完成审核，市人社部门请于规定时间完成审核，并导出委托评审函打印盖章后上传系统（委托评审函中含本市所有申报人员）。

（3）省属事业单位：省属事业单位→主管部门（手动选择）→评委会组建单位逐级审核。

（4）省属企业：省属企业→集团公司（手动选择）→评委会组建单位逐级审核。

上述单位，省直主管部门或集团公司请于规定时间完成审核，并导出委托评审函打印盖章后上传系统（委托评审函中含本部门或本集团公司所有申报人员）。

（5）中央或外省驻皖单位→评委会组建单位审核。

上述单位，中央或外省驻皖单位请于规定时间完成审核，并导出委托评审函，由其上一级单位人力资源部门审核盖章，经省人社厅（专技处）审核盖章后上传系统（委托评审函中含本单位所有申报人员）。

省直事业单位人事代理人员或编外聘用人员，经用人单位初审后，由人事代理机构或用人单位，向当地财政部门或省级主管部门申报。无主管部门的各类经济组织、社会组织及新业态专业技术人员，按属地原则申报。

4. 网上缴费

根据省物价局、省财政厅皖价费〔2005〕72号文件，正高级和高级会计师资格评审费标准为300元/人，申报人员登录系统，在"职称申报"页面，查看当前申报情况，若显示评委会组建单位审核通过，即可点击"缴费"按钮进行线上缴费，缴费成功后方可进行评审。

（二）提交纸质材料

申报人员完成网上申报后，应于规定时间提交《专业技术资格评审表》（一式3份）以及相关证书、论文论著原件。

1. 省属事业单位的，报送至所属省级主管部门（人事管理部门），其中人事代理人员或编外聘用人员，报送至申报受理部门。

2. 省属企业的，报送至所属集团公司（人事管理部门）。

3. 中直和外省驻皖单位的，报送至省财政厅（会计处）（需携带省人社厅盖章的委托评审函）。

4. 上述以外单位的，按属地原则，报送至所在市财政局（会计科）。

（三）汇总报送

各汇总报送单位请审核后将申报人《专业技术资格评审表》（每人一式3份）及相关证书、论文论著原件，报至省财政厅（会计处）审核（原件现场审核后退回）。请在规定时间内报送，逾期不予受理。

七、注意事项

（一）关于任职、聘任、业绩成果论著、考核等年限的计算。专业技术资格任职或聘任年限均按周年计算。本次申报人员专业技术资格任职及聘任年限计算至 2023 年 12 月 31 日。工作业绩与成果、论文著作等申报材料认定的截止时间为 2023 年 7 月 31 日。任现职以来，年度考核均为合格以上等次的，其任职年限连续计算。年度考核有基本合格等次和不合格等次的，扣除当年度任职年限，其他任职年限累计计算；2022 年度考核为不合格等次的，本次不得申报。

（二）关于论文论著上传格式。按系统提示格式扫描上传。其中：上传论文论著要包括封面、刊页号、目录、正文，每篇论文（论著）一个文档，上传出版版本（可编辑 pdf 或 docx 格式），必须与出版刊物原文相同，如有不同，一经发现取消参评资格。其中：申报正高级会计师资格人员选择 3 篇最具代表性的论文（至少 1 篇中文核心期刊论文）或 1 篇论著作为代表作，申报高级会计师资格人员选择 1 篇最具代表性的论文或论著作为代表作。

（三）关于继续教育。按照《安徽省财政厅 安徽省人力资源和社会保障厅关于印发〈安徽省会计专业技术人员继续教育实施办法〉的通知》（财会〔2019〕26 号）、《安徽省人力资源和社会保障厅关于做好全省专业技术人员继续教育工作的通知》（皖人社秘〔2023〕66 号）规定，完成继续教育任务。在申报职称的最近一个任职周期内，年度继续教育平均达到规定要求即可（其中公需科目不得少于三分之一），但不得在一个年度内突击完成任务。

（四）关于实行岗位管理的事业单位人员评审。全面实行岗位管理的事业单位须在岗位结构比例内开展职称推荐工作。此类单位人员申报时，用人单位在系统中统一设置本单位岗位核准信息，申报人按要求上传《事业单位人员职称申报岗位信息表》。

（五）关于审核职责。各相关单位要切实加强组织领导，重视职称评审政策宣传，全面掌握评审政策，鼓励符合条件的人员积极申报，从严审核申报材料，认真落实报送流程。按照"谁审核、谁签字、谁负责"的要求，逐级由审核人在相关资料上签字并加盖单位公章。

（六）关于诚信承诺。申报人必须签署《个人申报专业技术资格诚信承诺书》，承诺提交所有申报材料（包括网上填报信息）真实可信。对违背诚信承诺、实行学术造假、申报材料弄虚作假的及通过弄虚作假、学术造假、暗箱操作等违纪违规行为取得职称的，以及履行审核把关职责不力的，将依照皖人社发〔2018〕5 号有关规定严肃处理。

（七）关于答辩安排。符合正高级会计师评审条件的申报人员，需参加评委会组织的面试答辩，具体答辩时间、地点另行通知。

（八）关于全国高端会计人才职称认定。我省范围内经财政部组织的全国高端会计人才培养工程毕业学员，如需本年度认定正高级会计师职称的，可按照本通知"三、申报材料"相关要求，准备材料（除去第 3、4、8、9 项）、网上提交，并在规定时间内，直接报送至省财政厅（会计处）。

（九）关于破格申报。先报省财政厅初审受理后，经省人社厅审核，填写《破格申报专业技术资格审批表》。

（十）关于操作手册。个人用户、用人单位及管理部门操作手册可在平台下载。

安徽省财政厅

河南省高级专业技术资格评审政策

各省辖市财政局、济源示范区财政金融局，各有关单位：

为做好我省 2023 年度会计系列高级职称评审工作，现将有关事项通知如下：

一、申报条件

按照《关于印发河南省会计系列高级职称申报评审条件（试行）的通知》（豫人社办〔2019〕72 号）、《河南省人力资源和社会保障厅关于 2023 年度全省职称评审工作有关问题的通知》（豫人社办〔2023〕111 号）相关要求，符合条件的专业技术人员可申报 2023 年度会计系列高级职称。

二、申报程序

（一）网上申报

2023 年度会计系列高级职称通过"河南省职称管理服务平台"进行网上申报。

（二）提交资料并交费

申报人员网上申报后，自行打印本人申报网页（状态为"评审中"）和《河南省专业技术人员职称评审表》（一式三份），于规定时间报送至指定地点。

省直单位申报人员将有关材料报送到河南省总会计师协会，其他申报人员将有关材料报送至省辖市财政局（航空港区申报人员请将材料报送至郑州市财政局）、济源示范区财政金融局。

根据豫政〔2008〕52 号规定，高级职称评审费标准为每人 260 元。评审费在提交材料申报时一并交纳。

未按要求报送申报材料并完成交费的，视为自动放弃 2023 年度会计系列职称评审。

河北省高级专业技术资格评审政策

各有关单位、申报人员：

根据国家和我省关于深化职称制度改革有关精神，按照《河北省职称评审管理办法》（冀人社发〔2023〕1号）和河北省职称改革领导小组办公室《关于做好2023年全省职称申报评审工作的通知》（冀职改办字〔2023〕16号）要求，为做好2023年职称评审申报推荐工作，现就有关事项通知如下：

一、申报人员范围

严格按照省职改办通知要求执行，档案在省人才服务中心存放，且在我省各类（含中直驻冀）企业、事业单位、社会团体、非公经济组织中从事专业技术工作，与用人单位签订劳动（聘用）合同的专业技术人员和符合政策规定的技能人才；从事专业技术工作的自由职业者和农民技术人员；与我省企事业单位签订工作协议1年以上且每年累计在我省工作不少于2个月的柔性引进人才。

事业单位工作人员受到记过以上处分的，在受处分期间不得申报；公务员（含列入参照公务员法管理的事业单位工作人员）不得申报；离退休人员不得申报；各自主评审单位主系列职称在本单位申报，不得在省人才申报。

二、申报推荐程序

今年实行网上申报。申报工作由申报人员提出申请，用人单位审核推荐，人才中心审查上报三方面组成。具体审核推荐程序如下：

（一）申报人员如实申报。申报人员要认真对照申报评审条件，根据规范性要求组织申报材料，在规定的时间内登录系统，按照河北省专业技术职称申报评审信息系统填报要求，如实填写申报信息，并扫描上传清晰的相关电子版材料，确保申报材料真实、准确、规范、有效，且完全符合申报参评条件，并在规定期限内提交，一旦提交即对申报材料的真实性负责。

（二）用人单位严格推荐。用人单位要按照省统一要求的职称工作规范和程序开展工作，科学制定职称推荐工作实施方案，严格按照公开述职、考核答辩、考核评议、量化赋分、综合排序、集体研究等程序组织申报推荐工作。用人单位要承担申报材料审核的主体责任，对申报材料的真实性负责，对职称申报材料进行全面审核把关，做到完整、真实、准确、有效、规范，审核是否符合申报评审条件，把符合推荐条件的申报人员按照规定程序推荐。用人单位要协助本单位专业技术人员做好网上申报工作，并对确定的申报人选在单位进行公示，公示期为5个工作日，对公示期满无异议的，按程序上报我中心。本次申报由各单位人事统一申报，原则上不受理个人申报。

（三）严格审核程序。我中心将对用人单位上报的材料按照标准进行审查，重点审查申报人员是否符合条件、上传的材料是否清晰真实有效完整规范、上传材料与填报内容是否一致。对不符合申报条件或不符合申报要求的，注明存在的问题并及时退回，对于需要补充材料的一次性告知；对弄虚作假或举报核实确有问题的，取消申报资格并列入"黑名单"，并在河北人才网公告。

三、有关需要说明的问题

（一）关于申报人员退休年龄。职称申报参评人员退休年龄截止时间为 2023 年 12 月 31 日。

（二）关于做好新旧职称评审条件衔接。2023 年度职称评审工作，并行使用 2023 年新修订的职称评审条件和 2022 年使用的职称评审条件。2024 年起执行 2023 年新修订的职称评审条件。

（三）关于开展新增专业职称评审。根据《关于进一步做好职称评审工作的实施意见》（冀职改办字〔2023〕8 号），从 2023 年起我省新增设技术经纪、运动防护师、农民技术人员、司法鉴定等 4 个职称评审专业。

1. 省科学技术厅在工程系列开展技术经纪专业的高级职称评审工作。参加评审人员范围为在职从事以促进科技成果转化应用为目的，为促进技术与产业、人才和资本要素等资源有机融合与高效配置，提供技术转移全链条、专业化服务工作的专业技术人员，以及从事相关工作的自由职业者等。

2. 省体育局在体育系列开展运动防护专业的高级职称评审工作。参加评审人员范围为从事运动损伤和疾病预防、评估、急救、治疗、康复等体育工作的专业技术人员。

3. 省农业农村厅在农业系列开展农民技术人员专业职称评审工作。参加评审人员范围为农村生产第一线直接从事种养业、种植业、农产品加工流通业、休闲农业、农业生产性服务业（农业市场信息服务、农资供应服务、农业绿色生产技术服务、农业废弃物资源化利用服务、农机作业及维修服务、农产品初加工服务、农产品营销服务等）等行业的农民技术人员。

4. 省司法厅在公共法律服务系列开展司法鉴定专业职称评审工作。参加评审人员范围为从事公共法律服务系列法医类、物证类、声像资料、环境损害鉴定工作的专业技术人员。

（四）关于落实抗疫一线人员职称政策。要按照《关于进一步做好新冠肺炎疫情防控一线专业技术人员职称工作的通知》（冀人社字〔2020〕62 号）和《关于转发〈人力资源社会保障部关于做好疫情防控新阶段关心爱护医务人员工作有关问题的通知〉的通知》（冀人社函〔2023〕11 号）要求，认真落实相关政策措施。

（五）关于深化职称申报"绿色通道"。各单位要根据我省职称申报评审"绿色通道"政策规定，对非公有制经济组织专业技术人员、从事专业技术工作的自由职业者和农民技术人员首次申报职称的，参照民营企业专业技术人才首次申报条件执行，严格审核把关，严守推荐程序。

（六）关于职称申报材料截止时间。职称评审申报人员的学历、学位、资格、工作年限、业绩（含论文、论著）等须在规定时间内提交。论文、论著等相关材料在申报时未确定，但在本年度本专业职称评审结束前可确定的，提供的相关佐证材料须随申报材料一并公示，评委会审阅评审材料结束前可据实进行补充完善。

（七）关于审核网上职称申报信息。对职称评审通过后在职称评审表、证书上显示的申报人员信息（姓名、身份证号、照片、专业、工作单位等信息），用人单位要明确专人负责与申报人员进行逐一确认，对填写信息的真实性、准确性负责。

（八）关于把握申报推荐工作时间节点。各单位要根据本通知精神，结合实际，做好职称申报评审工作，确保按时间、节点、要求完成年度职称申报推荐工作，逾期未申报和未提交审核的，将视为无申报需求和放弃申报推荐，不再补报。

四、工作时间安排

（一）申报推荐数量备案。在规定时间内完成职称申报推荐数量备案工作。

（二）申报工作。在规定时间内完成个人申报推荐及网上申报信息填写工作。

（三）资格审核。在规定时间内完成职称材料网上审核工作。

（四）评审工作。在规定时间内完成高级职称评审工作。

（五）评审结果备案。在规定时间内完成高级职称评审结果备案工作。

本通知未作明确事宜，按国家和我省现行有关政策规定执行。

河北省人才服务中心

陕西省高级专业技术资格评审政策

陕人社函〔2023〕408号

各市（区）人力资源和社会保障局、财政局，省级有关部门，省属有关企业：

按照我省2023年高级职称评审总体安排，现将2023年度全省会计系列高级（正高级）职称评审工作有关事项通知如下：

一、申报范围

在我省行政区划内所有类型单位中从事财务管理或会计工作（含财会管理岗位），符合申报会计专业高级（正高级）职称评审条件的人员。其中中央驻陕单位会计专业技术人员，由主管单位委托陕西省人力资源和社会保障厅进行评审。达到国家退休年龄的人员不参加评审，公务员和参照公务员法管理的工作人员不参加评审。近2年内在本省累计缴纳社会保险不满12个月的工作人员不参加评审。

对实行专业技术岗位管理的事业单位，按照评聘结合的原则，上报人员数和空缺岗位数按照1：1申报。当年能够空出的专业技术岗位，可以提前使用。

二、申报条件

（一）基本条件

1.遵守《中华人民共和国会计法》和国家统一的会计制度等法律法规。

2.具备良好的职业道德，无严重违反财经纪律的行为。

3.热爱会计工作，具备相应的会计专业知识和业务技能。

4.按照要求完成近5年（2018—2022年）的继续教育。

5.近5年（2018—2022年）个人年度考核为合格及以上等次（未进行年度考核的，由所在单位提供书面证明）。

（二）申报正高级会计师职称的人员，除具备基本条件外，还应具备下列条件：

1.学历（学位）及资历条件

具有大学本科及以上学历或学士以上学位，取得高级会计师职称后，从事与会计相关工作满5年。

2.专业技术理论条件

（1）精通会计专业理论，具有系统、扎实的实践功底，掌握会计专业国内外前沿发展动态，与本职工作相联系，在会计及相关领域有深入研究，能利用研究成果解决会计及相关专业工作中重要或关键的问题。

（2）通晓与本专业有关的法律法规、规章制度，掌握现代会计管理方法，能为本部门或本地区经济社会发展提供决策咨询服务。

3.专业技术工作经历条件

取得高级会计师职称后，任现职期间（2018—2022年）应具备下列专业技术工作经历条件之一：

（1）连续担任大中型企业（或编制200人以上事业单位）总会计师、财务总监，或会计与财务专业服务机构负责人或合伙人 2 年以上。

（2）连续担任大中型企业（或编制 200 人以上事业单位）会计财务实务工作重要岗位主管，或大中型企业分支机构会计财务实务工作负责人，或担任重要会计与财务专业服务项目负责人 3 年以上。

（3）累计担任大中型企业（或编制 200 人以上事业单位）总会计师、财务总监、会计与财务专业服务机构负责人或合伙人，或会计财务实务工作重要岗位主管，或大中型企业分支机构会计财务实务工作负责人，或担任重要会计与财务专业服务项目负责人 5 年以上。

（4）在一般单位从事会计财务实务工作 20 年以上，且担任会计及相关机构负责人 10 年以上。

4.专业技术业绩成果条件

取得高级会计师职称后，应具备下列条件中的 3 项（县以下基层申报人员和具有援藏、援疆 1 年以上工作经历的应具备下列条件中的 2 项）：

（1）在主持和参与经营管理决策、经济结构调整、制度体系建设、全面风险管控、提升管理水平、提高效率效益、会计人才队伍培养等方面取得显著成绩，获得市级以上主管部门认可。

（2）主持（组织执行或拟订方案）大中型企业投融资、上市、改制、并购、重组、清算等重大实务工作，或服务商业模式创新、推动管理模式变革、推进管理技术升级等重要方面贡献突出，取得显著成效。

（3）主持完成 2 项以上市级以上重点工程、技术研发项目、重大建设项目的经济可行性论证，或作为主要完成人，参与 1 项以上省部级重点会计专业课题研究，通过结项验收并完成成果转化，在全国或全省行业范围内产生重大影响，取得显著效果，得到省级以上主管部门认可。或指导、组织团队承担 2 项以上市级重点会计专业课题研究，取得显著成果。

（4）承办 3 项以上重大审计、咨询项目，执业质量较高，得到市级以上主管部门认可，或对本专业技术领域有重大创新、重要贡献，取得行业公认的显著业绩。

（5）在具有 CN 和 ISSN 刊号的国内经济类学术期刊上，独著或以第一作者发表会计专业论文 3 篇（不含手册、论文集、增刊、专刊、特刊、论文刊用通知、用稿清样等），其中在北京大学图书馆出版的《中文核心期刊目录》或南京大学中国社会科学研究评价中心发布《CSSCI 来源期刊目录》收录的学术期刊上发表不少于 1 篇。

（6）独著或合著（作为第一作者）公开出版有较高学术价值的会计专业著作（专著或译著）或教材 1 部（专著或译著应在 20 万字以上，合著本人应撰写 10 万字以上）。

（7）获得省部级先进工作者荣誉称号，或入选财政部会计准则、内部控制、管理会计咨询专家，或入选陕西省高端会计人才培养工程，经考核合格毕业。

（三）申报高级会计师职称的人员，除具备基本条件外，还应具备下列条件：

1.学历（学位）及资历条件。应符合下列条件之一：

（1）具备博士学位，取得中级相关专业职称后，从事与会计相关工作满 2 年。

（2）具备硕士学位，或第二学士学位或研究生班毕业，或大学本科学历或学士学位，取得中级相关专业职称后，从事与会计相关工作满5年。

（3）具备大学专科学历，取得中级相关专业职称后，从事与会计相关工作满10年。

先取得中级相关专业职称后取得规定学位、学历者，取得规定学位、学历前后的会计师任职年限可合并计算。通过高级会计师资格考试，成绩达到国家（省级）合格标准，且在有效期内的会计人员，可申报参加2023年度高级会计师资格评审。

2.专业技术业绩成果条件

取得中级相关专业职称后，任现职期间（2018—2022年）应具备下列条件3项以上（县以下基层申报人员和具有援藏、援疆1年以上工作经历的应具备下列条件中的2项）：

（1）推进单位制度建设，负责或执笔拟定、修订的本单位会计核算、会计监督、财务管理、绩效管理、内部控制、资产管理、管理信息化等方面管理制度，经批准实施后效果明显。

（2）参与单位技术改造、投融资、上市改制、并购重组、合并分立、破产清算、会计标准变革等重大实务工作，提出专项工作方案，或服务商业模式创新、推动管理模式变革、推进管理技术升级等方面发挥重要作用，提出实施落地方案，取得显著成效。

（3）立足本职工作，承担单位内部培训，传播讲授会计管理理论、财经法规、国家统一的会计制度，培养会计人才队伍。围绕单位预算管理、增收节支、成本控制，管理会计工具应用、提高绩效等方面，服务发展，推进变革，参与管理，作为第一撰稿人，撰写2篇以上专题调查报告，提出合理化建议被单位采纳实施后效果明显。

（4）在开展内部审计，完善内部控制制度过程中，通过审计报告、管理建议书等提出重要的建设性意见，被单位采纳实施后效果明显。

（5）主持或承担设市（区）以上单位批准的财务、会计方面的科研课题，有创新或独到见解，其成果已通过鉴定，对实际工作有指导意义。

（6）提供会计服务，作为项目负责人承担大中型企业（或编制200人以上事业单位），年度财务报告审计、内部控制审计、专项审计、管理咨询等项目3个以上。

（7）在具有国际刊号ISSN和国内刊号CN的经济类学术刊物上发表财务会计类论文2篇（独著，每篇2000字以上，不含在增刊、专刊、特刊、论文集和专辑上发表的论文）；或在公开出版的具有书刊号ISBN的会计类专著（教材）或译著中，本人撰写部分专著、译著在3万字以上。

（四）职称外语、计算机能力要求

根据人社部有关要求，本次职称评审对职称外语、计算机应用能力不做统一要求，由用人单位根据岗位需要自主确定。

（五）有下列情形之一者，不得申报

1.近5年年度考核不合格（或不称职）或被单位通报批评者。

2.任现职以来被有关部门认定为重大工作事故，造成恶劣影响的。

3.受到党政纪处分，处分期未满的。

4.企业、个人有严重失信记录，被列入"黑名单"的。

5.提交弄虚作假材料的，取消当年参评资格，并在全省通报批评，3 年内不得重新申报。

三、破格条件

取得高级会计师职称 15 年，并具备正高级会计师条件专业技术业绩成果条件 4 项以上，不受学历、资历限制，可破格申报正高级会计师职称。取得中级相关专业职称 10 年，从事财会工作满 25 年，并具备高级会计师专业技术业绩成果条件 4 项以上，不受学历、资历限制，可破格申报高级会计师职称。

四、申报程序及时间安排

（一）信息公布

各市人社局、财政局，各相关单位转发会计系列高级（正高级）职称评审通知，公布参评条件、工作程序及时间安排、监督举报电话及电子邮箱等相关事项。

（二）个人申报

通过互联网访问"陕西会计网"，点击"高级（正高级）会计师评审材料申报系统"，按网页提示及要求填写申报材料，其中包括申报人员信息、任职年度考核、主要专业技术工作简历、现任职期间主要工作业绩成果、论文论著或者教材及获奖情况等。

正高级会计师专业技术业绩成果，申报人员按网报系统的 6 个项目要求，填写每个项目内容及业绩成果说明，并上传每个项目的支撑材料、注明每个支撑材料的名称。（请对支撑材料中的本人姓名和本单位名称等敏感信息进行处理）。

高级会计师会计理论与业绩成果，申报人员按网报系统的 5 个项目要求，填写每个项目内容及业绩成果说明，并上传每个项目的支撑材料、注明每个支撑材料的名称。（请对支撑材料中的本人姓名和本单位名称等敏感信息进行处理）。

（三）单位审核公示

申报人员根据要求向本单位提出申请，上报单位负责对申报人员的申报材料真实性、完整性进行审核。对审核通过人员的基本条件、专业条件、会计岗位工作工龄及职务、业绩成果条件等情况在单位进行 5 个工作日的公示。

公示无异议，申报人员填报材料远程审核通过后，省级部门（单位）携带申报人员的申报材料统一到省财政厅会计服务大厅进行现场审核，各市级财政部门携带申报人员的申报材料到同级人社部门进行复审后报省财政厅会计服务大厅进行现场审核，省级不受理个人直接上报和越级上报的评审材料。

陕西会计网申报系统显示现场审核通过的申报人员，应在审核结束 2 日内完成网上缴费。未在规定时间内进行网上缴费的申报人员将无法取得评审资格，责任自负。

五、报送材料要求

（一）评审表格类

1.网报系统自动生成的《专业技术职务任职资格评审表》A4 纸双面打印 2 份，最后一页"评审审批意见"不打印，由省财政厅统一打印。

2.网报系统自动生成的《高级（正高级）会计师职务任职资格评审简表》A3 纸打印 1 份，上报单位盖章。

3. 网报系统填写的专业技术业绩成果总结表（正高级 6 小项、高级 5 小项），A4 纸双面打印 1 份单位盖章，本人签名。正高级须提供纸质版材料，高级不须提供纸质版材料。

4. 系统中的个人证件照（办理电子证书使用）为蓝色背景近期免冠照，照片大小不小于 1M，支持 JPG、JPEG 格式。

（二）评审材料类

1. 中央驻陕单位：由上级主管单位向陕西省人力资源和社会保障厅出具委托评审函 1 份，用人单位向陕西省财政厅出具申报人员推荐函 1 份（格式参考网报系统示例）。

省内各单位：由上级主管单位向陕西省财政厅出具申报人员推荐函 1 份（格式参考网报系统示例）。

2. 单位人事部门出具的公示内容和公示结果证明各 1 份（格式参考网报系统示例）。

3. 证书原件。包括学历（位）证书、高级会计师任职资格考试合格证书、中高级相关专业技术资格证书等原件。

4. 考核年度（2018—2022 年）期间会计工作方面的获奖证书、专利证书、成果鉴定证书等原件。

5. 能代表本人申报高级（正高级）会计师任职资格理论水平的论文论著原件。

6. 破格申报人员还需另行提供个人业务自传 1 份。主要说明破格申报的条件及理由，重点反映考核年度期间的突出工作及业绩成果。

7. 个人签字、单位盖章的《申报人员诚信承诺书》1 份。

以上原件材料装入牛皮纸档案袋中报送，不需复印件，袋外注明申报人姓名和原件明细。

（三）材料填写及注意事项

1. 《专业技术职务任职资格评审表》的"基层单位意见"和"呈报单位意见"栏目按要求盖公章，要明确简述被推荐人有关方面的表现及推荐其评审高级（正高级）会计师的理由。

2. 所申报表格中的有关内容按照要求填写，没有特殊规定的只填写考核年度期间的，以前年度的内容不需填写。

3. 基层单位人事（职改）部门应认真核实被推荐人的有关材料，并对被推荐人考核年度期间的工作和业绩成果总结表作出实事求是的鉴定，对其真实性、完整性负责。

4. 申报人员按照行政区划向省市级财政部门报送材料，市级财政部门一次性集中向省级财政部门报送材料。

5. 申报材料于评审答辩结束后，由申报人员在答辩现场领回。

六、有关情况说明

（一）职称资格确认

外省（含中央驻陕、军队转业）调入我省的会计专业技术人员职称资格确认，按照确认工作要求和我省对本专业技术职务任 职条件进行资格确认。职称资格确认材料实行网上填报并打印《专业技术职称资格确认表》。

（二）职称资格转换

已评聘经济类专业技术职务的非会计专业技术人员，本人确因工作需要而转换到会计专业岗位，须在会计岗位工作满 1 年以上，按照职称转换要求和本专业技术职务任职条件进行转换评审。职称资格转换材料实行网上填报并打印《专业技术职务任职资格评审表》。

（三）年限及论文要求

申报人员的学历、任职资格年限计算时间截止到 2023 年 12 月 31 日。参评论文、科研项目等发表、完成时间截止到 2023 年 7 月 30 日。手册、论文集、增刊、专刊、特刊、论文刊用通知、用稿清样等均不能作为参评论文。

（四）评审政策倾斜

根据陕西省人力资源和社会保障厅《关于印发进一步改革完善基层专业技术人才职称工作的实施意见的通知》（陕人社发〔2017〕47 号）精神，对县及县（不含市辖区）以下基层专业技术人员参加职称评审时，予以政策倾斜；根据陕西省人力资源和社会保障厅《关于乡村振兴人才职称晋升支持政策的通知》（陕人社发〔2022〕34 号）文件精神，对参与乡村振兴的会计专业技术人才参加职称晋升时给予政策支持。

（五）直接申报认定

符合《陕西省突出贡献人才和引进高层次人才高级职称考核认定办法》（陕人社发〔2019〕40 号）的会计专业技术人员，可申报认定为正高级或高级会计师职称。全国高端会计人才培养工程毕业学员，可申报认定为正高级会计师职称。职称资格认定材料实行网上填报并打印《专业技术职务任职资格评审表》。

（六）证书办理

实行电子化证书，不再发放纸质证书。

七、有关要求

1. 参评材料若存在涉密情况的，参评材料需进行脱密处理，在线下以纸质形式报送。

2. 按省物价局核定的收费标准，高级职称评审（含资格确认、资格转换）每人 400 元。申报人员因提供虚假信息或因个人原因无法参加评审答辩，缴纳的评审费用不予退还。

3. 所有申报人员均须参加专业答辩，答辩安排另行通知。

4. 请申报人员按时完成材料申报等工作，逾期不予受理。

陕西省人力资源和社会保障厅
陕西省财政厅

湖南省高级专业技术资格评审政策

湘会职政办〔2023〕1号

各有关单位：

根据省人力资源和社会保障厅《关于做好2023年度全省高级职称评审工作的通知》（湘人社函〔2023〕118号）要求，为确保2023年度全省会计高级职称（含正高级和高级会计师）评审工作顺利进行，现将有关事项通知如下，请遵照执行。

一、申报人员及有关要求

（一）申报人员

我省企事业单位、社会组织中从事财务会计工作的在职在岗人员（含已达退休年龄但按规定办理了延退手续仍在职在岗的专技人员）可申报参评会计高级职称。

在职在岗，指申报人员与工作单位签订了正式劳动合同（在职且在该单位缴纳社会保险），且近1年内在单位财务会计岗位上从事过财务会计工作（在岗）。单位财务会计岗位是指在单位财会、审计及资产管理等部门的相应专业技术岗位。

（二）特殊人才申报条件

通过考试取得中国注册会计师资格后，在会计师事务所连续执业3年以上或在其他企事业单位及社会组织中连续从事会计工作5年以上，可免于参加全国高级会计师资格考试，按照职称评审相关要求和程序参加高级会计师职称评审。

入选全国高端会计人才（或全国会计领军人才）培养计划，学习期满考核合格，获得毕业证书，可不受学历资历、专业理论知识、工作业绩成果限制，直接参加正高级会计师职称评审。

入选我省财会金融人才项目（或省会计领军人才培养项目），学习期满考核合格，获得毕业证书，可不受学历资历、专业理论知识、工作业绩成果限制，直接参加高级会计师职称评审。

企业博士后（财务会计方向）人员获得中国博士后科学基金资助或主持省部级以上科研项目出站后继续留在企业的，可直接认定高级会计师职称。

（三）年度考核等要求

申报人累计所需资历年限的年度考核结果一般应为"合格"以上。年度考核结果由高级职称评审委员会评议，可在量化评审环节赋予评价权重进行量化加减分，也可作为"一票否决"的评议内容。

因涉嫌经济或其他重大问题正在立案审查尚未结案，或被采取强制措施和受刑事处罚期间的，不得申报参加职称评审。受到党纪政务处分的，涉及职称申报晋升的，执行《关于党纪政务处分决定执行工作的实施办法（试行）》（湘纪发〔2022〕3号）相关规定。

二、接收申报材料安排

参评人员属市州的，由市州人社部门报送材料及信息；属省直单位的，由本单位或主管单位人事（职改）部门报送材料及信息；属省人才流动服务机构进行人事代理的，由省人才流动服务机构报送材料及信息。我办不接受参评人员自行申报。

经中央人事（职改）主管部门或外省省级职称管理部门出具同意委托函，并由我省人力资源和社会保障厅审核同意后，中央在湘单位和外省专业技术人才可参加我省会计高级职称评审。

各市州人社部门，有关省直主管部门（各委、厅、局）、省属企业、省属高校、省人力资源服务中心及中央在湘单位向我办集中报送参评。请在规定时间内提交材料。

市（州）、县（市、区）人力资源和社会保障部门将会提前收取所属单位申报人员材料，请申报人员密切关注本地区人力资源和社会保障部门或本单位发布的通知，提前整理并报送参评材料。

2023年度全省会计高级职称申报评审启用网上申报评审系统，采取线上线下相结合方式，以现场提交纸质参评材料为主。

网上申报途径如下：

申报人点击进入湖南人社公共服务网上服务大厅（个人网厅界面，注册账号后登录，选择"首页—人才人事—专业技术人员管理—职称评审—职称申报"；或注册"智慧人社"APP后登录，选择"人才人事—职称申报"，按照《职称网上申报评审操作指南（个人）》进行申报，涉密材料信息严禁网上填写提交。

用人单位、省直厅局（省属高校、企业）点击进入湖南人社公共服务网上服务大厅（单位网厅界面）注册账号后登录，按照《职称网上申报评审操作指南（单位）》完成材料初审、形式审查等工作。

纸质材料提交流程与往年一致。现场提交材料时，各有关单位须同时将《高级职称评审职数申报专业备案表》（仅限事业单位）和《参评人员花名册》报我办。

请各有关单位或个人将评审费（每人570元，其中评审费370元，面试费200元）转账到对应账户，并在交材料当日将转账凭证交我办（退评审材料时我办将附缴款凭证）。

三、申报材料及内容、装订要求

（一）申报材料要求

根据有关政策，论文（专著）、外语水平、计算机水平、参加专业技术人员继续教育情况不作为我省会计高级职称评审的必备条件，但均设置了相关量分，如有相关材料请提供。

外语考试成绩通知书、计算机考试合格证书、学历证书、专业技术人员继续教育证明、论文著作、获奖证书、发明专利证书、业绩成果等的确认时间按规定时间执行。

申报人员要严格自律。申报人员须确保所提供材料真实、准确、有效，在评审表中作出个人承诺，并由本人亲笔签名。所有材料、表格的填写均要求字迹工整、清楚。所有复印件必须签字盖章签署意见，实行责任追究制度。申报人员在专业技术职称评审表、申报参评材料公示表、述职评议情况表等表格中所填写的内容应与评审材料中学历资历、资格、业绩等证明材料保持一致，否则以弄虚作假处理。所有评审材料应统一装入档案袋内，档案袋正面应写明申报人姓名、单位，并列出评审材料目录（应适当细化）。严禁在材料内列示本人联系方式。

申报人员的材料，须按要求在所在单位进行公示（需对公示现场进行拍照并上传照片），时间不少于5个工作日。公示情况及结果在申报人员职称评审表"单位推荐意见"栏内标注。

有关单位要严格把关。所在单位人事职改部门或送审单位要对申报人员提供的学历、资格证、外语、计算机、继续教育、奖励等各类证书进行查询认证，对申报人员论文、著作、业绩成果、相关证明和佐证材料等检索核实，并在申报人员职称评审表《真实性审核责任卡》上签字，严把申报材料初审关。

各单位必须在"单位推荐意见"栏内"测评结果"处明确标注测评等级（按"优秀""良好""合格""不合格"四等测评，不合格的不予推荐）。

各市州职改办、省直主管单位对申报人员材料进行形式审查，并做好材料规范、汇总呈报等工作。

（二）材料内容及装订要求

职称评审材料分为（一）和（二），并按下列顺序分别整理装订成册（需附明细目录及页码）：

1.正高级会计师职称评审材料（一）

（1）最高学历、学位学信网认证截图（无法在学信网上查询到的学历，可用最高学历、学位证书复印件代替），截图或复印件上需加盖所在（送审）单位公章和验证人签名。

（2）《高级会计师专业技术职称证书》复印件〔加盖所在（送审）单位公章和验证人签名〕。

（3）聘任高级会计师职称（5年及以上）的聘书复印件〔加盖所在（送审）单位公章和验证人签名〕。

（4）《专业技术人员年度考核登记表》复印件〔加盖所在（送审）单位公章和验证人签名〕。

（5）《专业技术职称申报材料公示表》原件（同时附单位公示栏张贴《材料公示表》照片）。

2.正高级会计师职称评审材料（二）

（1）个人述职报告（5份，1份装订，其余4份不装订）。

（2）《个人述职评议情况表》。

（3）聘任高级会计师职称以来获得的会计专业技术工作成果材料〔必须在每个材料的首页加盖单位公章，并由证明人及单位领导二人以上签字，同时注明："××制度（办法、成果等）由×××同志主持（起草、参与等），特此证明"意见，不注明意见者，不作为本人业绩、成果〕。

（4）聘任高级会计师职称以来获得的会计专业技术工作方面的奖励证书及对应表彰文件〔原件或复印件，复印件加盖所在（送审）单位公章和验证人签名〕。

（5）聘任高级会计师职称以来公开发表的财会方面的专著（大部头专著不装订）、

论文原件（无此项可不提供），专著、论文要附所在（送审）单位盖有公章的检索查重证明。

（6）《专业技术职称评审表》2份（不装订）。

（7）外语考试成绩单复印件〔加盖所在（送审）单位公章和验证人签名，无此项可不提供〕。外语要求见湘人社发〔2018〕51号文件附件12《外语、计算机考试建议目录》。

（8）计算机考试证书复印件〔加盖所在（送审）单位公章和验证人签名，无此项可不提供〕。计算机要求见湘人社发〔2018〕51号文件附件12《外语、计算机考试建议目录》。

（9）继续教育证明（2018年—2022年，无此项可不提供），含以下内容（缺一不可）：

①人力资源社会保障部门出具的《湖南省专业技术人员继续教育学时认定单》；

②湖南省会计管理中心出具的《湖南省会计专业技术人员继续教育完成证明》（含5个年度专业科目）。

3.高级会计师职称评审材料（一）

（1）最高学历、学位学信网认证截图（无法在学信网上查询到的学历，可用最高学历、学位证书复印件代替），截图或复印件需加盖所在（送审）单位公章和验证人签名。

（2）《会计专业技术中级资格证书》复印件〔加盖所在（送审）单位公章和验证人签名〕。

（3）聘任中级会计师职称（5年及以上）的聘书复印件〔加盖所在（送审）单位公章和验证人签名〕。

（4）有效期内的《高级会计实务》科目考试成绩合格证（原件或已验证的复印件）。

（5）破格材料（仅限破格申报参评人员提供）。

（6）《专业技术人员年度考核登记表》复印件。

（7）《专业技术职称申报材料公示表》原件（同时附单位公示栏张贴《材料公示表》照片）。

4.高级会计师职称评审材料（二）

（1）个人述职报告（5份，1份装订，其余4份不装订）。

（2）《个人述职评议情况表》。

（3）聘任中级会计师职称以来获得的会计专业技术工作成果材料〔必须在每个材料的首页加盖单位公章，并由证明人及单位领导二人以上签字，同时注明："×××制度（办法、成果等）由×××同志主持（起草、参与等），特此证明"意见，不注明意见者，不作为本人业绩、成果〕。

（4）聘任中级会计师职称以来获得的会计专业技术工作方面的奖励证书及对应表彰文件〔原件或复印件，复印件加盖所在（送审）单位公章和验证人签名〕。

（5）聘任中级会计师职称后发表的财会方面的专著（大部头专著不装订）或在省级以上公开发行的专业期刊上发表的论文原件，无此项可不提供。专著、论文要附所在单位盖有公章的检索查重证明。

（6）《专业技术职称评审表》2份（不装订）。

（7）外语考试成绩单复印件〔加盖所在（送审）单位公章和验证人签名，无此项可不提供〕。外语要求见湘人社发〔2018〕51号文件附件12《外语、计算机考试建议目录》。

（8）计算机考试证书复印件〔加盖所在（送审）单位公章和验证人签名，无此项可不提供〕。计算机要求见湘人社发〔2018〕51号文件附件12《外语、计算机考试建议目录》。

（9）继续教育证明（2018年—2022年，无此项可不提供），含以下内容（缺一不可）：

①人力资源社会保障部门出具的《湖南省专业技术人员继续教育学时认定单》；

②湖南省会计管理中心出具的《湖南省会计专业技术人员继续教育完成证明》（含5个年度专业科目）。

四、接收盲评论文

我省2023年度会计高级职称评审实行论文盲评。请参评人员将个人论文代表作（1篇）word版（论文中不得包含工作单位、姓名、联系方式等个人信息，否则视为舞弊。word文件名：作者单位+作者姓名+论文标题+发表刊物+期数+参评职称名，如"省××集团张××关于×××的思考《会计研究》2023年第3期参评高级会计师"）、发表论文刊物页照片、盖有所在单位公章的论文检索查重证明扫描件在规定时间内发送至指定邮箱。否则视同无论文。

五、面试

我省2023年度会计高级职称评审面试安排见省财政厅网站会计管理专栏。

面试分两个环节，一是业绩述职，由申报人员介绍个人基本情况及近3年来工作学习主要情况，二是根据申报人员材料提问，由申报人员作答。

其他未尽事宜，按照省人力资源和社会保障厅《关于做好2023年度全省高级职称评审工作的通知》（湘人社函〔2023〕118号）执行。

湖南省会计职称改革工作领导小组办公室

广西壮族自治区高级专业技术资格评审政策

桂会职办〔2023〕1号

各市职改办、会计系列职改办，自治区有关单位职改办（人事、干部处），有关企事业单位：

根据广西壮族自治区职称改革工作领导小组办公室《关于做好2023年度全区职称评审工作的通知》（桂职办〔2023〕12号），结合我区会计系列职称评审工作实际，现就做好2023年度全区会计系列高级（含高级、正高级）职称评审工作的有关事项通知如下：

一、申报范围和对象

在广西企事业单位和社会团体从事会计专业技术工作的在职在岗专业技术人员，遵守宪法和法律，具备良好的职业道德，完成规定的继续教育任务，符合《广西壮族自治区职称改革工作领导小组办公室关于印发广西壮族自治区会计系列高级职称评审条件的通知》（桂职办〔2022〕25号，以下简称《通知》，附后）相应职称申报条件的，可按规定申报职称。

（一）高级会计师。

1.参加2020年、2021年、2022年、2023年度全国会计专业技术高级资格考试取得全国成绩合格单的人员；

2.参加2022年度全国会计专业技术高级资格考试取得自治区级成绩合格单且未申报2022年度会计系列职称评审的人员；

3.参加2023年度全国会计专业技术高级资格考试取得自治区级成绩合格单的人员。

（二）正高级会计师。

取得高级会计师职称后，从事与高级会计师职责相关工作并符合《通知》的人员。

（三）以下情形人员不得申报。

1.除因机构改革退出参照公务员法管理的事业单位，其专业技术人员在国家或自治区规定的过渡期内的人员外，公务员（含参照公务员法管理单位人员）不得申报；

2.除按规定办理了延长退休手续者外，已办理离退休手续或已达到法定退休年龄的人员不得申报；

3.事业单位工作人员受到记过以上处分，在受处分期间的；

4.因违纪违法被有关部门立案审查调查或受到违纪违法处分处罚，仍在处分处罚影响期内的；

5.记入职称评审诚信档案库，仍在记录期限的。

申报后出现上述情形的，评审结果不予确认。

二、申报评审相关要求

（一）申报人思想政治、学历资历、继续教育、工作经历、业绩成果、学术成果以及破格申报等条件按照《通知》的相关条款执行。

（二）申报人工作经历和身份性质由各级评委会所在职改办通过社保数据共享或向

社保部门核实等方式核验。学历情况由用人单位或推荐单位通过个人档案、教育部学信网等方式进行核验。教育部学信网不能够查询到学历的需提供学历证书、查档材料或学历认证机构出具的学历认证等相关材料。

（三）申报人应完成会计行业及人社部门规定的继续教育任务。会计行业继续教育应完成 2022 年度继续教育学习并到所在地财政部门会计人员服务大厅办理确认登记，以《会计从业资格证书》或《广西会计专业技术人员继续教育学习登记簿》登记结果为准。人社部门规定的继续教育应完成 2023 年度公需科目学习考试任务，并及时登录广西专业技术人员继续教育信息管理系统进行专业科目学时登记。

继续教育（含公需科目和专业科目）完成情况，作为推荐参评的重要参考条件。

（四）民营企业申报人原则上应有在申报单位连续 6 个月以上（不含申报当月）个人社保缴费记录，申报人工作经历应与社保缴费记录一致，对于 6 个月内有工作单位变动的，应提供相关情况说明和证明材料，由各级评委会所在职改办核实。审查中发现申报人填写工作经历与养老保险缴费记录不符等情况，经核实为填报虚假信息或提供虚假材料的，各级职改办不予接收材料，按《广西壮族自治区人力资源和社会保障厅关于印发广西壮族自治区职称评审管理服务暂行办法的通知》（桂人社规〔2021〕11 号）第四十九条规定查处。

（五）破格申报的，申报人应在申报前向会计系列职改办提供达到破格条件的材料，连同申报材料一并提交审核，经会计系列职改办审核同意后方可申报。破格申报为放宽学历或资历条件，不等同于无职称申报或越级申报。

（六）申报人身份证号码应正确填写，因申报人填写错误导致关联材料无法查询或印证的，由申报人自行承担相应后果。对使用曾用名、身份证号码非正常变动，关联的证明材料（如学历、职称证书等）的姓名、身份证号与填写的姓名、身份证号不一致的，应在申报材料中提供户口簿本人信息页等相关材料。

（七）加强对学术成果的审查核验。在申报系统中设置学术风险预警功能，搭建涉嫌非法出版物数据库，与申报人提交的刊物自动对比，标记风险刊物。申报人应根据提示自行核验，各级审核部门应加大对标记风险刊物的审核力度。

三、申报、送审方式

（一）2023 年度广西会计系列高级职称评审申报使用自治区人才服务办公室的网络版申报系统，申报人前往"广西专业技术人员职称管理服务平台"—"广西专业技术人员职称管理服务平台职称业务办理入口"，点击"登录"进入个人账户（如尚未有个人账号的，请先根据系统提示进行个人用户注册）进行网上职称填报。具体申报流程和操作方式可参阅网络申报系统"帮助中心"，申报人可以在线查询职称申报进度。在申报过程中，如出现相关技术问题可以咨询广西专业技术人员职称管理服务平台技术支持电话：0771-5505013。

（二）申报人应通过其人事劳动关系所在单位申报。除银行、保险公司等法律法规明确规定具有独立承担民事责任能力的分支机构外，申报人不得选择不具有独立法人资格的分支机构作为申报单位参评。

（三）民营企业和非公有制经济组织专业技术人才，按照桂人社规〔2021〕11号文件第二十一条规定的途径申报职称。

（四）中直驻桂单位或外省单位驻桂分支机构（分公司）的专业技术人员，应根据本单位（系统）统一渠道申报职称。确需在我区参加会计系列职称评审或委托我区代为评审的，由中直单位组织人事部门、省级人力资源社会保障行政部门或其他有权限的单位出具授权或委托函，按照我区职称评审有关要求申报评审。

（五）专业技术人员在同一年度只能申报评审一个同级别职称。同一年度申报多个同级别职称的，该年度所有评审结果无效。

四、申报、送审的程序和要求

用人单位要严格按照桂人社规〔2021〕11号文件第二十条规定的审核审议、单位内部公示、单位推荐等程序及要求进行审核推荐。

（一）符合《通知》的申报人，应严格按照桂人社规〔2021〕11号文件第十九条规定，在规定期限内提交申报材料。申报人应当对申报材料的真实性、完整性承担主要责任。申报人提交申报材料前，一是自行对学历、资历、专业技术工作经历、业绩成果、学术成果等材料进行检查核实，并作出承诺。经查如发现有抄袭、剽窃、不当署名等学术不端行为，或者论文代写代发、虚假刊发等违纪违规行为的，按照《科研失信行为调查处理规则》和桂人社规〔2021〕11号等文件有关规定处理。二是自行对提交材料的完整性进行核查。如缺少《会计系列高级职称量化等硬性条件申报材料清单》中标注"不可缺少的硬件材料"中的任何一项，申报材料不得提交单位审核推荐。因申报个人上传材料出现漏报、错报或未放指定位置导致的后果，由申报人自行承担。

（二）单位审核审议。审核推荐单位要切实履行好推荐申报主体责任，加大对申报人员材料真实性和完整性审查力度，明确审核责任人，签署承诺书，落实审核责任。对申报人的学历、资历、专业技术工作经历、业绩成果和论文著作等材料，由审核推荐单位审核原件并核实真实性后，在申报系统据实填写审核结果。申报人所在单位应当对申报材料真实性、完整性、规范性进行审核，承担审核责任。

对申报正高级、高级会计师职称的人员，各单位应在审议前组织面试答辩，并在面试答辩的基础上提出推荐意见，推荐意见应明确是否同意推荐，并在申报系统据实填写审核结果。单位面试答辩专家达不到有关规定的，可外请专家或委托其他单位进行面试答辩推荐。

（三）单位内部公示。各单位应对本单位所有申报人的申报情况、申报材料情况在单位内部进行公示。公示材料包括：推荐对象名册（姓名、学历、现有职称及取得时间、申报资格名称、申报专业）、专业技术工作经历（能力）、业绩成果及论文著作等申报材料。公示完成后，如果申报人申报情况及申报材料发生变更的，各单位应对变更情况进行补充公示。公示和补充公示时间均不得少于5个工作日，未经公示的申报材料一律不予受理。

（四）单位推荐。各单位认真按照评审程序审查、组织审议推荐，并出具单位推荐意见。单位对审议通过且公示无异议的申报人出具单位推荐意见，应对申报人在"思想品德、工作成绩、专业水平、业务能力、工作态度"等方面给予评价，推荐意见应明确是否同意推荐。申报人不符合申报条件、审议推荐小组出具不同意推荐意见或有其他不宜推荐情形的，单位不得推荐。

申报人无须上传年度考核登记表，由单位如实填写申报人近5年年度考核情况。

（五）主管部门审核。单位主管部门要按权限对单位审核推荐工作进行指导、监督、审核和纠错，加强对单位的推荐程序、推荐材料真实性和填报材料规范性等方面的审核并承担审核责任。

（六）各级职改部门负责审核申报单位和主管部门履职情况，重点审核推荐程序、材料完整性和规范性、推荐对象基本条件等，严禁将程序不规范、材料不完整、推荐对象基本条件不符合、单位推荐意见不明确或不予推荐等申报材料报送评委会评审。

经审核申报人申报材料不符合规定条件的，会计系列职改办一次性告知申报人需要补充的全部内容，明确补充材料时限要求。逾期未补充的，视为放弃申报。

对推荐至评委会的申报材料，经审核发现存在问题的比例达到或超过本单位申报总数10%的，由推荐单位作出说明；达到或超过20%的，由推荐单位作出说明并报送书面整改方案，评委会组建单位视问题情形和程度予以通报或暂停该推荐单位次年推荐申报权限。

（七）各级职改部门应加强对参评材料的复核审查工作，在审核申报评审材料过程中，发现申报人涉嫌提供虚假申报材料的，相关职改部门应反馈申报人所在单位重新核实，并要求提供证明材料。

加强诚信档案库建设，各级职改部门要严格按照《广西壮族自治区职称改革工作领导小组办公室关于完善全区职称诚信档案库有关事项的通知》（桂职办〔2022〕66号）有关要求，进一步加强诚信档案库建设，在职称工作中发现并认定失信行为的，应及时录入全区职称诚信档案库管理系统，在全区范围内实现对诚信档案库记录期限内职称业务办理的自动拦截。

加大学术不端查处惩戒力度。各级职改部门及评委会组建单位应加强学术成果的审查力度，及时共享论文的核查方法、途径等，各职称系列主管部门加强指导力度，统一审查标准，树立风清气正、公平公正的申报氛围。各级人社部门要配合有关行业主管部门严厉打击论文代写代发、虚假刊发等违纪违规行为，对于抄袭、剽窃、不当署名等学术不端行为，按照有关规定列入职称诚信档案库。

（八）正高级会计师专业技术资格评审采取评审和面试相结合的方式进行。

（九）落实决策咨询类信息激励机制。根据信息管理有关规定，决策咨询类信息折算论文情况，以自治区党委信息综合值班室或自治区政府办公厅信息处出具的采用告知单为依据，任何其他单位或个人提供的证明不予认可。

（十）加大对恶意举报的查处力度。单位或个人对评审结果有异议的，可向评委会所在职改部门反映或举报，反映或举报材料应署真实姓名和联系方式。对于虚假告发、恶意信访、意图陷害他人，经核查认定为诬告陷害行为的，按诬告陷害行为人身份和管理权限，依纪依法追究责任。

五、时间安排

根据桂职办〔2023〕12 号文件附件 4《2023 年度广西高级职称评审进度及时间安排表》，结合会计系列高级职称评审工作实际，个人网上申报、单位审核推荐及各级、各系列人事（职改）部门汇总审核时间逾期申报系统自动关闭，不再予以受理。

六、收费标准

根据自治区原物价局、财政厅《关于调整专业技术职务资格评审费收费标准的通知》（桂价费〔2006〕359 号），申报高级专业技术资格评审费每人收取 380 元，申报正高级专业技术资格评审费每人收取 450 元。

本次申报采用网上缴费的方式，请申报人在材料提交后及时关注系统流程进度，当申报系统显示"初审通过"，申报人即可登录自治区财政厅广西统一公共收付缴款平台完成缴款。缴费完成才表示本次材料报送成功，逾期不缴费者视为放弃本次职称申报。

七、其他事项

根据《广西壮族自治区人力资源和社会保障厅关于启用职称电子证书的通知》（桂人社函〔2020〕10 号）要求，广西 2020 年 1 月起全面实行高级职称电子证书。2019 年度起取得会计系列高级专业技术资格（包括正高级和高级会计专业技术资格）的会计人员实行职称电子证书管理。电子证书的下载与打印可自行登录"广西人社"APP、"广西人社服务"微信公众号、广西人才市场职称网等渠道办理。

2019 年度起取得会计系列高级专业技术资格（包括正高级和高级会计专业技术资格）的会计人员可在广西专业技术人员职称管理服务平台个人版系统自行下载评审表。

广西壮族自治区会计系列职称
改革工作领导小组办公室

甘肃省高级专业技术资格评审政策

各市（州）人力资源和社会保障局、财政局，兰州新区组织部、财政局，省直各部门人事处（职改办），甘肃矿区人力资源和社会保障局、财政局，省属各企业集团人力资源部，中央在甘有关单位人事处（职改办）：

根据省人力资源和社会保障厅《关于做好2023年度职称评审工作的通知》（甘人社通〔2023〕309号），现将2023年度全省会计系列高级职称（含正高级会计师和高级会计师，下同）申报评审工作有关事项通知如下：

一、申报范围

我省各类企事业单位中从事会计工作的在职在岗专业技术人员（含事业单位编外聘用人员）。通过高级会计师资格考试，成绩达到国家标准或省级标准，且在有效期内的会计人员，可申报参加2023年度高级会计师资格评审。

公务员（含参照公务员法管理的事业单位工作人员）、离退休人员（含申报当年达到退休年龄人员）和受党纪政务处分在影响期内的人员，不得参加职称申报评审。

中央在甘单位人员或外省企事业单位在甘分支机构人员因工作原因需要评审会计系列高级职称的，中央在甘单位经其中央主管部门同意、外省专业技术人员经外省省级职称管理部门同意并向我省职改办出具委托评审函，经省职改办审核同意后，方可参加申报评审。

非公有制企业专业技术人员工作单位所在地与档案托管地一致的，通过工作单位或经所在单位书面同意、通过托管档案的人才市场进行申报；工作单位所在地与档案托管地不一致的，经档案托管地的人才市场书面同意，通过所在工作单位进行申报。

事业单位编外聘用人员、企业人员、自由职业者申报职称评审的，需在申报职称所在单位（或人事代理机构）缴纳社保半年以上（需提供缴纳社保证明材料），否则不予受理。

二、申报条件

根据《甘肃省会计系列高级职称评价条件标准》（甘人社通〔2021〕247号）凡符合条件的专业技术人员申报评审。

三、申报评审方式

全省会计系列高级职称申报评审使用"甘肃省职称申报评审管理信息系统"（可通过省人社厅网站"职称评审"窗口登录），登录网上职称信息系统申报评审。申报人、用人单位、主管部门、人社部门（职改办）和评委会均须使用职称系统。职称申报、审核、评审、发证、职称证书打印、查询等业务全流程网上办理。具体操作程序和单位账号创建，按照省职改办《关于"甘肃省职称申报评审信息系统"上线运行的通知》（甘职改办〔2018〕23号）要求执行。申报人系统个人账号由用人单位创建。民营企业按属地管理原则由企业所在地县（市、区）职称办负责创建。国有企事业单位编内人员和编外人员账号均由单位创建，均从单位申报职称。为确保网上申报正常运行，省职改办制定了"甘肃省职称申报评审管理信息系统操作手册"（在系统界面下载），请认真研读，严格按照操作手册办理相关事宜。

四、申报时间安排及要求

（一）网上申报时间和有关时限要求

1. 个人申报。申报人登录甘肃省职称申报评审管理信息系统"职称申报管理"模块，根据会计系列高级职称评价条件标准和相关要求，在规定时间内客观、准确、完整填写个人职称申报信息，申报人须按本通知要求和系统规定诚信填报，并扫描上传真实、完整、清晰的电子版证明材料及个人2寸彩色照片（材料类型为JPG、JPEG或PDF格式，单个文件大小不超过2M），提交所在工作单位审核推荐。具体操作方法见信息系统"职称培训"模块《甘肃省职称申报评审管理系统职称使用说明书（申报人版）》。申报人因个人原因使用了"一键删除"功能的或上传材料不清晰、出现漏报、错报，必须在系统自动关闭个人申报端口前完成重新申报，在规定时限内未提交成功的，后果由申报人个人承担。

2. 单位推荐。申报人所在工作单位（或档案托管部门）组织所属专业技术人员申报，对申报材料随报随审，并在本单位进行公示，公示期不少于5个工作日。公示无异议后，提交上一级审核部门审核。审核部门须提交省财政厅审核组织评审。

3. 任职年限。申报人学历、资历、专业技术总年限和现职称任职年限，均计算到申报2023年12月31日。纳入岗位管理事业单位专业技术人才的任职年限从聘用的当月计算；其他单位专业技术人才的任职年限，原则上从取得职称资格的当月起计算。

4. 业绩时限。申报人的业绩须在规定时间内取得。不得在该时间之后，接受任何形式的材料补报。

5. 退休年龄。专业技术人才申报当年是否达到国家规定退休年龄，均计算到申报当年的12月31日为止。

（二）申报人员需在评审系统中上传本人以下材料

1. 在学历资历审查栏提交学历证明材料

（1）2002年后取得的学历提供《教育部学历证书电子注册备案表》（上学信网免费申请），并在"学信网验证码"栏目中填入12位数的验证码（验证有效期要在2023年12月底前有效）；

（2）根据教育部《关于取消高等教育学历认证收费以及调整认证受理范围的公告》，2001年及之前取得的学历提供《中国高等教育学历认证报告》（上学信网免费申请）；

（3）取得国外学历学位的，提供教育部留学服务中心认证的《国外学历学位认证书》；

（4）取得港澳台地区的学历学位的，提供教育部留学服务中心认证的《港澳台学历学位认证书》；

（5）取得党校、军队院校学历的，提供学籍卡或毕业生登记表等有关学历的佐证材料。

2. 在专业技术资格证书栏上传现任职称证书

上传现任职称证书。如现职称是转系列后取得的，还需上传所转系列的职称证书。

3.在专业技术职务聘任证明栏上传职务聘任材料

事业单位在编人员需上传单位聘任文件或聘书。

4.在年度考核审查栏上传年度考核材料

申报人须如实填报近5年年度考核结果。如年度考核连续3次作为所占业绩条件，须将"优秀"等次的年度考核资料上传到"其他业绩审查"栏。

5.在相关证明材料栏上传高级会计师考试成绩合格单

6.在相关证明材料栏上传公示

上传单位出具的公示原件、公示结果，诚信承诺书。

7.在相关证明材料栏上传帮扶基层经历材料

除艰苦条件单位和各类企业外，其他省、市属事业单位晋升高级职称的人才，须有县以下基层或企业一年以上的服务或工作经历。

8.在相关证明材料栏上传会计继续教育完成材料

上传近3年（2020—2022年度）会计继续教育合格证书（或证明）。

9.在专业技术工作经历审查栏或其他业绩栏上传符合业绩条件证明材料

对照专业技术资格条件，先选择专业技术工作经历类别，再填写相应的经历内容，并注明符合《甘肃省会计系列高级职称评价条件标准》正常晋升业绩条件的第几条和第几项，并上传相应的业绩证明材料（本人单位确认并盖章有效的证明资料）。对照评审条件需上传的其他业绩证明材料，按照评审条件符合性逐条做好排序上传。相同的业绩材料不要重复在不同栏目上传。

10.在论文论著审查栏上传论文论著材料

（1）论文、论著内容须与本人申报专业相关。论文论著填报不少于规定数量，但最多填报5篇，按质量高低填报。

（2）省职改办提供"中国知网"收录论文查重服务，供用人单位和申报人在信息系统中免费使用。"中国知网"已收录论文只需在信息系统填写论文网址，将自动生成查重结果，不接收任何查重报告单；未收录论文由用人单位联系"中国知网"进行查重，并上传有单位签字盖章的"中国知网"查重报告单。检索不到或未上传查重报告单的视为无效论文，不作为评审依据。

（3）2023年职称评审论文查重结果以"去除引用文献复制比"为准，核心期刊论文不超过15%、省级期刊论文不超过25%。

（4）论文要分项上传刊物的封面、主办单位页、目录页、正文等，外文须上传中文译文。论著要分项上传封面、版权页、目录（摘录）页、编委会名单页、标有著作字数页。

11.在课题（项目）审查栏上传课题成果材料

（1）上传的课题（项目）内容要与本人申报专业一致，按质量高低填报。

（2）申报人员须提供包括立项、结题（验收、鉴定）、成果登记等一套完整的原件资料。上传材料含立项、结题（验收、鉴定）材料的封面，个人排名、立项、结题（验收、鉴定）单位盖章页。其中个人排名页面须加盖立项单位或鉴定（验收）单位公章。

12. 在科技奖励、表彰奖励及称号审查栏上传奖项和荣誉称号材料

上传的奖励内容要与本人申报专业相关。

五、审查推荐要求

（一）严格执行申报推荐规定。用人单位要严格执行"四公开"（政策、标准、程序、结果公开）制度，有序推进本单位职称申报、审核、公示、推荐等工作。要全面、认真审核申报人学历、资历、专业技术工作经历、业绩成果、有关佐证材料等，对申报人申报材料的真实性、完整性、推荐程序的合规性负责。单位审核公示无异议后，将申报材料按照管理权限逐级上报。严禁单位账号用于非本单位工作人员职称申报。对于没有认真履行审核责任，包庇、纵容弄虚作假、出具虚假证明，或单位账号用于非本单位工作人员职称申报的，按照管理权限追究用人单位及经办人责任。

（二）切实发挥审核把关作用。单位主管部门要对用人单位职称申报推荐工作进行督促指导，重点审查申报人是否符合条件、上传材料是否真实有效齐备规范、材料与填报内容是否一致。发现用人单位推荐材料存在问题的，不符合申报条件和要求的，要一次性反馈修改意见并注明存在的问题，对被退回的材料要及时告知申报人和单位。主管部门对申报人上传的各项申报材料退回次数不得超过3次，超过3次系统将自动锁定为当前申报材料。

（三）从严追究失信人员责任。申报人要对个人申报材料的真实性负责，签署申报诚信承诺书并提交至职称信息系统。申报人通过提供虚假材料核查属实的、剽窃他人作品和学术成果或者通过其他不正当手段取得职称的取消申报资格；已经取得职称资格的，予以撤销，并记入职称评审诚信档案库，3年内禁止再次申报，情节严重的可同时取消岗位晋升资格。

六、其他事项

申报人、用人单位、单位主管部门要严格按照本通知规定的时间节点申报审核，逾期不再受理。申报人材料审查通过后参加答辩评审，答辩评审时间和地点另行通知。

会计系列高级职称全面实行网上申报，无须提交纸质材料。如审查过程中需要提供纸质材料另行通知。

甘肃省财政厅

贵州省高级专业技术资格评审政策

各市（州）财政局、人力资源社会保障局，各有关单位：

根据《贵州省人力资源和社会保障厅关于做好2023年职称工作有关问题的通知》（黔人社通〔2023〕37号）和《贵州省人力资源和社会保障厅关于印发贵州省职称申报评审工作规则（试行）的通知》（黔人社通〔2023〕50号）文件要求，现就2023年全省高级会计师和正高级会计师职称申报评审工作有关事项通知如下：

一、评审条件及有关政策要求

（一）评审条件

1.2023年贵州省会计系列高级专业技术职务任职资格申报严格按照《贵州省会计系列高级专业技术职务任职资格申报条件（试行）》（黔人社通〔2020〕18号）文件执行。

2.全国高级会计实务考试成绩在有效合格期内。2021年—2023年"高级会计实务"科目考试达到国家合格标准人员，及2023年"高级会计实务"科目考试分数55分及以上人员。

3.申报人员的任职年限（聘任时间）终算时间为2023年12月31日。2023年12月31日前达到退休年龄，未经各级人社部门批准延退的专业技术人员，不得参加评审。

4.申报人是在我省各类企事业单位（不含参公管理的事业单位）、社会组织、个体经济组织等各类用人单位（含劳务派遣机构、人事代理机构，以下称用人单位）建立劳动或聘用合同关系并在专业技术岗位工作的专业技术人员，以及自由职业专业技术人员。

（二）有关政策要求

1.公需科目：按《贵州省人力资源和社会保障厅关于组织开展2023年度全省专业技术人员继续教育公需科目学习测试工作的通知》执行。具体相关事项请咨询省人力资源和社会保障厅人力资源开发中心（咨询电话：0851-86815325）。

其他继续教育条件：根据《贵州省会计专业技术人员继续教育实施方案（试行）》（黔财会〔2020〕1号），每年参加继续教育取得的学分不少于90学分，参评人员需要上传近5年内在贵州省财政会计网申报的继续教育学分记录。

2.单位推荐申报高级职称的人数，应在本单位相应高级专业技术岗位空岗数范围内，确定推荐申报评审人数并出具空岗说明，以及最新的事业单位岗位聘用情况备案汇总表。事业单位不在编制内的聘用人员和企业人员不受岗位结构比例限制。

3.对申报评审中提供虚假材料参评获取职称的，一经查实，由组建评委会单位取消其任职资格，并按照相关规定对申报人和推荐审核单位进行严肃追责。

4.根据我省职称改革要求，不再将外语水平和计算机应用能力作为职称评审申报的必备条件。

5.评审规程按照《贵州省人力资源和社会保障厅关于印发贵州省职称申报评审工作规则（试行）的通知》（黔人社通〔2023〕50号）执行。

6.在"三公开"公示过程中，如有群众举报反映申报人员的申报材料弄虚作假，经调查核实的，从认定之日起 3 个评审年度不得推荐申报；政策性审查通过的取消参评资格；评审通过的取消任职资格，并根据专业技术职务政策和"责任追究制"追究申报人员及审核、推荐单位有关人员责任。

7.其他本通知未提及的有关职称政策，按相关职称评审文件规定执行。

二、申报要求

全省高级会计师和正高级会计师职称申报评审工作通过"贵州省人才人事综合业务管理服务平台"线上开展，不再收取纸质资料。

（一）信息系统账号创建

账号创建办法按照《省人力资源和社会保障厅关于全面推行职称评审信息系统应用有关事项的通知》（黔人社通〔2022〕80号）和《省人力资源社会保障厅关于规范贵州省人才人事综合业务管理服务平台账号管理的通知》执行。各级人力资源社会保障部门为本辖区内行业主管部门创建账号，各行业主管部门为下属或管理的企事业单位创建账号，企事业单位为本单位申报人员创建账号。

（二）申报人材料上传时间

申报人从账号建立起即可登录信息系统维护本人信息、上传申报资料，提前为提交申报资料做好准备，在申报时间开始前应完成个人所有资料上传。

（三）申报人申报时间

会计系列职称个人申报入口 11 月 20 日 8：00 开启至 11 月 22 日 17：00 关闭。申报人在申报入口关闭前请及时点击"申报"按钮提交申报材料。申报信息一经提交不能自行变更。

（四）推荐单位资格审查、公示及材料流转

1.推荐单位资格审查、公示。推荐单位须认真对照评审条件审查申报人员资格，对符合申报条件推荐送评的，以适当方式在推荐单位（线下）和信息系统内（线上）公示（不少于 5 个工作日），完成公示后于规定时间上传相关文件往上一级流转节点推送，未按要求公示和签署承诺书的单位，其申报材料不予受理。

推荐单位根据《贵州省人力资源和社会保障厅关于印发贵州省职称申报评审工作规则（试行）的通知》（黔人社通〔2023〕50号），认真对照评审条件审查申报材料，对申报人员材料的真实性、准确性、规范性予以审核。发现填报错误、被信息系统"学术风险预警"提示（以下简称"风险提示"）、其他不符合申报要求问题的，指导申报人进行补正。确保进入公示、推荐环节的申报材料真实、有效、完整、合规，确保补正后的申报材料不存在学术风险预警提示，或被风险预警提示但已进行风险排除，不影响推荐。

推荐单位对审核情况以适当方式在一定范围和信息系统内公示 5 个工作日。公示启动后，申报材料不能退回补正。公示期间接到举报反映的，及时进行核实并做出相应处理。公示结束后，对资格审查和公示期间，涉及"风险提示"人员已排除风险不影响推荐的，出具书面说明（写清楚排除风险的具体做法和过程并加盖单位公章），会同申报材料在信息系统中上传推荐。

2.在规定时间内，各流转节点接收材料后在 3 个工作日内完成审查和往上一级推送工作，确保申报人材料在评委会收取截止日前推送到位。

（五）评委会收取流转材料截止时间

省财政厅组建的贵州省会计专业技术职务高级评审委员会在规定时间内线上收取各市（州）人社局、省直有关单位、企事业单位推送流转的材料。未在规定时间内完成推送，导致申报人材料不能及时送评的，责任由未在规定时限内完成推送的单位承担。

（六）评审费收取

缴费起止时间逾期将视为自动放弃申报职称。

缴费方式：密切关注"贵州省财政会计网"，缴费方式另行通知。各参评人应主动跟踪进度，确保参评资料在规定时间内到达省财政厅流程节点，否则可能造成无法缴费。缴费完成后，无论是否通过政策性审核均不办理退费，请参评人谨慎选择是否缴费。

（七）政策性审查和答辩

评委会将于规定时间在信息系统、贵州省财政会计网公示政策性审查结果。通过政策性审查的申报人员须到指定地点参加答辩。答辩时间和地点另行通知。未提交代表作（正高级申报人员）、未参加答辩的申报人员，取消评审资格。评审结果将在"贵州省人才人事公共服务平台"及贵州省财政会计网公示。

（八）职称评审结果确认及存档

职称评审通过结果不再采取纸质评审表形式确认。评审结果备案完成后，由省财政厅在信息系统中生成"专业技术职务任职资格评审通过确认单"，下载打印盖章（一式3份），由用人单位或申报人本人领取，经用人单位盖章确认后存入个人档案。

（九）专业技术职称电子证书获取

贵州省会计系列高级专业技术职务任职资格不再发放纸质证书，评审通过且备案完成的申报人，待省财政厅通知后，即可在贵州省人才人事公共服务平台上自行下载电子证书。

操作步骤：电脑通过浏览器进入网址—进行注册—登录—职称／职业资格证书查询—点击"立即办理"—输入"姓名＋身份证号码"—搜索—"证书信息"显示职称电子证书即可下载（提示：本人账号只能查询自己的职称电子证书）。

三、其他事项

（一）贵州省人力资源和社会保障厅官网"贴近贵州需要服务人才成长——贵州职称一站式办理"专题专栏已建成使用。各申报人、用人单位可至该专栏查询相关政策、解答、培训视频（如，职称申报指南相关视频，关于职称申报评审工作涉及论文专著有关问题的工作提示、帮助中心相关视频等）。

（二）中央在黔单位人员如需在我省申报评审，按《贵州省人力资源和社会保障厅关于印发贵州省职称申报评审工作规则（试行）的通知》（黔人社通〔2023〕50号）第十九条办理。外省单位人员如需在我省申报评审，按国家有关规定，由单位上级人社部门出具委托函，报我省同级人社部门按程序创建账号。

（三）各推荐单位、申报人在申报评审工作中要严格执行单位公示、申报人和推荐单位承诺制度，未按要求公示和签署承诺书的申报人和单位，其申报材料不予受理。推荐单位要对申报材料（含政策性审查未通过后的补充材料）真实性、合规性严格审核。申报人存在弄虚作假行为经查属实的，政策性审查通过的取消参评资格，评审通过的取消任职资格。从认定之日起记入信息系统诚信档案库，认定之日后的3个职称评审年度内不得申报职称，并根据有关规定严肃追究申报人员及推荐、审核单位责任。

（四）推荐单位启动公示程序前，申报材料可退回申报人调整补正。推荐单位启动公示程序后，为充分保障个人申报意愿和信息安全，信息系统对申报材料开启防篡改保护，除"申报类别""评审类别"可按程序依申请调整外，申报材料全流程锁定流转。

（五）对政策性审查结果有异议的，可在公示期间直接通过网上公布的联系方式如实反映相关情况，对反映的问题经核实后，由评审组织机构做出相应处理。

海南省高级专业技术资格评审政策

根据《海南省财政厅 中共海南省委人才发展局关于印发〈海南省会计人员高级职称评价条件〉的通知》（琼财会〔2023〕853号）、《关于进一步做好职称评聘工作的通知》（琼人才局通〔2023〕5号）有关精神，结合我省会计人员高级职称考评工作实际情况，现将我省2023年度高级会计师、正高级会计师职称评审有关事项通知如下：

一、申报范围

2023年度高级会计师、正高级会计师职称评审的申报人员为在我省各类企事业单位从事会计及相关专业技术工作的人员（包括会计、审计、财务管理、资产评估等实务工作者、管理工作者以及分管以上工作的单位负责人，不含公务员、参公人员和离退休人员）。

高校、科研院所、医疗机构等企事业单位中经批准离岗创业、兼职创新、在职创办企业的会计专业技术人员，3年内可在原单位、兼职单位或创办企业按规定正常申报评审，其创业或兼职期间的会计专业技术工作业绩作为职称评审的依据。

二、申报条件

申报人员应完成2019年—2023年会计人员或会计专业技术人员继续教育，其中2023年度会计专业技术人员继续教育需在我省完成或符合全部学分抵减要求。

（一）申报高级会计师职称应符合以下条件：

1.具备下列条件之一：

（1）参加全国高级会计师统一考试成绩合格且在有效期内。

（2）取得注册会计师全国统一考试全科合格证明并具有海南省注册会计师协会会员资格。

（3）具有境外会计师资格[指持有特许公认会计师(ACCA)、美国注册会计师(AICPA)、加拿大注册会计师（CPA Canada）、澳洲注册会计师（CPA Australia）、香港注册会计师（HKICPA）等资格证书]，已认定为海南自由贸易港高层次人才。

2.符合《海南省会计人员高级职称评审条件》第二章规定的基本条件和第三章规定的高级会计师评审条件。

取得其他系列高级专业技术资格，已转岗从事会计及相关专业技术工作满1年，满足基本条件的，可申报转评高级会计师职称。

（二）正高级会计师职称申报条件。

申报人员应具有大学本科及以上学历或学士以上学位，取得高级会计师职称后，从事与高级会计师职责相关工作满5年，且符合《海南省会计人员高级职称评审条件》第二章规定的基本条件和第四章规定的正高级会计师评审条件。

中央驻琼单位或外省驻琼企业的分支机构（分公司、办事处等）和军队的会计专业技术人员，如需在我省参加会计人员高级职称评审或认定的，需经其具有同层级职称评审权的人事部门出具委托函，经同意后方可参加我省相应层级会计人员职称评审或认定。

申报人不得跨专业、跨系列多头报送评审申报材料。

三、申报材料

（一）单独提供材料

1.《海南省专业技术资格评审表》（可电脑填写并双面打印但不得改变表格形状和页码，一式两份）。

2.《海南省高级会计师评审申报人员基本情况表》（申报高级会计师职称人员填写，不得跨页）或《海南省正高级会计师评审申报人员基本情况表》（申报正高级会计师职称人员填写，不得跨页）。

（二）胶装成册材料（一式两份）

本项材料应以 A4 纸双面打印或复印（复印件需经现所在单位审核无异后加盖公章或审核印章），按如下顺序胶装成册并逐页标注流水号页码。

1. 高级会计师评审申报材料

（1）目录。

（2）《海南省高级会计师评审申报人员基本情况表》。

（3）申报会计人员高级职称参评人员诚信承诺书。

（4）个人综述材料：取得会计师资格以来（申报转评人员为转岗以来）所从事会计及相关专业工作的专业技术能力、业绩情况总结，字数不低于 3000 字。

（5）《海南省高级会计师评审条件审查表》。

（6）其他申报材料（复印件需加盖单位公章或审核印章；由档案管理部门负责保管的材料，无法提交原件的，由档案管理部门在复印件上签署"与原件一致"意见后加盖公章或审核印章）：

①《高级会计实务》成绩合格单（含成绩单）、身份证、学历学位证、中级会计专业技术资格证等复印件。

②单位出具的单位规模（或级别）、申报评审人员所属部门、职务及为非公务员身份的证明原件。

③2019 年—2023 年度完成会计人员继续教育佐证材料（下文需提供会计人员继续教育佐证材料的，具体要求与本项一致）。2019 年—2023 年继续教育均在海南省完成的，只需提供海南省会计人员继续教育网络培训平台的查询截图。2019 年—2022 年度会计人员继续教育不在我省完成的，需提交在外省完成继续教育的相关证明，若外省继续教育记录可通过互联网直接查询的，可提供查询页面截图，并于提交材料时告知查询方式。

④2022 年—2023 年度申请人在海南省的社保缴费记录清单（近 2 年内在本省累计缴纳社会保险满 12 个月。下文需提供社保缴费记录清单的，具体要求与本项一致）。申报人工作经历应与社保缴费记录一致，审查中发现申报人填写工作经历与社保缴费记录不符，经核实为填报虚假信息或提供虚假材料的，评审委员会不予接收材料，并按有关规定查处。

⑤现任专业技术职务、现（兼）任行政职务的任（兼）职（聘用）文件或相关证明材料。

⑥入选全国高端会计人才培养工程（含全国会计领军人才、国际化高端会计人才、全国会计领军人才特殊支持计划、全国会计名家工程培养项目）、海南省会计领军（后备）优秀人才培养项目的资料（领军人才证书或录取文件、优秀人才证书或毕业文件）复印件；注册会计师、资产评估师、税务师的证书复印件；获得"全国先进会计工作者""全省先进会计工作者"荣誉称号证书复印件；"海南省高层次人才"证书复印件；其他能够反映申报人员计算机、外语等综合能力水平的合格证书、获奖证书复印件。前述资格及荣誉表彰如已被注销、撤销的，或证书有效期限已届满的，不再列入申报材料。

（7）企业类申报人员需提供所在单位 2023 年 9 月的会计报表，会计报表须经单位负责人、财务负责人及编制人签章。

（8）专业理论水平材料。具体条件见《海南省会计人员高级职称评价条件》第三章第十四条规定。其中：财会专业著作、编著和译著（均含高等院校教材，但不含其他教材、论文集、手册）复印件需包括封面、目录、版权页、前言、正文和封底，以及加盖了审核部门印章的检索页等；财会专业论文（不含在手册、论文集、增刊、专刊、特刊等收集或发表的论文）复印件需包括期刊封面、版权页、目录（用彩笔对本人所著论文名称加以标识）、正文全文、封底，以及加盖了审核部门印章的检索页等；经省级及以上行业主管部门认可或采纳的会计及相关专业专项调查分析报告，需提供报告内容全文、被认可或采纳以及本人作为第一撰稿人的佐证材料等；课题研究材料一般应包括立项结题资料、省部级以上科研成果奖情况（或符合规定条件的同行专家鉴定且得到成果转化的相关证明），以及本人作为项目负责人或个人排名前三名的有效证明等。

（9）专业技术能力及业绩材料。具体条件见《海南省会计人员高级职称评价条件》第三章第十三条规定。

在会计师事务所或资产评估机构专职执业的注册会计师或资产评估师申报评审的，需提供本人签字的年报审计或资产评估报告（不含验资、内控鉴证、非法定资产评估业务报告，以下同）复印件材料（含报告首页、签字盖章页和报表或评估结果表，双面复印）。大中型企业改制、重组、兼并等专项审计或资产评估业务和县级以上行政事业单位、社会团体等委托的会计及相关专业鉴证业务审计或资产评估报告复印件材料，需提供服务对象性质和规模等证明材料等。

（10）评审委托函（仅限于非我省评审所属专业技术人员提供）。

2.正高级会计师评审申报材料

（1）目录。

（2）《海南省正高级会计师评审申报人员基本情况表》。

（3）申报会计人员高级职称参评人员诚信承诺书。

（4）个人综述材料：取得高级会计师资格以来所从事会计及相关专业工作的专业技术能力、业绩情况总结，字数不超过 8000 字。

（5）《海南省正高级会计师评审条件审查表》。

（6）近 3 年《专业技术人员年度考核表》复印件（无法提供考核表的企业类人员，需提供单位对其进行年度考核的原始考核结果认定材料）。

（7）政策理论水平材料。具体条件见《海南省会计人员高级职称评价条件》第四章第十八条规定。专业论文（不含在手册、论文集、增刊、专刊、特刊等收集或发表的论文）复印件应包括封面、目录、论文正文、封底等，同时提供经相关权威机构（如海南大学图书馆等）查询后出具的属于在北京大学图书馆中文核心期刊或南京大学中文社会科学引文索引来源期刊上发表的详细查询结果证明（加盖查询机构公章或证明章）；海南省高端会计（领军）人才培养项目的优秀毕业论文、在国际性或全国性会计及相关专业论坛或学术年会上发表的专业论文需提供相关佐证材料；专业著作（含高等院校教材，但不含其他教材、论文集、手册）复印件需包括封面、目录、版权页、前言和封底等；专项调查分析报告复印件需包括本人作为第一撰稿人和被省级及以上行业主管部门认可或采纳的佐证材料；课题材料应包括立项结题资料、省部级以上科研成果奖情况（或符合规定条件的同行专家鉴定且得到成果转化的相关证明），以及本人作为项目负责人或个人排名前三名的有效证明等；参与研究起草的政策制度，应为已经得到财政部认可，或已颁布或实施的，需提供参与相关政策制度研究起草工作，得到认可或政策制度已颁布或实施的证明，以及当时担任财政部全国性会计及相关专业委员会委员或咨询专家的聘书证明；申报时在艰苦边远地区或乡镇从事财务会计工作并提交相关方案、案例、分析报告的，需提供有关单位采纳和推广的佐证材料。

（8）专业经历材料。

①在上市公司或大中型企业及同等规模事业单位担任总会计师、会计机构负责人或相当职务，或担任会计主管及以上职务的任职（聘用）文件及其年限证明等相关佐证材料。

②在大中型或具有证券资格的会计师事务所从事会计及相关专业鉴证业务，以及持有注册会计师职业资格专职执业并担任高级经理（或相当职务）及以上职务的任职（聘用）文件及其年限证明等相关佐证材料。

③在其他单位或组织担任总会计师、会计机构负责人或相当职务的任职（聘用）文件及其年限证明等相关佐证材料。

（9）业绩成果材料。具体条件见《海南省会计人员高级职称评价条件》第四章第十七条规定（每页加盖现所在单位公章，如业绩并非在现工作单位取得的，应同时加盖取得该业绩时的原单位公章）。

（10）其他证明材料。

①身份证、学历学位证、高级会计师资格证书等复印件（加盖单位公章或审核印章），单位人事部门出具的公示情况证明原件（需注明公示内容、公示时间、公示意见等）。

②单位出具的单位规模（或级别）、评审人员所属部门、职务及为非公务员身份的证明原件。

③2019年—2023年度完成会计人员继续教育佐证材料。

④2022年—2023年申请人在海南省的社保缴费记录清单。

⑤现任专业技术职务、现（兼）任行政职务的任职（聘用）文件或相关证明材料。

⑥入选全国高端会计人才培养工程（含全国会计领军人才、国际化高端会计人才、

全国会计领军人才特殊支持计划、全国会计名家工程培养项目）、海南省会计领军（后备）优秀人才培养项目的资料（领军人才证书或录取文件、优秀人才证书或毕业文件）复印件；获得"全国先进会计工作者""全省先进会计工作者"荣誉称号证书复印件；"海南省高层次人才"证书复印件；其他能够反映申报人员计算机、外语等综合能力水平的合格证书复印件。前述资格及荣誉表彰如已被注销、撤销的，或证书有效期限已届满的，不再列入申报材料。

⑦企业类申报人员需提供所在单位2023年半年度的会计报表，会计报表须经单位负责人、财务负责人及编制人签章。

⑧评审委托函（仅限于非我省评审所属专业技术人员提供）。

3. 正高级会计师认定申报材料

（1）目录。

（2）申报会计人员高级职称参评人员诚信承诺书。

（3）全国高端会计人才培养工程录取及毕业等文件、证书复印件（受理申报材料时需提交原件核对，审核后当场退还）。

（4）单位人事部门出具的公示情况证明原件。

（5）单位出具的申请人为非公务员身份的证明原件。

（6）2019年—2023年度完成会计人员继续教育佐证材料。

（7）2022年—2023年申请人在海南省的社保缴费记录清单。

四、材料审核

（一）申报人员所在单位要对个人申报材料的真实性进行审核鉴定

对申报人拟上报的所有申报材料在单位公示5个工作日，接受群众监督，未经公示的不予受理。经公示和核实后的材料，所在单位人事部门在《评审条件审查表》作出相应审核意见，并在《海南省专业技术资格评审表》"基层公示结果"栏中作出意见，应注明"经公示（公示期为××年××月××日至××日），材料真实，同意上报"，送单位负责人签字并加盖单位公章，并在申报人的胶装成册材料上加盖骑缝章。

（二）所在单位人事部门要通过有权威性的"中国知网"

"中国新闻出版信息网""南京大学CSSCI期刊目录检索""SCI, EI, ISTP/ISSHP"等网站，对申报人提供的学术刊物和学术著作实行网上检索验证，文字复制比检测结果（除本人发表文献）不超过30%的才能申报，在申报材料中提供学术刊物、著作与检索页，并在检索页上作出核查意见并加盖审核部门印章，未经检索验证证明学术论著真实性的不予受理（学术刊物、论著以正式出版物为准，另有规定的除外）。

（三）申报材料由省财政厅会计处负责受理

凡材料不全、填写不清楚、不符合要求的，通知申报人在限定时间内补齐，逾期不补齐的视为放弃申报。

五、申报和评审程序

申报人整理个人申报材料并向单位人事部门提出申请—单位人事部门审核申报材料（含《评审条件审查表》）并公示不少于5个工作日—单位人事部门出具公示情况证明

—单位审核评审申报材料、出具审核意见—海南省财政厅会计处受理申报材料—海南省（正）高级会计师资格评审委员会评审—答辩（申请认定的无需答辩）—海南省（正）高级会计师资格评审委员会出具意见—公示结果—确定通过人员名单—海南省财政厅将通过人员名单报中共海南省委人才发展局备案—颁发（正）高级会计师专业技术资格证书。

六、其他事项

（一）申报人应对申报材料真实性负责。凡发现申报材料虚假及鉴定意见失实的，取消申报人评审或认定资格，撤销已在海南取得的职称，且5年内（不含当年）不得参加职称评审或认定。

（二）申报人学历、资历、论著、业绩成果、外语和计算机合格证书等需在申报日已取得。具有有效期的，申报时相关证书需在有效期内。

（三）用人单位在推荐专业技术人才参加职称评审前，应当通过个人述职、考核测评、民意调查等方式全面考察推荐人选的职业操守和从业行为。对品德较差、服务对象满意度不高、群众反映强烈的，或事业单位工作人员受到记过及以上处分且在受处分期间的，不得推荐参加评审或认定。全面实行岗位管理的事业单位，应在核定的岗位结构比例内组织或推荐符合条件的人员参加评审，并出具相应的空岗情况证明，否则不予受理申报。

（四）省人才工作部门根据全省人才队伍建设需求，采取划定合格率或评审通过率等措施对高级职称的整体数量和结构比例进行宏观调控，具体要求以省人才工作部门的相关规定为准。

其他未尽事宜，按照《海南省会计人员高级职称评审标准条件》和省委人才发展局的相关规定执行。

海南省财政厅

湖北省高级专业技术资格评审政策

鄂会高评办〔2023〕2号

各市、州、直管市、神农架林区人社局（职改办）、财政局，省直有关部门，各有关单位：

为认真做好我省2023年度高级和正高级会计师任职资格评审及材料的报送审核工作，根据《省职称改革工作领导小组办公室关于做好2023年度全省职称评审工作的通知》（鄂职改办〔2023〕49号）、《省人力资源和社会保障厅关于进一步完善我省职称工作有关政策的通知》（鄂人社发〔2023〕27号）和《湖北省会计系列专业技术职务任职资格申报评审条件（试行）》（鄂职改办〔2019〕4号）等要求，现将有关事项通知如下：

一、申报范围

在我省企事业单位、社会团体、个体经济组织等（以下简称用人单位）会计专业技术岗位上，从事会计专业技术工作并符合申报条件的会计专业技术人员（以下简称会计人员）。

以下人员不得申报：公务员（含参照公务员法管理工作人员）；除按有关文件规定延迟退休人员以外，已退休人员和达到退休年龄人员；受到刑事处罚、政务处分、党纪处分、行政处分等，刑期和处分期（含影响期）未满的；记入全省职称失信黑名单，且仍在记录期限的。

武汉市会计人员的高级会计师评审事宜请咨询武汉市财政局会计处办理。

二、申报条件

（一）申报高级会计师评审人员应通过全国高级会计师资格考试或取得中国注册会计师全科合格证书。全国高级会计师考试成绩单可登录财政部会计财务评价中心网打印。自通过考试年度起，3年内申报高级会计师评审有效，2023年申报有效年度为2021年、2022年、2023年。

（二）申报正高级会计师评审人员应通过省正高级会计师水平能力测试。测试通过公告可登录湖北省财政厅官网打印，自通过测试年度起，3年内申报正高级会计师评审有效，2023年申报有效年度为2021年、2022年、2023年。

（三）所有申报人员需在湖北省财政厅官网"会计之窗"栏目"会计人员信息管理"中完成信息采集和继续教育登记后，方可申报。

三、申报渠道

（一）国有企事业单位会计人员，由用人单位对照相应职称申报评审条件进行审核、公示、推荐，按规定程序逐级申报。实行岗位管理的事业单位一般应在岗位结构比例内按岗申报，申报时须由用人单位提供近5年聘任文件（合同），并填写《2023年度事业单位高级职称申报情况核定表》，无空岗不得申报。经事业单位管理部门审批的主系列"双肩挑"人员申报时应提供近3年审批证明。聘用（人事代理）人员，由用人单位比照本单位同类人员业绩情况进行审核、公示、推荐申报，推荐时在其岗位审核表中注明聘用或人事代理人员。

（二）党政机关交流、部队转业安置或海外归国等到企事业单位从事专业技术工作的人员，在现专业技术岗位工作 1 年以上，经单位考核合格，首次申报职称时，可不受基础职称限制，比照同等资历、水平人员，在本单位岗位结构比例内，按正常条件直接申报参加相应职称评审。

（三）民营企业会计人员，一般在劳动关系所在地申报，不受户籍、档案等制约。原则上均由与其建立劳动关系的企业履行审核、公示、推荐职责。民营企业劳务派遣人员以及其他非正式用工人员可由劳务派遣公司或人事代理机构会同用工单位共同履行审核、公示、推荐职责。

（四）自由职业会计人员，由人事代理机构履行审核、公示、推荐程序。

（五）中央在鄂单位会计人员，按人事管理权限委托评审，由主管部门提出委托申请经省职改办审核后，按程序推荐申报，原则上一次委托不超过 3 年。

（六）国家和省高端会计（领军）人才培养计划毕业学员，应填写《湖北省高层次专业技术人才职称评审（认定）申报表》，由用人单位按程序报省职改办审批。

四、申报方式

申报采取网上申报和纸质材料申报相结合的方式，申报人员首先网上申报，经审核通过后再报送纸质材料。

（一）网上申报。申报人员按照"干什么、评什么"原则，根据申报评审条件，如实填报个人学历、从业经历和任现职以来业绩成果等，提交《诚信承诺书》，通过湖北省专业技术人员职称评审管理信息系统进行申报。申报人员按系统操作说明完成填报后，绑定推荐单位并上传相关材料原件的扫描件，然后推送至用人单位审核。填报完毕后使用系统打印《专业技术任职资格申报人员综合材料一览表》（A4 大小）一式两份。以上填报的各项内容必须和提交的纸质材料内容相吻合。未按规定时间完成网上申报，或申报时提交材料不全或未如实填报的，由个人承担相应责任。

（二）纸质材料报送。申报人员网上申报材料经省高评办审核通过后，其纸质材料由主管部门、各市州职改办、履行审核推荐职责的单位集中统一报送省高评办。

五、资格审核

用人单位及其主管部门对申报材料进行审核，按照管理权限将申报人员的申报材料推送到上级主管部门。

用人单位推荐程序应公开透明，推荐结果须在单位公示不少于 5 个工作日。经公示无异议后，用人单位出具"申报人员工作岗位符合申报条件规定，个人信息和业绩材料已经审核，均真实有效，同意上报"的推荐意见，报送同级主管部门审核。

各主管部门、人社（职改）部门、省高评办根据相关职能职责审核申报材料，对不符合申报条件的材料，应及时退回申报人并一次性告知退回原因。

对不符合申报程序、超出省高评办受理范围或违反委托评审程序报送的申报材料，省高评办将按原报送渠道退回，并告知申报人。

六、申报时间和地点

（一）申报时间。纸质材料受理时间为规定时间段的工作时间（8：30—12：00，14：00—17：30），逾期不予受理。申报时间截止日后，网上申报渠道关闭，不再受理送审材料，申报人员自行补交的论文、奖项、科研成果及其他业绩材料，均不作为评审依据。

（二）申报地点。纸质材料的申报地址：武汉市武昌区水果湖路5附46号湖北省会计考办。

七、评审费用标准

高级、正高级职称评审收费标准均为300元/人，在申报人员报送纸质材料时一并收缴。

八、有关要求

（一）严格用人单位推荐首审负责制。坚持谁主管谁负责、谁审核谁负责、谁评审谁负责的原则。用人单位要把好材料审核和推荐的第一道关口，严肃申报、评审工作纪律，严格执行公示制度，确保评审工作公开、公平、公正。

（二）严格个人申报诚信制。申报人员必须如实填报相关信息并签署《诚信承诺书》，并对所提供的个人信息和证明材料的真实性、准确性负责。对不如实填报个人信息、弄虚作假的，一经查实取消其参评资格；对已取得的任职资格予以撤销，并记入全省职称失信黑名单。

（三）关于时间的计算。申报人员的任职时间和聘任时间按实足年限计算，截止至2023年12月31日。论文、奖项、科研成果等业绩材料均应在受理材料截止日期之前取得。

（四）关于年度考核等次时间的计算。年度考核为合格及以上等次的，其任职年限连续计算。年度考核有基本合格、不合格或不确定等次的，扣除当年度任职年限，其他任职年限累计计算。

（五）申报材料整理统一规范化。纸质材料需制作目录页并每页编写页码，严格按照纸质申报要求装订，各类表格需使用省职改办规定的统一样式，逐栏填报，做到报送材料齐全、内容翔实，符合规定。纸质材料用厚实的档案袋装好，档案袋封面写上申报人员姓名、申报级别、单位信息。申报人员提供材料中有明显涂改痕迹或出现相关手续不齐全的情况，需提供所在单位出具的情况说明，负责人签字并加盖公章。所有申报人员需携带整理好的纸质材料和论文原件到现场申报受理。申报人员纸质材料与网上系统申报材料保持一致。

（六）根据《关于启用湖北省职称评审管理信息系统的通知》（鄂职改办〔2022〕50号）要求，通过评审人员不再发放纸质证书，申报人员可通过申报系统或登录湖北省政务服务网完成实名认证后查询打印电子证书。

湖北省会计专业高级职务评审委员会办公室

江苏省高级专业技术资格评审政策

苏财会〔2023〕35号

各设区市及昆山市、泰兴市、沭阳县财政局，省各有关单位：

根据《省人力资源社会保障厅 省职称办关于做好2023年度职称评审工作的通知》（苏职称办〔2023〕45号）精神和要求，并经省职称办同意，现将我省2023年高级会计师资格评审申报工作有关事项通知如下：

一、申报政策

（一）2023年我省高级会计师资格评审按照《江苏省会计人员专业技术资格条件》（苏职称〔2021〕74号）执行。

（二）申报人员按照《江苏省职称评审管理办法（试行）》（苏职称〔2020〕42号）有关规定进行申报。中央驻苏单位或外省驻苏企业及其分支机构和军队的会计人员，如需在我省申报评审，须经具有人事管理权限的主管部门提交委托函，由江苏省职称办核准同意后受理申报。

（三）南京市高级会计师资格评审工作由南京市会计专业高级职称评审委员会负责，江苏省会计专业高级职称评审委员会不受理南京市所辖单位人员的申报评审。

（四）申报职称的资历（任职年限）和取得考试合格证截止时间为2022年12月31日。申报职称的业绩成果、论文、学历（学位）等截止时间为2023年3月31日。

（五）申报人员继续教育条件按照《江苏省专业技术人员继续教育条例》和《江苏省会计专业技术人员继续教育实施办法》（苏财规〔2018〕22号）执行，继续教育情况列为专业技术人才职称晋升的重要条件。

（六）依据苏价费函〔2002〕62号规定，我省高级会计师资格评审收费标准为300元/人。

（七）申报人员通过提供虚假证明材料或者通过其他不正当手段取得职称的，经调查核实确认的，将撤销其职称，并按有关规定对相关人员进行处理。

二、申报时间及流程

（一）申报时间

2023年我省高级会计师资格评审采取网上申报形式。

（二）申报流程

1. 信息采集。登录江苏省财政厅网站"会计综合管理平台"栏目，从"服务入口"选择"会计人员管理"，进入后按提示进行信息采集。

2．网上申报。

（1）登录江苏省财政厅网站"会计综合管理平台"栏目，从"服务入口"选择"高级职称评审"，进入后阅读操作手册及常见问题解答。

（2）登录系统后，按要求如实填写各项信息，并将相关申报材料原件扫描上传。

3.线下审核。申报人提交资料后,应及时携带本人身份证及所有申报材料原件前往所在地财政局会计管理部门,办理现场审核(受理后当场退回申报材料原件)。其中,省属单位申报人员到省财政厅会计处进行现场审核(地址:南京市北京西路63号天目大厦809室)。

4.网上缴费。申报人通过现场审核后,登录申报系统进行缴费。缴费成功后,不办理退费。需票据凭证的,可根据系统提示自行下载打印电子票据。

逾期未缴费的,视同放弃申报。

三、其他注意事项

(一)各地、各单位要按照《江苏省会计人员专业技术资格条件》(苏职称〔2021〕74号)要求,对委托评审的材料严格把关,认真做好审核、公示和推荐工作,确保材料真实、齐全、手续完备。

(二)各设区市(不含南京市)及昆山市、泰兴市、沭阳县财政局于6月28日前,将经当地职称管理部门审核后的《江苏省会计专业技术职务(高级会计师)任职资格评审情况一览表》报送省财政厅会计处。

(三)因评审工作全部在网上进行,申报人不再提交纸质材料。省财政厅会同省人力资源社会保障厅联合发文公布评审结果后,评审通过人员自主打印省人力资源社会保障厅统一编号和用印的电子职称证书。

(四)评审通过人员经评委会签章后的《专业技术资格评审申报表》末页(申报表一式3份,将签章后的末页粘贴在申报表末页空白处,连同申报表归入本人档案)等相关材料,将统一采取邮寄到付的方式,通过中国邮政速递物流送达。

(五)本次评审拟于7月份进行。所需填报的表格,请登录江苏省财政厅网站"会计综合管理平台"栏目,进入"下载专区"下载。

(六)申报人员如需政策咨询,请联系申报所在地财政局会计管理部门(可登录江苏省财政厅网站"会计综合管理平台"栏目,查询各地联系电话)。

江苏省财政厅

江西省高级专业技术资格评审政策

省直各单位，中央驻赣单位，各市、县（区）财政局，赣江新区财政金融局：

根据《江西省人力资源和社会保障厅关于做好2023年职称评审工作的通知》（赣人社字〔2023〕174号）要求，经江西省职称工作办公室同意，为做好我省2023年度会计系列高级职称（含正高级会计师和高级会计师，下同）评审工作，现将有关事项通知如下：

一、申报对象

在我省企事业单位专业技术岗位上从事会计工作，符合会计系列高级资格条件的人员。公务员（含参照公务员法管理的事业单位工作人员）和离退休人员不得申报评审。

县（市、区）及以下行政区所属事业单位及其他经济社会组织或在县级市场监管部门审批注册企业的会计人员可以在高级会计师和基层类高级会计师中择一申报。

二、申报政策

（一）申报会计人员高级职称按照《江西省会计人员高级职称申报条件（试行）》（赣财会〔2021〕27号）要求执行（文件可在江西省会计综合管理服务平台政策制度栏查询）。

（二）从机关流动到企事业单位从事专业技术工作的人员申报职称可按照《江西省人力资源和社会保障厅关于从机关流动到企事业单位从事专业技术工作人员评审专业技术资格有关问题的通知》（赣人社发〔2016〕18号）有关规定执行，其中到企事业单位从事会计工作12个月以上的终算时间为2023年6月底。

（三）非会计系列高级专业技术资格人员转评高级会计师职称，除符合转评条件外，还必须先通过高级会计师资格考试且合格成绩在有效期内。

（四）申报人员学历、学位、资历（资格、聘任时间）、工作年限、业绩（含论文、论著、科研课题）等终算时间为2022年12月31日，时间按年头计算。业绩从取得现资格之年起计算。申报人员所提供的论文论著、科研课题、科研成果、奖励项目等业绩材料应在业绩起算、终算时间之内。不在起算、终算时间之内的业绩材料不作为职称评审的依据。

三、申报要求

（一）2023年度全省会计人员高级职称申报评审使用"江西省专业技术人员职称申报评审系统"，实行职称申报、审查、缴费、评审、发证、查询等业务全流程网上办理。

（二）请各地、各单位尽快按照《江西省职称申报评审系统组织机构创建规则》（详见赣人社字〔2023〕174号文附件2）自上而下逐级创建单位账号（已创建的单位无须再创建），其中民营企业账号按属地管理原则由企业所在地县（市、区）职称办负责创建。企事业单位编内人员和编外人员账号均由单位创建，均在单位申报职称。

（三）申报人员要坚持诚实守信的原则，在规定时限内登录评审系统按要求实事求是填写申报信息、上传清晰的电子版证明材料，同时在网上签订《个人承诺书》。证明材料应使用原件或加盖单位公章的复印件扫描上传，要求为 JPG、JPEG 或 PDF 格式，单个文件大小不超过 2 M，保证正向清晰完整，避免出现漏报、错报、未放指定位置等情况，由此导致的后果由申报人员自行承担。申报材料报至评委会后，原则上不再补充材料。

（四）申报人员需在评审系统中上传本人以下材料：

1. 学历佐证材料

（1）2002 年及以后取得的学历提供《教育部学历证书电子注册备案表》（登录学信网免费申请），并在"学信网验证码"栏目中填入 12 位数或 16 位数的验证码；

（2）根据教育部《关于取消高等教育学历认证收费以及调整认证受理范围的公告》，2002 年之前取得的学历提供《中国高等教育学历认证报告》（登录学信网免费申请）；

（3）取得国外学历学位的，提供教育部留学服务中心认证的《国外学历学位认证书》；

（4）取得港澳台地区的学历学位的，提供教育部留学服务中心认证的《港澳台学历学位认证书》；

（5）取得党校学历的，提供学籍证明或毕业生登记表等相关佐证材料。

2. 专业技术资格证书

上传现专业技术资格证书，现专业技术资格是转系列后取得的，还需上传转系列前取得的专业技术资格证书。

3. 专业技术职务任用材料

（1）事业单位在编人员需上传取得现专业技术资格以来连续的《事业单位岗位聘用人员备案表》（聘任时间以表上时间为准），系统能自动关联专业技术职务聘任信息的，申报人员无需填报；

（2）事业单位非在编聘用人员需上传取得现会计专业技术资格证书和劳动合同（聘任文件或聘书）；

（3）企业会计人员自取得会计专业技术中级以上资格证书当年开始视同受聘相应层级会计专业技术职务，只需上传现专业技术资格证书；

（4）注册会计师只需上传注册会计师全科合格证。

4. 会计继续教育完成材料上传 2019—2021 年度（或 2020—2022 年度）会计继续教育合格证书（或上传江西省会计综合管理服务平台上完成继续教育学分的截屏图）。

5. 社保参保缴费证明材料申报人员无须上传社保参保缴费证明，只需在系统"相关材料证明"栏中选择"个人社保参保缴费情况"，系统将自动关联社保参保信息。要求申报人员历史缴费月数不少于半年，且当前职称申报单位和参保单位名称一致。当前职称申报单位和参保单位名称不一致的，须在"其他"栏中上传职称申报单位和参保单位隶属关系证明（证明材料上需加盖两者公章）。

6. 工作经历材料

对照职称申报条件，先选择工作经历类别，再填写相应的经历内容，并上传相应的佐证材料。具体应填写和上传的工作经历及佐证材料按照《江西省会计人员高级职称申报条件（试行）》（赣财会〔2021〕27 号）要求执行，与职责相关的任命文件、纪要类材料需完整上传。

7. 理论成果——论文论著材料

（1）论文论著各限填报 5 篇（部），内容要与本人申报专业相关，按质量高低填报；

（2）论文须在中国知网、万方数据或维普网上进行检索验证，并将检索到的网页地址复制到评审系统"检验验证地址"栏目。检索不到或未填检索验证地址的视为无效论文，不作为评审依据；

（3）国际核心期刊论文须提供科技情报检索单位（如科技情报所、高等大学图书馆等）提供的 SCI、EI 论文收录检索报告（加盖检索签证专用章）；

（4）论文要分项上传刊物的封面、主办单位页、目录页、正文等，外文须上传中文译文。论著要分项上传封面、版权页、目录（摘录）页、编委会名单页、标有著作字数页；

（5）专题研究报告、专业调研报告、行业标准与制度设计文件、咨询报告、分析报告等会计专业类工作实践成果，须经有关单位认定并加盖公章。

8. 理论成果——课题（项目）材料

（1）上传的课题（项目）内容要与本人申报专业一致，按质量高低填报；

（2）申报人员须上传包括立项、结题（验收、鉴定）等一套完整的原件资料。上传材料含立项、结题（验收、鉴定）材料的封面，完成人排名、立项、结题（验收、鉴定）单位盖章页。其中完成人排名页面须加盖立项单位或鉴定（验收）单位公章。

9. 业绩成果——奖项和荣誉材料

上传的奖励内容要与本人申报专业相关。

10. 业绩成果——其他业绩材料

对照职称申报条件需上传的其他业绩佐证材料，按照资格条件逐条做好排序，上传标准参照工作经历材料的要求。申报人员在上传工作业绩和理论成果材料时须仔细对照资格条件，明确标明上传材料符合资格条件的具体条款。

四、审查推荐

（一）用人单位要坚持评用结合、以用为本，充分发挥职称正向激励作用和用人单位主体作用，对申报人员的职业道德、工作表现及工作业绩进行考核评估，严格把好推荐关，不符合申报条件的一律不得推荐。要按照科学规范、公正公平原则制定推荐方案，推荐方案应报主管部门备案。要切实履行好审核、公示、推荐等程序，对职称政策、岗位职数和推荐名额、推荐方案、申报材料、推荐结果等 5 个方面材料在单位内部进行不少于 5 个工作日的公示，对单位职称推荐工作符合政策要求和对申报人员信息材料真实有效性的审核进行承诺。评审结束后，用人单位要及时下载打印评审通过人员电子评审表，用印后存入其个人人事档案。

（二）主管部门和市县人社部门要认真审查申报材料，重点审查申报人员是否符合条件、申报材料是否真实有效、申报信息是否准确完整、申报推荐程序是否规范、申报系列专业是否与岗位和从事专业一致。对不符合申报条件或不符合申报要求的，注明存在问题并及时退回；对弄虚作假或举报核实确有问题的，取消申报资格并记入诚信体系。

主管部门在推荐报送前，还须以适当方式对申报人员信息进行公示，公示时间不得少于5个工作日。

（三）用人单位、主管部门、市县人社部门要及时完成网上审查工作，对被退回材料要及时告知申报人员重新填报。

职称工作政策性强、关注度高，各地各部门要及时通知申报人员按照规定时间进行申报，逾期将无法申报。

本通知未尽事宜，按照《关于做好2023年职称评审工作的通知》（赣人社字〔2023〕174号）有关政策规定执行。

江西省财政厅

福建省高级专业技术资格评审政策

各设区市财政局、人社局，平潭综合实验区党群工作部、财政金融局，省直有关单位（人事机构）：

根据《福建省财政厅 福建省人力资源和社会保障厅关于印发<福建省深化会计人员职称制度改革实施方案>的通知》（闽财规〔2022〕21号）和《福建省财政厅 福建省人事厅关于印发<福建省高级会计师职务任职资格评审办法（试行）>的通知》(闽财会〔2004〕30号）的有关规定，现就2023年度高级会计师评审申报有关事项通知如下：

一、申报人员范围对象

申报对象应符合以下条件：

（一）2021年、2022年、2023年高级会计师资格考试合格，并符合《福建省财政厅 福建省人力资源和社会保障厅关于印发<福建省深化会计人员职称制度改革实施方案>的通知》（闽财规〔2022〕21号）或《福建省财政厅 福建省人事厅关于印发<福建省高级会计师职务任职资格评审办法（试行）>的通知》（闽财会〔2004〕30号）要求的本省企事业单位（不含参照公务员法管理的人员）会计人员：

1. 具备博士学位，取得会计师职务任职资格后，聘任会计师职务满2年。

2. 具备硕士学位，或第二学士学位或研究生班毕业，或大学本科学历或学士学位，取得会计师职务任职资格后，聘任会计师职务满5年。

3. 具备大学专科学历，取得会计师职务任职资格后，聘任会计师职务满10年。

4. 不符合上述条件，但满足闽财会〔2004〕30号文件规定的破格申报条件者。

5. 公务员或参公人员转入企事业单位从事会计工作的专业技术人员，须提供企事业单位受聘证明，在现岗位工作1年以上，且满足不同学历从事与会计师职责相关工作累计年限要求。

（二）根据《福建省财政厅关于开展会计人员信息采集工作的通告》《厦门市财政局关于开展厦门市会计人员信息采集工作的通知》要求，我省具有会计专业技术资格的人员，或不具有会计专业技术资格但在国家机关、企业、事业单位以及社团和其他组织从事会计工作的人员应当进行信息采集。因此，在福建省会计人员信息管理平台、厦门市会计人员综合服务平台内的人员方可申报参加高级会计师职务任职资格评审。

二、具体要求

（一）申报参加高级会计师职务任职资格评审的人员，履职年限截至2023年12月31日。已达到国家法定退休年龄或已办理退休手续的人员不能参评。

（二）申报评审应报送的材料与要求。在每份申报材料的右上角加盖主管单位职改办或单位公章。对提交的复印件须与原件核对，在复印件的右上角逐项签署核对人姓名并加注"与原件核对相符"。《评审表》按要求在指定位置盖章。

（三）以前年度评审未通过者再次参评的，应补充提交新的业绩成果、案例、论文等申报材料。不符合重新申报条件的，所在单位不得推荐上报。

（四）在申报过程中存在弄虚作假等违规行为的，一经举报查实，取消其申报资格。

已评审确认任职资格的，按照有关规定撤销其任职资格，2年内不得申报，并追究相关人员的责任。申报单位存在弄虚作假等行为的，按照《福建省职称评审管理暂行办法》（闽人社发〔2021〕1号）有关规定处理。

三、材料报送的程序及要求

（一）申报人员应于规定时间注册登录福建省高级会计师评审申报系统填写申报内容。已注册成功的人员，在系统停止注册后至申报材料在本单位公示前可修改申报信息。

（二）申报人员人事关系所在单位职改办或人事部门应对申报材料进行严格审核，并对上报材料的真实性负责，包括对学历、职称聘用时限、工作业绩、案例内容等的真实性进行核实和认定；应将申报人员的相关材料在本单位公示，在《评审表》的"单位推荐意见"栏内注明公示结果，并在"基层单位意见"栏签注意见加盖单位或职改办公章。

（三）申报人员所在单位职改办或人事部门审核同意之后按照隶属关系逐级上报财政部门、人社部门或行业主管厅、局（总公司）职改办审核，由其在《评审表》签注意见加盖公章。对不符合条件和要求的材料，职改办不予受理。

（四）省财政厅会计处负责接收申报材料，并会同省职称改革工作办公室对申报材料进行审核后，将符合申报条件的参评对象评审申报材料提交省高级会计师评审委员会评审。

（五）申报人员应认真对照高级会计师职务任职资格评审有关文件规定和报名通知要求准备申报材料。用人单位和各级财政、人社部门应对照高级会计师职务任职资格评审有关文件规定和报名通知要求进行严格审核。报送至省财政厅的材料不能完整证明申报人员符合申报条件的，视为不符合申报条件，不再予以补充材料。

四、材料报送的时间及地点

（一）各设区市财政、人社部门材料受理时间自定，并于规定时间将本地区申报人员材料集中报送至省财政厅。

（二）省属单位、中直单位的纸质申报材料应于规定时间内报送省财政厅审核（上午8：30—11：30，下午3：00—5：00）。

（三）省属单位、中直单位的申报人员请于规定时间内拨打电话提前预约材料受理审核时间（联系电话：0591-87097131），并按预约时间将材料送达福州市鼓楼区中山路5号省财政厅办公楼11楼1105室。

五、信息公告与查询

（一）评审通过名单公示、资格证书领取、材料退档等有关通知及《福建省财政厅 福建省人力资源和社会保障厅关于印发<福建省深化会计人员职称制度改革实施方案>的通知》（闽财规〔2022〕21号）和《福建省财政厅 福建省人事厅关于印发<福建省高级会计师职务任职资格评审办法（试行）>的通知》（闽财会〔2004〕30号）等相关文件可在"福建省财政厅政务公开网—专题专栏—福建会计—继续教育、考试及评审"中查询。

（二）咨询电话：省财政厅会计处，0591-87097131；省人社厅事业单位人事管理处，0591-87857057。

福建省职称改革工作办公室
福建省会计职称改革领导小组办公室

辽宁省高级专业技术资格评审政策

各市财政局，各有关单位：

根据《关于深化会计人员职称制度改革的实施意见》（辽人社发〔2022〕16号）和《关于印发2023年全省职称工作安排意见的通知》（辽人社发〔2023〕10号）等有关文件精神，结合我省会计系列职称评审工作实际，经商省人力资源社会保障厅同意，现将2023年度全省会计系列高级专业技术资格评审工作有关事宜通知如下：

一、基本政策

坚持服务发展、科学评价、以用为本的基本原则。以德才兼备为导向，体现会计工作职业特点，注重考察工作能力和实际贡献。

2023年全省会计系列高级专业技术资格评审工作按照《关于深化会计人员职称制度改革的实施意见》（辽人社发〔2022〕16号，以下简称《实施意见》）及国家、省现行有关职称政策规定执行。相关文件登录"辽宁会计网"的"高师考评"栏目下载。

二、申报程序

（一）个人申请

拟参加会计系列高级专业技术资格评审人员（以下简称申报人员）需向本人劳动（人事）关系所在单位的人事管理部门提出申请，经审核同意后方可申报。

（二）单位审核与公示

申报人员所在单位应根据岗位和职数要求，对符合条件拟申报的人员进行全面考核，择优推荐，同时对拟推荐申报人员的学历、资历、业绩成果、学术成果、奖项等相关材料逐项进行审核。严禁同一业绩成果在不同年份、不同申报人之间重复使用，一经查实，按有关规定严肃处理，如同一业绩成果确由多人完成，请在申报材料中对申报人完成该项业绩的具体部分加以说明。单位审核后将申报人员基本情况、主要业绩等在本单位进行公示，公示期不少于5个工作日。

（三）网上申报

2023年会计系列高级专业技术资格评审实施网上申报，申报人员应先在"辽宁会计网"首页"会计人员信息采集"栏目完成信息采集并保证信息准确。申报人员应按规定完成会计专业技术人员继续教育，登录申报系统时系统将自动校验申报人员最近3个年度继续教育信息。申报材料是评审量化赋分的依据，申报人员要严格按照要求精心组织和上传材料内容。

（四）评定表打印与签章

申报人员网上提交信息后，下载打印《辽宁省专业技术资格评定表》并履行有关签字盖章程序。申报人员须在评定表最后一页"备注"栏内手写个人承诺："本人承诺：所提供的信息和申报材料真实准确，对因提供有关信息、证件不实或违反有关规定造成的后果，责任自负，并按有关规定接受相关处罚。"申报人员单位审核人在公示栏内注明公示时间、内容及公示结果，在"备注"栏内手写"该申报人员的申报材料已审核，真实有效",签字并加盖单位公章。

（五）财政部门审核

财政部门审核采取线上审核与现场审核相结合的方式，对申报人员的条件、申报材料的规范性和完整性、单位推荐公示程序等进行审核。一是将申报人员的材料原件与系统申报材料进行比对确保真实性，二是对系统申报的内容和形式进行审核，以保证申报各种材料的规范性和准确性。审核无误后由审核人在申报系统中审核通过并在《辽宁省专业技术资格评定表》相应栏目内签字加盖单位印章。省财政厅负责省（中）直单位申报人员材料审核，各市财政局负责市属单位申报人员材料审核。

（六）材料报送

经同级人力资源社会保障部门资格审查合格后，各市财政局统一将《辽宁省专业技术资格评定表》（一式3份）、照片（4张）及加盖单位公章的《辽宁省高级（正高级）会计师资格申报审核通过人员名单汇总表》报送至省财政厅，请各市财政局和省（中）直有关单位严格按规定时间报送。

三、相关要求

（一）系统操作

1. 系统登录。申报人员在"辽宁会计网"首页点击右侧"高师考评"中的"评审申报"，按申报级别登录系统。申报系统的用户名和密码与信息采集系统一致。如忘记密码，可通过手机号码找回；如手机号码更换，可联系信息采集管理部门进行手机号码修改，信息采集管理部门联系方式可点击"会计人员信息采集"栏目中"咨询电话"获取。申报人员进入填报界面后，应当仔细阅读用户手册并按照系统提示真实、准确、完整地填报相关信息。上传的辅证材料需采用PDF、JPEG文件格式。

2. 数据提交与更改。申报人员在确认所填报信息准确无误后，需在规定时间内点击"确认提交"将信息上传，提交财政部门审核，逾期系统关闭将不能申报。上传信息在未经财政部门审核前，仍可以修改并重新提交，若财政部门已经审核通过，则无法再更改相关内容。申报人员提交后请关注审核进度，不符合申报条件和要求的，系统中会注明原因并退回，申报人员按要求尽快修改并重新提交审核，逾期未提交审核视为放弃申报；如审核通过则申报完成。

（二）材料组织

1. 单位名称。单位名称涉及评定表个人档案及制发职称证书等重要事宜，申报人员务必做好核对，系统填报、评定表等涉及单位名称的须与加盖的单位公章名称一致，大型企事业单位须填列到二级单位名称。

2. 学历资历。包括申报人员的学历证书或学位查验材料（学信网查询结果或毕业生登记表等）、专业技术资格证书、执业资格证书、任职文件（或证明）等。

3. 主要业绩成果。申报人员在组织业绩材料时应挑选最能代表本人能力和水平的工作业绩进行填报，填报的业绩材料需经单位审核通过，且每一项工作业绩须上传相应辅证材料。辅证材料包括业绩奖励证书、科研成果证书和工作业绩材料证明等，辅证材料如没有明显标识，又无法认定属于本人主持、独立或参与完成的，需经单位主要负责人或主管领导签字确认、加盖单位公章，并注明本人参与程度（主持、独立或参与）。如主要业绩成果涉及不同单位，需分别由取得业绩的所在单位出具确认证明。原单位已撤销的，需由撤销单位的主管部门出具相关证明材料。

4.主要论文著作。包括本人发表或撰写的论文、著作、译著、教材、会计案例等。论文应包括刊物封面、刊号、目录、论文内容及期刊查询和论文检索证明，著作应包括刊物封面、书号、目录和部分著作内容，并在目录个人姓名处作出明显标记。

5.其他材料。其他材料包括：单位基本情况、专业技术人员年度考核情况、荣誉证书和其他有关材料等。具体要求如下：

（1）单位基本情况：至少应包括单位性质、主营业务、收入、资产、职工人数、会计机构设置及人员情况等内容，并由单位人事部门负责人签字并加盖单位印章。

（2）专业技术人员年度考核情况：需提供单位人事档案存档的 2020 年至 2022 年《专业技术人员年度考核登记表》或考核记录。

（3）荣誉称号：包括优秀科技工作者、百千万人才、劳动模范和县（区）级以上先进个人荣誉称号等。

（4）符合免试条件的人员，需提供注册会计师全国统一考试全科合格证书、注册会计师证书或中国注册会计师协会会员证。

（5）符合破格条件的人员，需提供省级高端会计人才培养班毕业证书、全国高端会计人才培养班毕业证书等相应破格条件的证明材料。

6.财政部门现场审核材料。《辽宁省专业技术资格评定表》一式 3 份，要求 A4 规格，正反面打印，左侧装订，不得串页。一寸免冠彩色照 4 张，其中 3 张照片应粘贴在《辽宁省专业技术资格评定表》中照片位置，其余 1 张交由财政部门统一保管用于制证。相关证明材料原件，主要包括申报人员系统填报的有关证书、获奖文件、任职文件、论文著作、业绩成果确认证明等原件。相关证明材料原件在经财政部门审核后退回申报人员所在单位。

四、其他有关事宜

（一）驻辽中直单位委托我省评审直单位委托我省评审，须由上级具有职称评审管理权限主管单位的人事部门向辽宁省人力资源和社会保障厅出具委托评审函，经审核同意后方可按照评审有关要求进行申报。取得长效委托评审函的，有效期内无需再另行开具委托评审函，具体名单详见省人力资源和社会保障厅官网公布的《中央驻辽企事业单位职称评审委托备忘录》；未取得长效委托评审函的，须开具当次委托评审函，并在申报系统中上传省人力资源和社会保障厅书面反馈的委托评审函。

（二）2023 年会计系列高级专业技术资格评审工作拟定于 11 月上旬进行。其中正高级会计师资格答辩的具体时间、地点将根据评审工作实际另行通知。

（三）各有关单位要严格履行申报程序，认真审核，严格把关。申报人员应诚信申报，凡有弄虚作假行为，严格按照《辽宁省职称评审管理暂行办法》第四十条和《实施意见》有关规定处理。

省财政厅

吉林省高级专业技术资格评审政策

各市（州）财政局、长白山管委会财政局，各县（市）财政局，省直各部门，驻吉中直有关单位：

按照全省统一部署，现将 2023 年度会计系列高级职称评审工作有关要求通知如下：

一、评审范围

在吉林省范围内企业、事业单位和其他经济组织（以下统称单位）从事会计及相关专业技术工作的在编、在职、在岗人员。事业单位管理岗人员、参照公务员管理事业单位人员、公务员和离退休人员不得申报。

二、评审条件

（一）2023 年度会计系列高级职称评审条件，按照《吉林省会计系列高级职称评审实施办法》（吉人社联〔2021〕106 号）规定执行。

（二）取得全国会计专业技术高级资格考试合格成绩并在有效期内，国家线合格成绩有效期为 3 年，吉林省省线合格成绩有效期为 1 年。

（三）申报人员的学历年限、取得资格年限、聘任年限和业绩成果均截止到 2022 年 12 月 31 日；事业单位申报人员聘任年限标准按照《关于做好 2023 年职称制度改革和职称评审工作有关事宜的通知》（吉人社函〔2023〕8 号）规定执行。

三、评审程序

（一）申报

1.申报时间和方式

采取网上申报方式进行。申报网址为"吉林省财政厅－会计管理－快捷入口－会计系列高级职称－高级会计职称申报"。

2.申报程序

（1）信息验证

①成绩验证。在吉林省参加全国会计专业技术高级资格考试的申报人员，可直接申报。在其他省份参加全国会计专业技术高级资格考试的申报人员，需与省财政厅联系后申报。

②继续教育验证。从吉林省会计人员信息管理系统调取申报人员近 5 年继续教育情况。

（2）填报材料

申报人员按照"基本信息、工作经历、工作业绩、专业理论水平和备注"项目内容和要求，填写申报材料，并上传相关证明材料。证明材料均为 PDF 格式并加盖单位公章，专业理论水平证明材料需屏蔽本人信息。

申报人员对所填报材料的真实性、准确性负责。按照《吉林省职称评聘工作规范（试行）》（吉人社办字〔2019〕33 号）规定："对违背学术道德、职业道德、弄虚作假的申报人员，实行'一票否决'，取消五年申报资格，全省通报批评并记入诚信档案；情节特别严重的，终身取消申报资格，按照规定追究相关责任。"

（3）公示

申报材料填写完成后，从高级会计职称申报系统导出《吉林省2023年度会计系列高级职称评审综合情况（公示）表》，在本单位公示5个工作日。

（4）审核

公示无异议者，由本单位人力资源部门负责人和单位负责人签字并加盖单位公章，报上级主管部门审核后上报。无主管部门的，由本单位审核后上报。

（二）初审缴费

通过财政部门初审后，申报人员在网上缴纳评审费。收费标准按吉林省物价局《关于调整高级会计师（含正高）评审费收费标准的复函》（吉省价收〔2011〕233号）规定执行，300元/人。交费成功后，自行在网上打印交费证明（吉林省政府非税收入通用票据）。

（三）专家评审

组织会计系列高级职称评审专家采取量化打分的评价方式对申报人员进行评审。

1. 材料考核

对申报人员提交的学历与资历、专业能力与工作业绩、专业理论水平等材料进行盲评盲审。

2. 答辩考核

根据申报人员从事行业的特点，重点考核申报人员的组织管理能力、业务处理能力、思维能力、语言表达能力、应急问题处理能力。

（四）评审例会

组织召开会计系列高级职称评审委员会评审例会，按照材料考核和答辩考核结果，投票确定拟通过人员。

（五）公示

在"吉林省财政厅－会计管理－通知通告"对拟通过人员公示5个工作日。公示无异议，报省人力资源和社会保障厅核准颁发《吉林省专业技术职务任职资格证书》。

四、其他事项

（一）答辩考核时间、地点等事宜，将在"吉林省财政厅－会计管理－通知公告"公布。申报人员须在指定时间参加答辩，并上交《吉林省2023年度会计系列高级职称评审综合情况（公示）表》原件1份，用标准A4纸正反两面打印。

（二）评聘分开。经评审取得高级会计师职称的人员，由其所在单位按政策规定、单位人员岗位设置情况决定聘用事宜。

（三）根据《关于做好2023年职称制度改革和职称评审工作有关事宜的通知》（吉人社函〔2023〕8号）规定，自2024年1月1日起，当年取得的高级会计师资格考试合格成绩参加次年职称评审。

吉林省财政厅

黑龙江省高级专业技术资格评审政策

黑财会〔2023〕55号

各市（地）财政局，中省直各单位，北大荒农垦集团、龙江森工集团：

按照省人力资源和社会保障厅《关于做好2023年度全省职称评审工作及有关问题的通知》（黑人社发〔2023〕16号）要求，现就2023年度会计系列高级职称评审工作通知如下：

一、政策依据和评审标准

（一）评价标准按照省人社厅、省财政厅《关于印发〈黑龙江省会计专业人员职称制度改革实施方案〉的通知》（黑人社规〔2021〕11号）执行。

（二）申报渠道按照省人社厅《关于进一步明确我省专业技术人员职称申报渠道的通知》（黑人社发〔2017〕33号）执行。

上述文件均可登录省人社厅官网"职称评审"专栏或黑龙江省会计网"职称考试和评审"栏目查阅。

（三）按照全国会计考办规定，参加高级会计师资格考试达到国家合格标准成绩，3年内参加高级会计师资格评审有效；达到省线合格标准，当年评审有效。

（四）评审费用根据省发展改革委、省财政厅《关于继续执行专业技术职务任职资格评审收费标准的批复》（黑发改价格〔2022〕457号）规定，高级职称评审收费标准为300元/人。

二、申报要求

（一）所有申报材料认定截止日期为当年8月31日，任职资格从当年9月1日开始计算。

（二）严格执行《职称评审管理暂行规定》，按照个人申报、用人单位核查推荐、主管部门逐级审核推荐的程序进行申报。用人单位和主管部门要履行审核把关职责，对申报人员提供的材料进行认真核查，避免简单地将问题和矛盾上交。

（三）严格执行诚信守诺和失信惩戒机制，申报人员提供虚假材料信息、业绩成果及相关佐证材料或剽窃他人学术成果的实行"一票否决"，并记入职称申报评审诚信档案库，情节严重的在一定期限内取消职称及岗位晋升资格，同时追究所在单位和主管部门相关人员和领导责任，并在一定范围内通报。

（四）继续采用网上申报方式，申报人员、用人单位、主管部门通过"黑龙江省职称服务平台"进行操作，平台技术咨询电话：0451-87097652、87097653。

（五）各地、各部门须在规定时间前在平台将申报人员信息提交至会计系列评审委员会。具体时间另行通知。

（六）为提高申报材料受理服务水平和工作效率，纸质材料采取分时段、分批次报送，具体报送时间另行通知。

三、申报材料

（一）申报材料目录表，粘贴在申报材料袋的正面。

（二）《专业技术职务任职资格评审表》一式 2 份，在平台下载填报，A4 纸正反面打印装订，并须与平台填报内容一致。

（三）有效期内的全国会计专业技术高级资格考试成绩合格单（高级会计师申报人员提供），粘贴在《专业技术职务任职资格评审表》末页。

（四）提供完成以前年度会计人员继续教育记录，其中正高级会计师申报人员应提供完成以前年度高级会计人员继续教育记录（均在哈尔滨市南岗区果戈里大街 303 号龙呈商务酒店会计服务大厅二楼打印）。

（五）连续学历学位证书。对 2002 年（毕业时间）起已在高校学生学历信息管理系统相关数据库中注册高等教育学历证书的申报人员，申报职称时可通过平台自动获取学信网学历学位信息（打印并加盖单位公章），无须提供证书原件（由单位负责核对后，可提供复印件）；对 2002 年以前的高等教育学历证书以及 2002 年之后未在高校学生学历信息管理系统相关数据库中注册高等教育学历证书的申报人员，仍须提供证书原件及学历认证报告。

（六）后取得学历且所学专业与申报专业不一致的，按照《关于非普通高校全日制毕业生所学专业与所从事专业不一致人员申报职称有关问题的通知》（黑人社函〔2015〕105 号）要求，提供由相关部门出具的佐证材料原件。

（七）高级会计师申报人员提供会计师专业技术资格证书和《全国会计专业技术资格考试取得资格登记表》；正高级会计师申报人员提供高级会计师任职资格证书和高级会计师《专业技术职务任职资格评审表》。

（八）事业单位申报人员提供被聘在岗 1 年以上的最后一次岗位变动工资审批表和本年度工资晋升审批表；企业申报人员须提供劳动合同；人事档案存放在人才交流中心的申报人员提供《流动人员审查表》；同级改职人员提供《同级改职人员审查表》，并在《专业技术职务任职资格评审表》的右上方注明"改职"字样。

（九）中直单位申报人员提供由省人社厅开具的委托函。

（十）在平台打印《会计专业评委会拟评审人员名册》和《拟评职称信息确认单》（须由本人签字确认、用人单位加盖公章）。

（十一）任现职以来工作业绩与学术成果佐证材料。

（十二）加盖公章的单位综合推荐材料（一式 5 份，A4 纸正反面打印），包括：基本情况、专业理论知识、主要工作经历与能力、任现职以来取得的主要工作业绩与学术成果、单位推荐意见和公示结果无异议说明（公示时间不少于 5 个工作日）。

（十三）申报材料均须提交原件。《流动人员审查表》《岗位任职合格证明》《同级改职人员审查表》等可登录黑龙江省会计网"下载专区"栏目下载。

四、材料报送

（一）报送时间。中省直单位申报人员材料，由中省直单位人事部门统一报送；各市（地）申报人员材料，由市（地）财政部门统一报送。具体报送时间安排另行通知。

（二）报送地点。哈尔滨市南岗区果戈里大街 303 号龙呈商务酒店，会计服务大厅 3 楼会议室。

黑龙江省财政厅

内蒙古自治区高级专业技术资格评审政策

各有关单位：

根据《内蒙古自治区会计系列专业人员高级职称评审条件》（内人社发〔2021〕26号）和自治区人力资源社会保障厅《关于印发内蒙古自治区职称评审管理实施细则的通知》（内人社发〔2023〕4号），按照《关于做好2023年全区职称评审工作的通知》（内人社办发〔2023〕79号）要求，现将2023年度全区正高级会计师和高级会计师资格评审申报工作有关事项通知如下：

一、申报评审条件

（一）学历和资历要求

申报人员必须是各类企事业单位、社会团体、个体经济组织中从事会计相关工作在职在岗的专业技术人员，且符合下列学历、资历条件。

1. 申报正高级会计师职称，须具备大学本科及以上学历或学士以上学位，且取得高级会计师职称后，从事与高级会计师职责相关工作满5年。

2. 申报高级会计师职称，须具备下列条件之一：

（1）具备博士学位，且取得会计师职称后从事与会计师职责相关工作满2年。

（2）具备硕士学位，或第二学士学位或研究生班毕业，或大学本科学历或学士学位，且取得会计师职称后从事与会计师职责相关工作满5年。

（3）具备大学专科学历，且取得会计师职称后从事与会计师职责相关工作满10年。

（4）通过注册会计师全国统一考试、取得注册会计师资格后从事与会计师职责相关工作满5年，可申报评审高级会计师职称。

（二）能力业绩要求

参加2023年度正高级和高级会计师资格评审的专业技术人员，对其专业理论水平、工作能力、工作业绩与成果的要求，按照《内蒙古自治区会计系列专业人员高级职称评审条件》（内人社发〔2021〕26号）有关规定掌握。

（三）继续教育要求

按照内蒙古自治区人力资源和社会保障厅《关于做好2023年全区专业技术人员继续教育有关工作的通知》（内人社办发〔2022〕220号）要求。申报人员自行在内蒙古人才信息库上打印审验卡；不能自行打印的盟市请申报人员咨询当地人社部门。

（四）考评结合的要求

正高级会计师和高级会计师资格继续实行考评结合制度。

1. 取得2021—2023年度内蒙古自治区正高级会计师资格考试合格成绩人员；或截止到参评考试报名结束时间满55周岁（1968年5月26日前出生）且符合其他参评条件的人员。可以参加正高级会计师资格评审。

2. 参加2021—2023年度全国会计专业高级技术资格考试成绩符合国家合格标准人员；参加2023年度全国会计专业技术资格考试成绩符合内蒙古自治区级合格标准人员。

可以参加高级会计师资格评审。

（五）其他要求

1. 资历计算截止时间。申报正高级和高级会计师职称的学历、资历、任职年限、业绩成果（论文、奖项、荣誉等）、继续教育审验卡应符合要求，在规定时间内报送申报材料，申报工作结束后，不再补报相关材料。

2. 破格申报条件，助力乡村振兴一线基层专业技术人才职称倾斜政策，非公有制领域专业技术人才职称倾斜政策，高技能人才职称评审政策，职称制度与职业资格的有效衔接政策，转系列评审政策等严格按照内蒙古自治区人力资源和社会保障厅《关于做好2023年全区职称评审工作的通知》（内人社办发〔2023〕79号）有关规定执行。

二、申报评审方式

2023年，正高级和高级会计师继续实行网上注册，线下申报方式，申报人在完成网上材料填报的同时，必须提交书面申报材料。

（一）线上注册填报信息

申报人员在内蒙古人才信息库中注册，填报个人基本信息（上一年度注册过的个人不需要再注册，凭身份证号及注册密码直接登录）。系统操作过程中如有问题，可参看《系统操作手册》或咨询0471-6928486，上传个人2寸近期免冠白底电子照片，方可下载《专业技术职称评审表》和《专业技术职称送审表》，并完成线下填写申报工作。

（二）线下提交申报材料

申报人员线下材料提交应按照隶属关系及相关要求进行。

1. 盟市及以下所属单位申报人员，由所在单位和主管部门对申报材料审核后，报同级人力资源和社会保障部门，由人力资源和社会保障部门逐级上报，最后由内蒙古自治区人事人才公共服务中心统一报送至会计系列高评委办事机构（内蒙古自治区财政厅会计处）。

2. 自治区本级单位申报人员，由所在单位将申报材料审核后报送主管部门，由主管部门将材料审核汇总后直接报送会计系列高评委办事机构（内蒙古自治区财政厅会计处）。

3. 中央或其他省、自治区、直辖市驻自治区单位的专业技术人员需委托我区评审的，经本单位同意并由中央单位人力资源部门或其他省、自治区、直辖市人力资源和社会保障部门出具委托评审函，委托评审函主送内蒙古自治区人力资源和社会保障厅，装订进申报材料册首页。未按规定程序和要求履行委托的不予受理。此类单位按驻地报送至当地人社部门或会计系列高评委办事机构（内蒙古自治区财政厅会计处）。

（三）申报材料及装订要求

1. 申报人员应按照《会计系列正高级和高级评审材料目录单》认真准备相关材料。申报材料要按照目录顺序（从第3到第11项）用A4纸装订成册（每人1册），未装订成册的不予接收。申报人在提交申报材料时，本人学历证书、会计专业职称证书、论文（应在期刊目录上用铅笔做好标记，并将文章折页）等须提供原件，以便于审查，提交的所有复印件均须经单位签章、审核人签字。

2.《专业技术职称评审表》和《专业技术职称送审表》的相关要求。按照内蒙古自治区人力资源和社会保障厅《关于做好2023年全区职称评审工作的通知》（内人社办发〔2023〕79号）中关于建立职称评审电子档案的要求，《专业技术职称评审表》需要A4纸双面打印、一式2份原件、每份只在左上角订1个书钉、请勿胶装，以便扫描。2023年度申报正高级和高级会计师职称的《专业技术职称送审表》要求提交A3纸双面打印、一式2份原件，请勿多交。

每人1册的申报材料、一式2份的《专业技术职称评审表》和一式2份的《专业技术职称送审表》一同装入一个档案袋中。档案袋封面再贴上1张《会计系列正高级和高级评审材料目录单》，方便查看。

三、申报审核要求

（一）单位审核

申报人员所在单位要认真审核申报材料的合法性、真实性、完整性和时效性，经公示无异议后，方可推荐上报，公示时间不少于5个工作日，申报材料中要有单位公示情况报告。其中，申报人所在单位须在《专业技术职称评审表》的单位推荐意见栏中认真填写申报人德、能、勤、绩、廉各方面的表现，同时对单位公示情况栏和《专业技术职称送审表》的单位意见栏填写："已对申报材料逐一审核，真实准确，公示无异议，同意推荐。"负责人签名，单位盖章。

（二）主管部门复核

各级主管部门要按规定程序对申报材料进行复核，对符合申报条件的予以报送；对申报材料不完整、不规范，不符合规定条件的，应当及时一次告知需要补充更正的全部材料。申报人员逾期未补充完整的，视为放弃申报。

各盟市人力资源社会保障部门、区直主管部门在报送材料前，要将本地区、本部门《2023年正高级和高级会计师专业技术资格参评人员花名册》在各自门户网站上进行公示，公示时间不少于5个工作日，公示无异议后方可报出。申报材料需包括各盟市人力资源社会保障部门、区直主管部门公示情况报告。

各主管部门和盟市报送材料时，须提供加盖单位公章的《2023年正高级和高级会计师专业技术资格参评人员花名册》纸质版和电子版（发送至内蒙古自治区人事人才公共服务中心和会计高评委邮箱）。

（三）评委会办事机构审核

自治区会计高评办按照申报条件对申报材料进行审核后提交评审委员会。评审结束后，会计高评办通过财政厅官网和内蒙古会计网公示评审结果，公示期为5个工作日。

四、评审收费标准

根据《关于核定正高级会计师考试、评审收费项目收费标准的函》（内发改费字〔2009〕1930）正高级会计师评审费收费标准为每人320元；按照《内蒙古自治区发展计划委员会、财政厅对自治区人事厅关于调整专业技术资格评审费与证书工本费标准的批复》（内计费字〔2001〕1202号），高级会计师评审费收费标准为每人280元。盟市评审费在盟市人社局收取，自治区直属申报人员报送材料时现场缴费。

内蒙古自治区财政厅

第三章 评审申报程序

网上信息填报

　　高级会计师评审是由各地区自行开展，因此申报系统存在较大差异，一般需要申报人员填写如下信息。

　　1.申报人员的基本信息，如姓名、性别、出生年月、学历、专业、毕业时间、毕业院校、身份证号、籍贯、中级会计职称取得年度等，如下图所示。

个人信息		
*姓名	*性别	*身份证号
请输入	请输入	请输入
*出生日期	*政治面貌	*民族
请输入	请选择	请选择
*参加工作时间	*从事会计工作年限	*现从事专业
请输入	请输入	请选择
*工作单位	*单位统一社会信用代码	*主管部门
请输入	请输入	请选择
*单位类型	*单位级次	*所在单位资产总额(万元)
请选择	请选择	请输入
*所在单位职工人数	*所在部门	*档案存放单位
请输入	请输入	请输入
*行政职务	*现职称	*取得职称时间
请输入	请选择	请输入
参加学术团体	参加学术团体职务	
请输入	请输入	

2. 申报人员的工作经历，包括工作单位、职务、任职时间、主要工作内容等，如下图所示。

3. 申报人员的学术成果和获奖情况，包括发表的论文、著作、承担的科研项目等，以及获得的各类奖项和荣誉等，如下图所示。

4. 申报人员的继续教育情况，包括参加继续教育的学时数、学习内容等，如下图所示。

5.申报人员的业绩成果,包括个人业务报告、对应业绩佐证材料等,如下图所示。

现场资料提交

会计系列正高级和高级评审材料目录单如下表所示。

会计系列正高级和高级评审材料目录单

姓名：　　　　　　　单位：　　　　　　　编号：

序号	材料名称	数量
1	专业技术职称评审表（使用 A4 纸双面打印，一式 2 份原件）（只订 1 个书钉，请勿胶装）	
2	专业技术职称送审表（使用 A3 纸双面打印，一式 2 份原件）（不需装订）	
3	继续教育审验卡原件、正高（高级）参评考试合格成绩单、免试人员需提供身份证复印件	
4	现有学历和专业技术职称证书、聘书（复印件签章）	
5	近 3 年的年度考核表（复印件签章）	
6	公示书面报告（由申报人员所在单位和主管部门分别提供）原件	
7	任现职以来的具有代表性的本专业（学科）论文、著作、译著、学术研究报告等理论研究成果（复印件签章）	
8	任现职以来的专业技术成果及其获奖情况、专业技术项目完成情况、高新技术成果转化情况以及新产品开发、推广等方面的资料（复印件签章）	
9	任现职以来的专业技术工作业绩总结报告	
10	有关职业职称证书（复印件签章）	
11	其他有关材料	

以内蒙古自治区高级会计师评审材料目录为例，各地区大同小异，主要资料如下。

专业技术职称评审表： 一般为申报系统填写后导出生成，此部分为评委评分重要依据。

高级会计实务考试合格成绩单： 此为查询成绩通过后，线上打印，需要确保参评年度该成绩单尚在有效期内。

年度考核表： 近 3 年（部分地区为近 5 年）任职期满考核表，部分地区评委会提供统一表格模板。

学术成果： 主要包含论文、著作、译著、学术研究报告等理论研究成果等。

业绩成果材料： 与评审表中业绩一一对应的业绩佐证材料，如下表所示。

业绩与证明材料

业绩	证明材料
成本管理	成本管理制度，成本报表，成本分析报告，采购比价过程，招标流程，收发料流程等
分析决策	财务分析报告，可行性分析报告，策划书，关于××的意见和建议，会议决议等
固定资产	固定资产管理制度，采购计划，采购审批，入库验收，领用，折旧，盘点，报废等单据
财务决算	财务决算管理制度，报表体系，编制通知，编制底稿，审核流程，审计报告等
内部控制	内部控制制度，内部控制矩阵，流程图，自评手册，自评结果，外部审计意见等
融资管理	年度资金计划，资金需求分析，金融机构谈判记录，授信协议，阶段合同，收款单，财务费用分析等
股改上市	可行性分析报告，工作方案，工作人员名单，股东会决议，收款单，合同等
内部审计	审计检查通知，审计检查方案，涉及检查工作机构人员名单，审计检查底稿，审计检查报告等
收入管理	收入管理制度，记账凭证，原始凭证收入分析报告，收入目标责任制等
纳税管理	纳税管理制度，发票管理制度，税收筹划方案，营改增方案，个税改革方案，措施，对比分析等
投资管理	可行性分析报告，工作方案，工作机构人员名单，股东会决议，付款单，凭证等
信息化	信息化需求分析，合同，开通过程，上线通知（报告）验收报告，付款单，凭证，软件截图等
应收账款	应收账款管理制度，应收账款台账，应收账款清收方案，分析报告，收款单等
预算管理	预算管理制度，预算编制通知，预算审批流程，预算执行分析，预算结果考核等
战略规划	战略方案，规划报告，工作小组名单，会议决议等
制度建设	制度原文，制度印发审批单，制度执行情况分析，制度执行流程等
资金管理	资金管理制度，资金计划，资金审批流程，收付款单据，对账单，盘点表，审计报告等
人才培养	人才架构，轮岗制度，培训课件，人才证书等

续表

业绩	证明材料
绩效改革	改革通知，改革方案，绩效指标，考核过程，考核结果，对比分析报告等
清产核资	清产核资通知，清产核资方案，清单，盘盈盘亏报告，处置意见，资产保值增值分析报告等
荣誉奖励	优秀先进个人，财务管理先进单位，决算评比×等奖，降本增效先进个人（部门），知识竞赛×等奖等

值得注意的是，各地区对于提交的具体业绩证明材料有明确的要求，即需要提供与该业绩相关的佐证材料，但这些材料中无须包含申报考生的姓名，也无须提供各项经济数据或指标的对应证明。

如主持加强采购管理，经过反复对比，选择优质优价的供应渠道合作，以低于同类商品（服务）的价格完成采购工作，节约成本××万元。佐证材料仅提供采购合同即可，无须提供同类产品价格。

专业技术工作业绩总结：考生结合自己中级会计职称取得后所从事的财务会计工作，撰写的工作报告。由于各地区对于工作报告的字数、格式和内容的要求可能有所不同，因此本教材第七章"撰写工作业绩报告"中会对这些要求进行详细的说明和指导。

答辩流程与技巧

高级会计师答辩的目的是对参评人员进行全面考察，确保其具备高级会计师的专业素质和职业道德。高级会计师答辩可以评估申请人的专业知识掌握程度、实际工作经验以及解决问题的能力。近年来，越来越多的评审地区增设了答辩环节，以此对考生进一步考核，各地区答辩流程基本遵循自我介绍、问题作答等环节。如山西省答辩通知如下所述。

2023年度山西省高级会计师评审答辩通知

2023年度山西省高级会计师评审答辩将于2023年11月24日下午和11月25日在××××进行，现将有关事项通知如下：

打印《答辩通知单》时间

评审系统中审核通过人员请于11月22日—11月23日登录山西省高级会计师评审系统自行下载打印《答辩通知单》。

答辩流程

1.《答辩通知单》上的答辩时间为抽签时间，请答辩人员严格按照《答辩通知单》上的时间、地点准时报到，抽签时叫到本人名字不到者视同主动放弃。

2.到达答辩地点后，先在酒店一层大厅存包，请将除身份证和《答辩通知单》以外的所有个人物品存放在指定位置。携带手机、智能手表等电子产品及答辩资料进入抽签室和答辩室的考生，视同作弊，取消答辩资格。

3.存包后乘坐电梯至南楼7层，接受金属探测仪检测后方可进入抽签室。抽签时务必保持安静，听从工作人员管理，不得喧哗和交头接耳，听到叫自己名字时迅速出示身份证和《答辩通知单》然后快速（不要犹豫）抽取一个号码，再按抽签号坐入指定位置。撕去抽签号上的不干胶将抽签号牢固贴在外衣左胸上方，等待工作人员统一带入答辩室。

4.答辩完毕，不得将答辩试题、草稿纸带出考场。答完立刻取包离开，不得返场和逗留。

答辩注意事项

1.在开始答辩和答辩过程中，不得介绍（透露）本人姓名、单位等可能暴露本人身份的信息，否则视为违纪，取消评审资格。

2.每人答题时间为10分钟。前一个考生的答辩时间为后一个考生的思考时间。答辩结束前1分钟，工作人员将举牌提示。时间到即停止答题。

3.答辩为公开答辩。请遵守考场秩序，全程保持安静。答辩开始后，不得随意走动或进出，不得离开答辩地点。

4.专家老师休息时，所有考生不得离开答辩室，考生和专家不得碰面，否则视为违纪，取消评审资格。

5.如有特殊情况或身体不适者，请及时向工作人员报告。

而依据各地评审政策不同，答辩流程的不同主要体现于答辩的时长，如8分钟、10分钟、15分钟、20分钟等，亦有地区不需要考生进行自我介绍。考生应在答辩前充分熟悉当地答辩政策，确保准备阶段具有较强的针对性。

而答辩的核心为考生所撰写的学术论文与个人工作业绩，评委会以论文论点与某项业绩作为提问切入点，对考生的工作能力、学术水平、管理素质、语言表达能力等方面进行考核，因此考生应注意以下要点。

论文质量： 高级会计师的论文质量要求很高，论文内容要具有深度和广度，论据要充分、合理，论述要严谨、逻辑清晰。因此，答辩论文题目的选择极其重要，需要结合工作实际，便于答辩环节作答，并避免因选题过大或自己不熟悉而造成答辩难度的增加。

业绩展示： 除了论文之外，高级会计师还需要展示自己的实际工作经验和业绩成果。申报人需要对自己的工作经历、业绩成果进行详细介绍，并能够清晰地表达出自己在工作中的实际贡献和价值。但是，有些申报人在介绍时无法准确表达自己的想法，或者无法充分展示自己的业绩亮点，从而影响答辩成绩。

回答问题： 在答辩过程中，评委可能会提出一些与申报人论文或工作相关的问题，需要申报人回答。有些问题可能比较刁钻或涉及专业深度，需要申报人有足够的专业知识和灵活思维来应对。但是，有些申报人可能难以在短时间内给出满意的回答。

语言表达和沟通技巧： 答辩需要申报人用流畅的语言来表达自己的观点和想法，同时还需要能够与评委进行有效的沟通。有些申报人可能会因为语言表达不清或者沟通不畅而影响答辩效果。

总之，高级会计师答辩的难点主要集中在论文质量、业绩展示、回答问题、语言表达和沟通技巧等方面。为了顺利通过答辩，申报人需要认真准备论文和业绩材料，充分展示自己的实际工作经验和业绩成果，同时还需要具备灵活思维和应对挑战的能力，以及良好的语言表达和沟通技巧。

高级会计师答辩的省市包含：北京市、上海市、河北省、天津市、吉林省、贵州省、山西省、四川省、成都市、广西壮族自治区、甘肃省、湖南省、陕西省、海南省、深圳市、南京市、宁夏回族自治区等。

高级会计师答辩的流程如下。

答辩准备： 考生需要准备自我介绍，了解论文情况，预设评委可能会提出的问题，并做好回答问题的准备。同时，考生还需要注意衣着整洁利落，仪表庄重，态度要从容镇定，给人以自信和轻松的感觉。

自我介绍： 在答辩时，考生首先需要向评委做自我介绍，一般为1~3分钟，包括个人简单的信息、学历情况、工作年限、工作情况等。同时，考生还需要简要介绍论文的选题目的、主要内容等。

回答问题： 评委可能会根据考生自我介绍的内容和论文情况进行提问。考生需要认真回答问题，注意语言表达清晰、简洁、准确和逻辑严谨。

评审阶段： 答辩结束后，评委将根据考生的问题回答情况、论文质量和答辩表现等因素进行综合评估，并给出评审意见。如果考生通过答辩，则可以获得高级会计师职称。

在不同的评审地区，答辩政策存在一定的差异。因此，考生应以自己所在地区的政策为准。

答辩技巧汇总如下。

提前准备： 在答辩前，考生应该对所著论文或著作等进行深入研究和准备，还应该针对可能被问到的问题做好针对性演练和准备。

着重突出实践经验： 高级会计师评审主要考核候选人的实际应用能力，所以考生在答辩时要着重介绍自己的实践经验，讲述自己在工作中遇到的问题以及解决方法。

注意语言表达： 在答辩时，考生要注意简洁明了地表达自己的观点和想法，避免过多废话或者迂回表达。同时，考生要注重语言的准确性和专业性，使用行业术语和规范化语言。

合理安排时间： 在答辩时，考生应该根据自己的优势和弱项，合理安排每个问题的回答时间，并积极与评委沟通交流，判断是否需要进一步补充解释。

坚持正面思考： 在答辩过程中，考生可能会遇到一些比较棘手的问题或者质疑，不要慌张和惊慌失措，要保持冷静、客观，坚持以积极、正面的态度回答问题，并从中寻找解决办法。

态度要谦逊： 在答辩过程中，考生要保持谦虚的态度，认真听取评委的意见和建议，对评委的提问要尊重并耐心回答。

注意礼仪： 在答辩过程中，考生要注意礼仪，保持良好的形象和精神状态，给评委留下良好的印象。

根据历年参与答辩的考生所遇提问，收集整理以下内容，便于读者更好地掌握评委的提问方式。

理论联系实际类问题： 这类问题通常会要求考生结合自己的实际工作经历，阐述对某一理论或政策的理解和应用。例如，请考生讲述在工作中是如何运用某一财务理论或政策的，或请考生讲述一个在工作中遇到的与该理论或政策相关的实际案例。

内部控制类问题： 这类问题通常会询问考生对内部控制系统的理解和应用。例如，请考生讲述一个在工作中遇到的内部控制方面的实际案例，并阐述是如何解决问题的。

管理会计类问题： 这类问题通常会涉及管理会计理论和实践方面的知识。例如，请考生讲述一个在工作中遇到的管理会计方面的实际案例，并阐述是如何运用管理会计理论解决问题的。

行业热点类问题： 这类问题通常会涉及当前财经领域的热点问题，例如财税改革、经济转型升级等。例如，请考生谈谈对当前财税改革的看法和应对策略。

个人职业发展类问题： 这类问题通常会询问考生的职业规划和发展方向。例如，请考生谈谈自己的职业规划和发展目标，以及实现这些目标的具体计划和措施。

其他类问题： 这类问题可能涉及各种不同的领域和主题，例如领导力、团队合作、企业文化等。例如，请考生谈谈自己在团队中的角色和作用，以及如何与不同背景的人合作共事。

内控相关问题：
1. 什么是企业内控？影响企业内控的因素有哪些？企业有哪些内控手段？
2. 如果您是单位财务负责人，您如何说服领导重视内控管理？
3. 企业、事业单位内控的主要区别和重点、难点分别是什么？
4. 结合工作实际，说一说公司存在的内控风险点及应对措施。
5. 财务内控的要素和信息化建设对企业有什么影响？
6. 企业面临的风险有哪些？如何利用内控制度防范风险？
7. 内控目标是什么？如何实现这个目标？工作中内控存在什么问题？您有什么建议？
8. 结合论文和单位实际情况，阐述×××风险以及控制方法。
9. 怎么提高员工内部控制制度的执行率？
10. 内部控制对强化财务管理的作用是什么？

投资融资相关问题：
1. 阐述资金在投融资过程中的应用。
2. PPP融资和政府专项债券融资有哪些限制？
3. 企业融资的途径有哪些？不同融资途径的成本如何？
4. 结合中小企业融资难、融资贵的问题，说说实际工作中是如何解决这些问题的。
5. 阐述金融市场融资的种类方式及优缺点。
6. 投融资的影响因素和存在的问题分别是什么？怎样解决这些问题才能使企业价值最大化？
7. 内部资本市场的筹资，资金调配如何？如何建立内部融资机制，保证筹资？
8. 内部融资包括哪些方面？企业战略有哪些？
9. 结合工作实际，融资方式与资金使用怎么匹配？
10. 结合案例，阐述投资集团如何防范风险。

税务相关问题：
1. 营改增对企业的税收筹划途径有何影响？
2. 软件行业的税收筹划工作如何开展？
3. 营改增后企业税务增减变动如何？您对"减税降费"政策如何理解？
4. 您在税务筹划方面有什么尝试？取得了什么效果？
5. 免税筹划工作有哪些？对企业有哪些益处？
6. 说出近两年内最新的税务政策，至少两个。
7. 资产转让如何开展税收筹划？
8. 结合企业实务，说一说纳税筹划的思路和措施。
9. 简述纳税筹划的原则，说明房地产企业适用什么方式进行纳税筹划。
10. 简述高新技术企业的税收优惠政策。

审计相关问题：
1. 简述采购审计的程序和方法，发现的问题和解决方案。
2. 简述内部审计在内部控制体系中的作用。

3. 内部审计与外部审计的区别是什么？如何在新形势下发挥内部审计的作用？
4. 结合实际工作，谈谈内部审计工作的重要性，难点以及相应的对策。
5. 简述担保行业核算不统一的影响。
6. 企业内部审计存在哪些问题？今后主要的发展方向是什么？
7. 公司设定内部审计是否有必要性？请简述理由。

预算相关问题：
1. 根据房地产企业实际情况，阐述弹性预算和零基预算的适用范围及注意事项。
2. 预算管理可以应用管理会计的哪些工具？怎么实现博弈目标？
3. 简述业务部门在全面预算管理中的作用。
4. 简述全面预算的意义和措施。
5. 公司资金预算存在哪些问题？
6. 项目预算还是财务核算在项目管理中更重要？
7. 简述物流企业全面预算问题及管控，民营企业资金管理及措施。
8. 全面预算的重点是什么？结合实际工作和研究，谈谈阿米巴模式下全面预算的创新点。

绩效考核相关问题：
1. 绩效考核的方法有哪些？结合实际工作，谈谈您对平衡计分卡这种管理工具的认识。
2. 绩效考核指标体系是如何建立的？取得了什么样的成效？
3. 综合绩效考核责任书中风险和合规指标的权重分别是多少？
4. 如何开展对职能部门的绩效考核？
5. 财务绩效评价定量的内容有哪些？每部分内容的指标有哪些？
6. 绩效考核有哪些原则？
7. 绩效考核采用什么创新方法？有什么效果？
8. 简述绩效系统制定原则和内容及方法。
9. 餐饮业绩效考核的重点是什么？实际工作中是如何做的？

信息化相关问题：
1. 结合实际，谈谈业绩管理的信息化建设。
2. 如何通过信息化系统加强财务管理？
3. 谈谈财务信息化中的风险防范。
4. 财务信息化有几个阶段？结合所在企业谈谈您的认识。
5. 如何加强信息化风险评估？
6. 谈谈建筑施工企业信息化建设的问题。
7. 浅谈中小型企业成本管控中信息化的重要性和作用。
8. 阐述 ERP 系统下企业财务信息化问题与对策研究。
9. 如何利用信息系统提升企业的财务管理水平？

其他问题：
1. 财务集中管理的模式有哪些？其优势是什么？

2. 代账有哪些风险？应如何防范这些风险？
3. 大数据环境下企业怎样实现财务会计向管理会计的转变？
4. 工程招投标阶段怎样进行成本控制？
5. 简述收购资产的流程。
6. 中小型企业成本控制的目标是什么？结合论文谈谈成本控制的对策。
7. 成本控制的目标是什么？就是降低成本吗？
8. 简述医药行业合规漏洞和防范措施。
9. 战略成本管理和项目成本管理具体有什么工作内容？两者有效融合的表现是什么？
10. 您所在行业价值链的成本管理重点是什么？为什么？
11. 财务报表分析都有哪些方法？财务报表分析的局限性是什么？
12. 成本管理都有什么方法？污水处理企业的成本管理适合什么方法？污水处理企业的成本管控包括哪几个方面？
13. 企业在业财融合方面做了哪些创新？解决了哪些问题？取得了哪些成就？
14. 企业收购时，如何确定资产价值？收购后资产保值增值的策略有哪些？
15. 业绩考核指标有哪些？如何调动员工的积极性？
16. 合并报表的价值是什么？怎么做才能让这些价值体现出来？
17. 简述实际工作中应收账款的处理。
18. 简述资本成本的意义，以及资本成本的计算方法。
19. 结合工作经历，谈谈固定资产管理过程中应重点关注和加强的内容有哪些？对策是什么？
20. 您在工作中是从哪几方面审核合同的？
21. 平衡计分卡的四个维度是什么？
22. 您认为财务总监应具备哪些素质和能力？
23. 工期调整财务人员的作用是什么？全员如何参与企业成本管理？
24. 简述管理会计与财务会计的关系。
25. 从答辩论文里挑三个问题点，结合自己所在公司谈谈您是如何做的？
26. 会计控制活动有哪些？针对论文提出的问题，自己所在公司采取了哪些控制措施？效果如何？
27. 财务管理的制度有哪些？哪个更重要？
28. 如何搭建资金系统，实现资本和资金高度融合？

各地的评委大多会依据论文及其主要的工作业绩来进行提问，这种提问方式具有丰富的切入角度。因此，申报人对其论文及其主要工作业绩的熟悉程度对答辩的表现有着巨大的影响。论文是理论结合实际的成果，申报人在答辩时，应以实际工作中个人的贡献和业绩为回答的切入点，结合具体案例和工作实际情况来做出回应，突出个人的工作业绩和成果，这样才更能得到评委的青睐，从而在答辩环节中取得优异的成绩。

第四章 评审阶段评分标准解析

截至目前，高级会计职称评审的评分标准在浙江省、广东省深圳市和西藏自治区等地已直接或间接公布了部分内容。以浙江省为例，其具体评价标准如下表所示。

浙江省高级会计师职务任职资格量化评价标准

评价指标	评价内容	评价标准	最高分值
专业技术工作年限与岗位	取得会计师职务任职资格或注册会计师全国统一考试全科合格证书（转评申报人员取得有关专业技术中级资格）后的从事专业技术工作年限	符合正常申报条件年限的得1分，超过正常申报年限的，在此基础上每增加1年加0.3分；符合标志性业绩申报条件的得2分，取得会计师职务任职资格或注册会计师全国统一考试全科合格证书后，在此基础上每增加1年加0.5分	5
	从事会计专业技术工作岗位或担任相应职务	担任单位负责人得5分，担任单位中层正、副职得4分，其他人员得3分	5
专业技术理论水平	了解财务会计专业领域的现状和发展趋势，具备较强的会计专业理论研究能力，能够结合本职工作开展财务会计理论研究，发表论文、编著著作或译作	根据理论水平的创新性、与本人工作经历相关性、理论成果时效性、对财会工作的指导意义进行评价赋分：独立或作为第一作者在具有CN（国内统一刊号）、ISSN（国际统一刊号）的期刊上或《浙江财税与会计》上发表财务会计专业论文，每篇得0~5分，其中：在《会计研究》或《财务与会计》上发表的，每篇得5分；执笔5万字以上或主编公开出版发行（具有ISBN统一书号）的财务会计专业著作、译作，每本得0~5分。在加快发展县和海岛县（区）工作的申报人员，提交取得会计师职务任职资格或注册会计师全国统一考试全科合格证书后，从事会计专业技术工作被单位采纳的、由本人主持并实施的、与会计岗位相关的分析报告或专题方案或财务案例等，视同公开刊物上发表的论文。评委会对申报人员提交的论文进行重复率测试，测试结果作为评审的重要参考	10

续表

评价指标	评价内容	评价标准	最高分值
专业技术工作业绩与成果	取得会计师职务任职资格或注册会计师全国统一考试全科合格证书后，从事会计专业技术工作取得的业绩与成果，主要包括：制度类业绩与成果、实践类业绩与成果、理论创新及成果转化类业绩与成果	根据业绩与成果的先进性、推广应用价值、作用发挥情况、与工作岗位的相关性、佐证材料的完整性等方面进行综合评价赋分：申报人员在三类业绩与成果中选择不少于两类，且为本人最具代表性的6项进行申报，并提供相关佐证材料，每项得0~10分。申报人员业绩与成果由政府或政府组成部门发文在国家、省、设区市推广应用的，每项分别得60分、40分、20分，累计最高不超过60分	60
考试成绩	参加全国会计专业技术高级资格考试，成绩优异	申报人员全国会计专业技术高级资格考试成绩在3年有效期内，属于全国金榜的（全国前100名）得4分，属于全国银榜的（浙江省前50名）得2分。按最高项得分，不累计加分	4
艰苦边远地区工作经历	具有加快发展县或海岛县（区）工作经历	在加快发展县或海岛县（区）工作满20年得3分，满15年得2分，满10年得1分	3
荣誉称号	取得会计师职务任职资格或注册会计师全国统一考试全科合格证书（转评申报人员取得有关专业技术中级资格）后，获得设区市级以上政府或财政部门颁发的与会计工作相关的荣誉或称号	获得国家级、省级、设区市级个人荣誉或称号的分别得5分、4分、2分。获得多个荣誉或称号的，可累计加分	5
学位	获得财经类博士或硕士学位情况	获得财经类博士学位得3分，获得财经类硕士学位得1分。以最高学位为准，不累计加分	3

续表

评价指标	评价内容	评价标准	最高分值
社会贡献	取得会计师职务任职资格或注册会计师全国统一考试全科合格证书（转评申报人员取得有关专业技术中级资格）后，参加设区市级以上政府部门或会计学（协）会组织的财会类社会公益活动情况	参加省级政府部门或会计学（协）会组织的每次得2分，参加设区市级政府部门或会计学（协）会组织的每次得1分	5
量化评价合计分数			100

以浙江省为例，业绩成果在总评分中占据了60%的比重，对考生的评审结果产生直接影响。此外，工作经历、学术成果（如论文、课题和专著等）、荣誉及学历、考核及资历也都有各自的评分占比，如下图所示。其他地区的评分标准大体一致，但具体细节可能因地区而异。

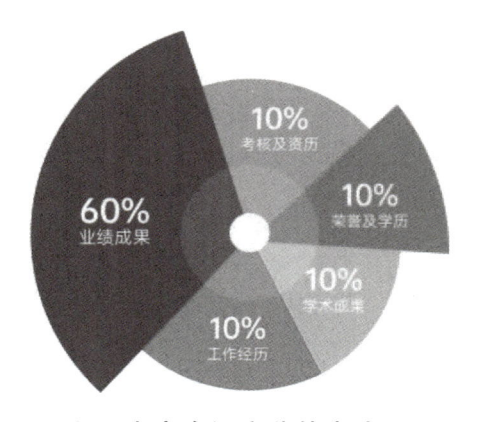

浙江省高会评审分值占比

高级会计师的评审结果是以选拔优秀人才为基础的，因此竞争非常激烈。为了在竞争中脱颖而出并成功通过评审，考生需要充分了解并掌握评分标准。笔者建议，考生应优先关注业绩成果部分，并提前进行深入挖掘和补充。有些考生可能因为所在单位、职务和工作调动等因素，导致业绩难以挖掘。因此，考生应尽早认识到自身的条件，积极寻找业绩补充的机会，并做好相关业绩材料的收集和整理，以便在评审过程中个人业绩与其他条件与评审要求高度契合。

需要进行答辩地区（见本书第三章"答辩流程与技巧"）因增设答辩环节，评分标准略有不同，答辩环节占比达到50%，如下图所示。因此，考生除积极寻找业绩补充的机会，还要做好答辩准备。

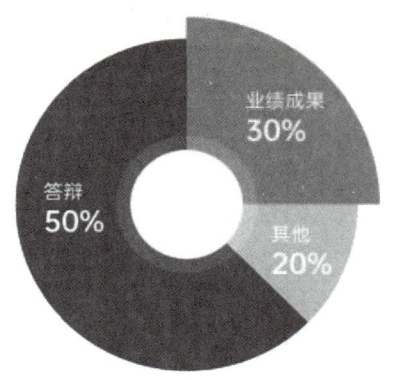

答辩省市高会评审分值占比

那么，如何提升整体评审环节的竞争力呢？笔者建议考生以业绩成果为核心进行准备，即便是答辩地区，在业绩成果不理想的情况下，答辩成绩也很难理想，评委会先入为主地认为该考生业绩成果不突出，在作答时过于夸夸其谈，或与实际工作不符。这也就是答辩中所谓的"一票否决"，从而使考生无法顺利通过评审。

考生应该以优化业绩成果为首要任务，因为这是在高级会计师评审中获得高分的关键。提前挖掘和补充个人业绩，可以在分值占比最高的部分取得理想的成绩，同时避免因业绩成果不理想而影响答辩打分。

接下来，考生可以根据评分细则中的其他内容，选择周期较短、性价比较高的措施进行补充和增加。例如，年度考核结果、单位获奖、额外发表论文、出版专著等，这些都可以进一步提升考生的评审竞争力。

此外，在答辩前，考生应好功课，积极寻求答辩指导的机会，或与已经通过评审的考生交流经验，争取一次性通过评审。这可以帮助考生更好地理解评审过程和要求，避免犯错，同时提高通过的可能性。

第五章　发表职称论文

评审论文政策要求

高级会计师评审由各地区自行组织，因此，论文要求不尽相同，大部分地区要求提交 2~3 篇论文，部分地区要求至少 1 篇。以下是一些常见的论文要求。

论文应紧密结合申报人担任现职称以来所从事的会计管理工作及专业特点，避免题目过大或泛泛而谈；论点正确，论据充分，对本专业的理论问题和发展趋势有独到见解，对实际工作有指导意义；可以是在有关杂志上发表过的，也可以是为申报职称专门撰写的。

论文需发表在正规期刊上，具有国内标准书号（ISBN 号）或国内统一刊号（CN 号，类别代码 F）或国际统一刊号（ISSN 号）的出版物。一般来说，每篇论文字数不少于 3000 字。

在论文发表之前，考生应充分了解所参评地区历年的评审申报时间，并做好相应的时间安排，以确保在下次评审开始前完成论文发表、接收刊物及网上收录等所有环节。关于论文发表的时间要求，各地规定可能有所不同。一般来说，在取得中级会计职称后发表的论文都是有效的。但某些地区可能有特殊要求，例如论文必须在近 5 年内发表或者必须发表于不同的年度。同时，不同地区的高会评审论文发表的截止时间也可能存在差异。因此，考生最好与当地的职称管理部门进行确认核实。

下表为部分地区论文数量及时间要求，仅供参考，考生应以当年实际政策为准。

江西、广西、河北、上海、成都、甘肃、新疆、山东、重庆、四川、辽宁、天津、武汉、内蒙古、湖北、西藏、贵州、云南		
上述地区评审政策要求，论文数量不少于 2 篇，每篇论文字数不少于 3000 字		
地区	论文数量要求	备注
深圳	论文至少 2 篇	评审上一年度 12 月 31 日前发表完成
广东	论文至少 2 篇	评审上一年度 12 月 31 号前发表完成
福建	论文至少 1 篇+1 篇会计案例	评审上一年度 12 月 31 号前发表完成
广州	论文至少 2 篇	评审上一年度 12 月 31 号前发表完成

续表

地区	论文数量要求	备注
青海	论文至少2篇	评审上一年度12月31日前发表完成
江苏	论文至少2篇	评审当年3月31日前发表完成
南京	论文至少2篇	评审当年3月31日前发表完成
宁夏	论文至少2篇	评审上一年度12月31号前发表完成
浙江	论文至少2篇	论文认定的截止时间为评审当年6月30日前
北京	3篇论文,其中1篇发表完成	建议3篇都发表完成
安徽	论文至少2篇	评审当年10月31日前发表完成
国管局	1篇答辩论文(未要求发表)	
山西	论文至少3篇	破格要求发表会计专业学术论文4篇以上,其中国家级论文至少1篇
湖南	论文至少1篇	近5年内发表完成
吉林	论文至少1篇	评审上一年度12月31日前发表完成
陕西	论文至少2篇	近5年内发表完成
黑龙江	论文数量不作要求	建议准备3篇,论文认定的截止时间为评审当年8月31日
海南	论文至少1篇	知网检索页
河南	论文至少1篇	不需要检索页

论文发表及收录周期较长(8~18个月),因此,考生应先于备考阶段安排好论文发表事宜,避免考试通过后,因论文尚未符合评审政策要求而错过评审机会。

论文选题与写作

1.确定论文主题和研究问题。在选择高级会计师论文主题时，需要结合自身的工作经验和理论知识，选择具有研究价值和实用性的主题。同时，要明确研究问题和目标，为后续的写作提供清晰的方向。建议考生选择日常工作中较为擅长的财务领域，以便于后续答辩环节，常见写作方向包括预算管理、财务管理、内部控制、资产管理、税务筹划等，常见题目如下。

预算管理
全面预算管理在企业管理中的应用与实施
企业预算管理的困境与对策研究
基于战略视角的企业预算管理
企业预算管理的目标与实施
预算管理与企业战略的协调与匹配
企业预算管理的优化与创新
预算管理与成本控制的关系及优化策略
基于绩效管理的企业预算管理
预算管理与财务决策的关系研究
企业预算管理的风险与防范措施

财务管理
财务会计中的风险管理研究
当代财务会计的发展趋势及其影响因素研究
财务会计核算风险与防范策略研究
事业单位财务会计监管体系设置初探
如何发挥财务会计在企业管理中的作用
财务会计角度下增值税转型改革对企业影响的分析
探究电商企业财务会计存在的问题及对策
企业财务会计与管理会计融合浅议
"互联网+"背景下财务会计与管理会计的融合
知识经济环境下财务会计面临的挑战及对策

内部控制
基于风险管理视角的企业内部控制问题研究
内部控制与财务报告质量研究
内部控制对企业价值的影响研究
内部控制信息披露与公司治理结构关系研究
上市公司内部控制失效的原因与对策研究
内部控制审计与财务报表审计的比较与整合

企业内部控制自我评价研究
内部控制与风险管理整合研究
内部控制有效性及其影响因素研究
基于COSO框架的企业内部控制有效性评估

资产管理
基于风险管理的企业固定资产管理研究
企业存货管理存在的问题与对策研究
高级会计师视角下的企业应收账款管理
企业投资决策与资产管理策略研究
上市公司资产重组与并购中的财务问题研究
资产减值会计与风险管理研究
企业无形资产管理及其价值创造研究
低碳经济下企业资产管理的创新与发展
资产证券化在企业资产管理中的应用研究
企业财务危机预警及防范措施研究

税务筹划
"营改增"视角下的企业税务筹划研究
基于风险管理视角的税务筹划策略研究
当代税务筹划的发展趋势及其影响因素研究
企业税务筹划的风险管理与防范措施研究
税务筹划在企业管理中的应用与实施
基于财务报告质量的税务筹划策略研究
企业税务筹划的优化与创新
风险管理视角下企业税务筹划的问题与对策研究
高新技术企业税务筹划研究
基于大数据技术的税务筹划风险管理研究

2. 文献整理。查阅相关的财务学术文献和实际案例，了解已有研究成果和观点，以及研究方法和数据来源，有助于确定论文的研究方向和理论依据，并为后续的写作提供有力的支持。考生可在各类数据网站查阅相关文献，掌握该类目前沿学术理论，做到多参考、多比对。常见的数据网站包括中国知网、万方数据、维普网、龙源期刊网、百度学术等。

3. 制定论文提纲。根据论文结构和研究目标，可以制定具体的论文提纲。提纲应该包括各个章节的主要观点、内容、数据来源等，同时要注重各个章节之间的逻辑关系和衔接。

在初步制定提纲后，需要进一步完善细节，确保各个章节的内容更加具体、充实、连贯。同时，也要注意语言表达的准确性和简洁性。

常见提纲框架如下。

对事业单位财务管理信息化建设的思考

摘要：随着现代信息技术的高速发展，收集、整理、提取信息的效率不断提升，对新形势下事业单位的财务管理提出了全新的要求和挑战。在我国政治体系运行中，事业单位是最基础的部门，并且在我国社会体系中扮演着极为重要的角色。这就要求我国事业单位必须加强财务管理，紧跟时代步伐，加快信息化建设。一般而言，我国事业单位的管理主体是国家行政机关，并且受国家有关行政机关的直接领导。从经济来源的层面来看，通常情况下事业单位不会直接产生收入，所需要的经费主要是由公共财政支出来承担，事业单位的资金使用情况也不能够自主决定，而是必须严格遵循国家的相关规定，在收支核算上必须服从预算管理的要求。基于此，本文将就事业单位财务管理信息化建设中的相关问题进行深入思考与研究，并结合我国事业单位的现状提出有效策略，旨在为促进我国世界单位的可持续发展夯实基础。

关键词：事业单位；财务管理；信息化建设；有效策略

正文：

引言

一、事业单位加强财务管理信息化建设的重要意义

（一）能够为事业单位顺利开展预算管理工作奠定基础

（二）能够为事业单位实施绩效管理提供助力

（三）能够为事业单位加强成本管理创造条件

二、事业单位财务管理信息化建设中存在的问题

（一）缺乏科学而完善的信息系统建设

（二）财务人员信息素养有待提升

（三）缺乏合理的财务管理信息化规划

（四）监督管理职责并未真正落实到位

（五）信息的安全性还存在隐患

三、完善事业单位财务管理信息化建设的有效措施

（一）构建科学而完善的财务信息管理体系

（二）加强复合型人才的培养

（三）对财务管理信息化进行合理规划

（四）严格落实监督管理职责

（五）努力排除信息安全隐患

四、结语

中小企业融资困境与建议

摘要：一直以来，中小企业就是我国市场经济发展体系中的重要组成部分。目前，我国经济发展正处于调整、经济发展方式转变、逐步转换增长动力的攻坚克难时期，中小企业的融资需求也日益突出。近几年来受中美贸易战、新冠肺炎疫情的影响，我国中小企业融资难的问题更是引起了社会各界的高度关注。在经营规模较小、经营缺乏透明性、缺乏足够的担保资产等客观因素的影响下，我国中小企业始终面临着融资成本高、资金流存在巨大缺口等难题，这在很大程度上制约了中小企业的发展。在这样的大环境下，解决中小企业融资难的问题显得尤为重要。本文将就中小企业的融资困境进行深入剖析，并结合我国的实际状况提出有效建议，旨在为促进我国中小企业的全面、可持续发展提供有价值的参考和借鉴。

关键词：中小企业；融资困境；有效建议

正文：

引言

一、我国中小企业融资困境的突出表现分析

（一）融资渠道较为单一

（二）融资成本较高

（三）融资额度明显不足

（四）融资能力较为薄弱

二、中小企业融资困境背后的原因分析

（一）证券发行支付明显滞后于融资模式的创新

（二）贷款制度严重阻碍着中小企业间接融资渠道的拓展

（三）中小企业缺乏健全的内部管理机制、缺乏规范的财务制度

（四）中小企业抵御风险的能力较差、缺乏信用观念

三、解决我国中小企业融资困境的具体对策

（一）积极拓展直接融资渠道

（二）全面疏通间接融资渠道

（三）实现融资额度的扩容

（四）全面改善融资质量

（五）有效提升中小企业的融资效率

四、结语

4.确定重点和难点。在完善提纲后,需要确定论文的重点和难点。论文的重点应该是研究主题的核心内容,而难点则可能是研究过程中遇到的问题或挑战。针对重点和难点,需要制定相应的应对策略。

5.撰写论文。按照论文结构进行撰写。在撰写过程中,要保持逻辑清晰、条理分明,同时注重语言的准确性和简洁性。在论述过程中,需要结合实际案例和实践经验,使得论文更具说服力和实用性。

6.审稿和修改。在完成初稿后,需要进行多次审稿和修改。审稿可以由导师或同行进行,以确保论文的质量和学术价值。修改时要检查论文的语法、拼写、标点等错误,同时也要注意格式排版的要求。

多数杂志社采用知网检测,要求作者投稿的论文相似度至少低于30%。因此,考生在撰写完成后,还需要到官方检测机构进行文章相似度检测,若高于30%则需要对涉嫌雷同部分进行针对性修改,如"内部控制是事业单位财务管理工作的核心"可尝试改为"在事业单位财务管理工作中,内部控制的重要性不言而喻"。

投稿与刊物选择

所著论文完成并确保相似度低于30%后，考生即可联系对应杂志社投稿发表。

选择投稿渠道：投稿渠道包括杂志社官网、编辑人员等，具体选择哪种渠道可以根据实际情况和个人需求来决定。

按照要求进行投稿：根据选择的投稿渠道和具体要求，按照相应的步骤进行投稿。如果是通过杂志社官网投稿，需要登录杂志社官方网站并了解具体的投稿流程；如果是通过和编辑人员直接联系投稿，需要通过数据库等途径核实编辑人员的身份后再进行投稿。

等待审稿结果：在投稿后需要耐心等待审稿结果。一般来说，杂志社会对投稿进行审核，包括初审、复审、终审等环节。作者可以根据审稿意见进行修改和完善。

接受或拒绝录用通知：如果论文被录用，杂志社会给作者发送录用通知并进行后续的排版和发表流程；如果论文被拒绝，杂志社也会给作者发送拒绝录用的通知并提供拒绝理由。

等待收录杂志：论文被录用后会确认具体发表年月，考生应与被投稿方确认大致收录杂志的时间，确保可以在下一次评审之前完成，避免延误评审。

在杂志的选择上应遵循以下原则。

1. 发表及收录时间可以满足参加最近一次评审的时间要求。因为现阶段论文发表周期较长，所以考生应在确认发表前与杂志社确认清楚，尽可能不错过每一次参评机会。

2. 杂志正规性需要多方面考察，如新闻出版社可查、数据平台（知网、万方、维普、龙源）任一网站可查询到近期该杂志发表的论文，确保收录正常。

3. 杂志类型符合本地区评审政策要求。我国期刊体系较为完善，在国内刊号（CN）中会有明确表示，其中"F"为经济类期刊，为绝大多数考生的选择，也与高级会计职称契合度最高，部分地区的评审政策甚至指定发表"F"类或"经济类"期刊。

4. 确保高性价比。不同刊物差异较大，考生应结合自身条件选取合适刊物。笔者建议，在符合评审政策要求的前提下，刊物的优先级为：发表时间＞发表难度＞刊物知名度。

论文收录与检索

参与高级会计职称评审时，多数地区需要提供已发表论文的检索证明，因此，考生在选择发表期刊的同时，需要注意甄别其收录平台，以确保满足所在地区评审要求。

论文收录是指论文被特定的数据库或学术平台收录。这些数据库或学术平台一般具有较高的知名度和权威性，如知网、万方数据、维普网等。论文被这些平台收录后，可以被更多人检索和阅读，从而提高论文的引用率和影响力。

在论文收录方面，不同的数据库或学术平台有不同的收录标准和审核流程。一般来说，论文需要符合一定的学术质量和规范才能被收录。此外，论文的标题、摘要、关键词等也需要符合一定的规范和要求，以便被读者和搜索引擎正确理解和检索。

论文检索是指通过特定的检索工具或平台，对论文进行搜索和查找的过程。目前，常见的论文检索工具包括知网、维普网、万方数据等，如下图所示。这些检索工具一般提供了关键词搜索、高级搜索、分类浏览等多种检索方式，可以帮助读者快速找到相关的论文。

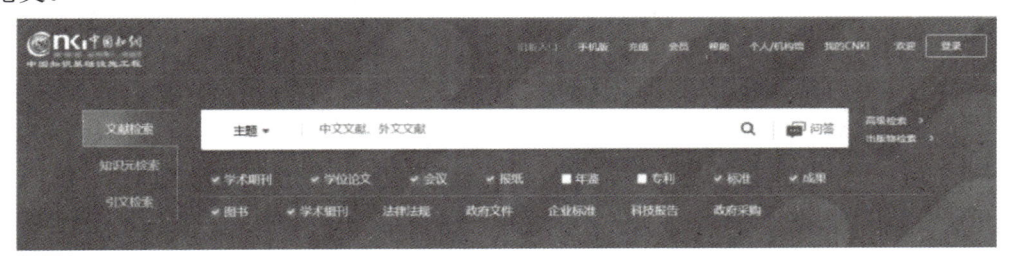

知网检索

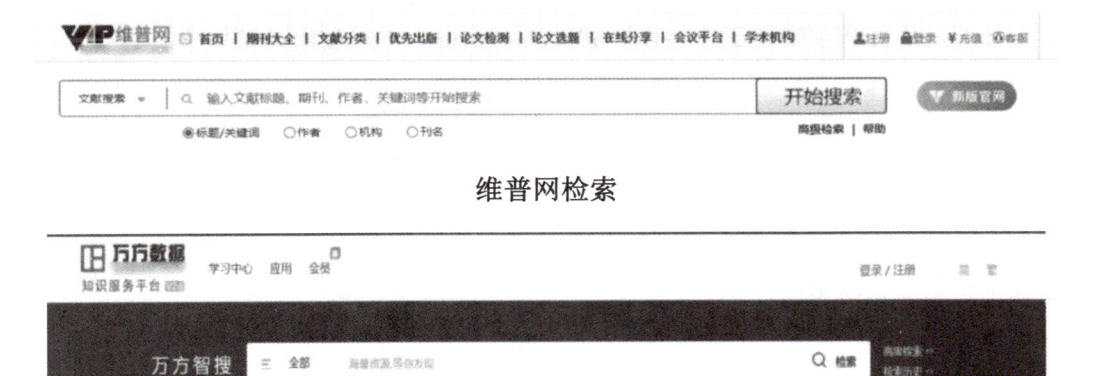

维普网检索

万方数据检索

考生可根据作者姓名、文章题目、作者单位等关键信息进行搜索查询，也可以通过某杂志的不同期次查找所发表文章，检索周期性较强，一般在收到杂志后 30~90 天内可以查询到相应结果，考生需要做好时间规划。

第六章　工作业绩报告

工作业绩概述

高级会计职称评审中的工作业绩报告是指考生在评审过程中，介绍自己从事财务、会计等方面的工作经历、能力、成果和贡献的报告。工作业绩报告是评审工作业绩的主要内容，旨在展示考生的专业能力和工作经验，以及在工作中所取得的成果和贡献，以评估其是否满足高级会计职称的评审要求。

由于各地评审政策不同，因此工作业绩报告有不同要求，主要体现在字数、格式、内容上，如山东省要求字数在1200字以内，浙江省要求字数在5000字左右等。考生需要熟悉当地评审政策，提前做好写作规划，在报告中突出自身的工作亮点和专业技能。笔者结合评审辅导经验建议考生按以下方式归纳整理业绩。

基础工作方面：包括考生在制定单位财务管理制度、优化内部控制体系、降低单位财务风险方面的业绩。如20××年，本人基于单位实际情况，先后制定、修订了包含《财务管理制度》《固定资产管理办法》《应收账款管理办法》等多项财务、内控制度，并在制度实施后，狠抓制度落实工作，通过一系列制度的颁布与实施，有效改善了单位内部管理环节，确保各项财务工作得以顺利开展，获得单位领导的高度认可。

增收节支方面：包括考生在工作中组织财务规划、控制成本、提高效益等方面的工作经历和成果，可以列举考生在财务管理实践中所采取的措施和解决方案，以及取得的成效和经验。如在开展财务分析的过程中，对单位收支情况深入了解，提出对于采购等方面的优化建议，经单位采纳后，达到降低采购成本的效果，促进企业长效发展。又如积极调度资金，用闲置资金购买稳定理财产品，每年为单位获得××万元理财收益，进一步增加了企业经济效益。

解决问题方面：介绍考生在应对单位财务、业务等方面问题的工作经历和成果，可以列举考生在会计实践中所承担的职责和任务，以及取得的成效和经验。如20××年，为确保本单位××项目顺利上线，本人为解决单位短期资金需求，积极协调各银行融资贷款工作，经过不懈努力，先后融得资金××万元，同时获得××银行授信额度××万元，确保项目顺利开展。除此之外，单位各项管理难点也在此类业绩范围之内。如利用信息系统解决单位某项业务难点，收回应收账款等。

管理工作业绩：介绍考生在单位财务管理、组织经营生产、规范工作流程等方面的工作业绩。如预决算管理、信息化建设、绩效考核、内部审计、资产盘点等。

个人突出业绩：介绍考生在单位或领域主持或参与的较为重大的财务相关工作。如参与企业并购、重组、IPO、股改、基建项目等方面的经历和成果。

企、事业单位常见业绩

制度建设

1. 为进一步规范和制定我院财务相关的制度，力争在规范员工财务行为的同时，充分发挥我院财务管理机构的科学管理能力。本人于20××年，组织进一步落实对医院财务制度管理运行情况进行的总结、分析和评价工作，深入研究完善、改进的方向和具体的实施措施。期间，本人针对梳理过程中发现的财务职责划分不明确、财会工作流程不完善等问题，先后组织起草和编制实施了《财务内部控制》《预算管理制度》《费用报销管理办法和流程》《固定资产管理制度》等一系列制度（办法），对在途资金（银联、支付宝、微信等）产生的收入建立规范的入账流程，做到准确清算，加强内部控制。同时，本人积极指导科室人员学习运用新的制度开展财会工作，逐步在单位内部建立起了完整的财务管理体系，促使医院的财务工作逐渐由业务型向管理型转变。管理型财务体系的建立，使得医院的业务收入从20××年的××万元增长至20××年的××万元，实现了医院的全方位、多角度的跨越式发展。

2. 随着医院业务工作的不断拓展，医院财务建设中的问题逐渐显现出来。因此，本人在上级领导的带领下，主持制定了《内部审计的主要职责》《内部审计工作制度》《内部审计工作的主要程序》《物价工作管理制度》《物价人员职责》《医疗服务价格公示制度》《住院患者费用"每日清"制度》《医疗费用退费流程》《关于认真落实医疗收费整改措施的通知》《关于印发〈医院医疗服务收费专项整治工作实施方案〉的通知》等，参与制定了《关于印发〈医院后勤保障和信息资源院内采购管理办法（试行）〉的通知》等，并于20××年主持开展医院内部控制基础性评价，为规范财务管理打下坚实基础。多项制度的修订与完善，使得本人在工作中提高了自身技能，也规范了相关部门的工作行为，提高了单位运行效率。

3. 随着我国行政改革的进一步深入，国家对行政事业单位的财务管理越发重视，事业单位管理制度的重要性及管理压力也日渐突出。因此，为建立健全单位财务管理制度，××××年至今，本人立足单位实际，积极推进管理制度建设，主持建设财务制度体系，共组织编制了×项新制度，修订了×项原制度，其中包括《××××××××××××》《×××××××××××》《××××××××××》《×××××××××××》《×××》《×××××××××××》《×××××××××××××》等，其中涉及制度的建立、执行、修改、完善、责任追究等详细内容。同时，本人积极组织单位职工进行制度内容培训，持续跟进制度实施效果，加强对制度执行过程中的监督管理，针对制度中不完善的内容，及时进行修改或删除，有效推动了依法合规、运转高效、风险可控、问责严格运转机制的建立健全，切实规范了财会工作行为，减少了财务问题的发生，为推动单位业务工作有序开展奠定了良好基础，提高了单位工作效率和效果。

4. 基于对财会管理制度重要性的认识，本人积极从公司的财会管理基础出发，制定完善相应的财会管理制度，并通过做好制度培训讲解，实现对财会工作的有效规范。其中，××××年，本人为集团制定实施了《集团资金集中管理制度》《外派财务总监管理制度》《委托理财管理制度》，形成了集团公司财务管理体系；××××年，为投控物业重新制定了《全面预算管理制度》《资金管理制度》《发票使用管理制度》《资产管理制度》《系统企业财务人员考核制度》等，对公司经营活动实行关键性控制，保证了公司内控制度的完整性和有效性；××××年，为某人力资源公司编制了《集团财务管理制度》《集团会计核算制度》《集团财务报告制度》《集团会计科目使用手册》《集团内部审计制度》《集团内部风险控制制度》《集团银行账户管理制度》《集团财务人员考核制度》等，全面增强了企业财会处理的有序性。

5.制度属于公司的内控部分，财务制度的完善，对于提升公司的内部管理水平意义重大。因此，本人在入职某公司后，通过梳理财务管理流程，先后主持制定、完善了《资金管理制度》《财务印章管理办法》《流动性风险监测及风险限额管理办法》《流动性管理办法》《流动性风险重大事件应急管理办法》《保险业务收付费管理制度》《资金审批流及权限》《银行账户管理细则》《保险业务收付费管理细则》《保险公司资金结算管理办法》等规章制度，明确了具体的财务工作行为。为了保障各项制度的贯彻执行，本人一方面带领相关财务人员将制度汇编成电子版，设定链接，方便员工查找，另一方面又组织公司财务人员，集中进行公司制度培训。此外，本人通过加强制度执行监督，对存在问题的制度及时进行调整，为加强企业财务管理工作，保障各项工作的有序开展奠定基础。

6.本人在梳理公司财会处理情况的基础上，结合新时期的业务工作要求，先后主持制定、完善了一系列的财会管理规定。其中，20××年，本人主持制定的《费用报销管理规定》，明确了财务事项的审批程序和审批权限，规范了财务审批工作流程，实现了对费用开支的合理控制，同年制定实施的《合同管理、印章保管及使用办法》，规范了员工对外业务往来中的行为，明确了员工在工作中的职责；20××年，本人主持制定实施的《财务管理制度》，规范了基础的财务工作行为，同年制定实施的《会计核算指引》，有效规范了公司会计、计量和报告行为，保证了会计信息的真实、准确、完整。

预决算管理

1.20××年，为强化成本管理，本人积极参与预算编制，要求财务人员准确收集上一年度的财务数据，其他科室人员也需要积极配合，保障各项基础数据来源的真实性；再根据下一年度经营目标进行各项预算编制及复核，严格审查各项预算，减少不必要的预算申请；预算编制上报后，严格执行上级下达的预算，年末对比决算，找出其中的差异，分析原因，对于超预算的部门，让其说明原因，挖其潜能后仍不能达到预算要求的，提请修改预算，从而在考核时提高全员参与的积极性，实现资源的合理利用。在决算方面，本人积极完成年度决算报表，核定数据，为下一年度预算工作的开展提供辅助。

2.20××年—20××年，本人每年组织各部门编制单位预算，深入基层科室了解和掌握各项业务开展情况，并结合上级政策指标、业务发展趋势编制年度预算，并对预算执行情况进行监管分析。同时在时间紧、任务重的年终，本人保质保量地完成年度财务决算工作，及时报主管部门汇总审核，并力所能及地辅导其他单位的同行，得到上级领导的一致肯定，被慈溪市卫计局评为20××年度年报编报工作先进个人。

3. 20××年，本人根据单位的预算管理需求，主持制定实施了《全面预算管理办法》，明确了具体的预算工作流程，并组织开展制度培训，在内部树立"全面预算管理"意识。同时，本人根据公司业务运行实际，组织编制预算报表，制定科学合理的预算指标，在执行过程中严格监督把控，并按月进行预实分析，查找差异原因，不断优化改善工作流程，降低业务成本，提升经济效益。此外，本人以绩效考核为闭环进行绩效激励，充分发挥全面预算管理的战略导向作用，完善企业预算管理功能，推动了规划进度目标的顺利实现。

4. 为保障公司预算资金的合理使用，本人主持参与制定了《预算管理制度》，在公司领导的支持下，每年9月份开始组织编制次年的单位预算，先根据市场情况进行分部门预算，编制预算财务报表及分析表，再根据总体预算进行分月预算；次年再根据实际发生情况进行分月对比分析，及时提出合理化建议，调整工作重心。同时，本人组织按月编制财务分析报告，通过实际执行与预算指标的分析对比，及时向各项目、责任部门反馈预算执行过程中存在的问题并提供有效建议。此外，本人组织完善预算考核工作，提高了预算的执行效率和质量，还组织健全预算管理体系，在推动各项业务工作有序开展的同时，也顺利实现了将公司年度费用控制在预算内。

5. 自20××年×月以来，本人积极主持编制企业年度预算，要求各部门结合市场未来发展、公司内部资源预测明年的资金使用情况，编制并向财务部提交预算报表，经财务部调整汇总后上报领导层进行审核，通过后下达任务指标；监督预算执行，对预算执行中出现的偏差及时提出整改意见，每年定期结合外部市场变化及时调整预算，保障企业目标完成。年终，本人又按时组织完成决算报表的编制工作，并做好与年初预算计划的对比分析，编制决算分析报告，为领导层提出增收节支建议，经采纳实施后，为公司节省了××万元的经营成本。

绩效考核

1. 为加大医院绩效考核实施力度，建立科学的激励约束机制，实现全方位的综合平衡管理，本人主持修订了《医院职工绩效工资分配方案》，全面实施绩效考核，建立起岗位职责、工作业绩、实际贡献紧密相连的分配激励机制，体现多劳多得、优绩优酬。季度绩效考核奖由各科室季度预期绩效考核为基数，根据各科室考核得分计算，分别从行风建设、效率效益目标、医疗安全指标三个方面进行绩效考核，分值为100。为全面调动医院员工的积极性、主动性、创造性，本人逐年组织修改绩效分配方案，由原先的季度绩效改为目前的月度绩效，由各部门进行二次分配，从而有效激发职工的工作积极性和自觉性，加强学科发展与人才队伍建设。

2. 绩效考核工作的完善有助于全面提高单位运行效率和营运水平。因此，本人作为相关财务负责人，在20××年—20××年，认真研究单位的经济业务，根据单位及行业特点，结合业务需求，完善相应的业绩考核模式。其中，本人积极配合绩效管理部门逐年完善《绩效考核方案》，参与制定分门诊、各专科联盟及护理人员绩效考核方案及《人员薪酬管理办法》；同时，制定《综合目标考核方案》《医院绩效奖励管理办法》等，并对各专科联盟的财务管理和收支核算情况进行监管和分析，处理相互间资金往来和财务结算，每月审核计算全员绩效奖励，提高了员工的积极性，有效实现单位发展的保质增效。

3. 为了保证财务部门工作的顺利开展，提高工作效率，本单位通过合理的绩效考核方法，全面评价财务部人员的素质和绩效，按照单位绩效管理理念，制定单位财务部绩效考核办法。因此，本人根据上级主管单位要求，结合单位项目特点制定绩效目标，不断优化考核方案。近年来，我行的绩效考核方案以综合经营管理绩效考核办法为主，辅助增加了县支行增收创效激励方案，强调贡献、强调进步、强调效益。绩效考核方案战略导向较为清晰、重点明晰突出、符合监管要求，在辖内机构传导及实施效果较好。本人做到了精准施策，有效地提升了单位绩效考核的效率和质量。

4. 为完善公司绩效管理体系，客观、准确地评价各部门工作任务的完成情况，本人在秉承公平、公开、公正原则的基础上，主持制定并完善了相应的绩效考核制度，使得绩效考核有据可依。本人积极完善内容，具体实施每月员工绩效考评、组织绩效考核面谈等工作，充分保证绩效考核工作的深入开展，增强员工的职责意识。同时，为提升财务部门的工作效率，本人又主持完善了《公司财务人员考核评分细则》，明确财务人员绩效考核的标准，强化对员工责任心、服务效率和水平等方面的评价，有利于财务人员端正工作态度、提高工作积极性，以更好地推进公司的整体发展。

5. 为了符合公司建设高素质的经营管理者队伍的要求，本人于20××年××月主持制定实施了《绩效薪酬管理制度》，明确具体的绩效考核流程。同时，本人强化对执行力的考核，包括每月组织召开绩效考评分析会，总结分析绩效目标完成情况，查找影响绩效的薄弱环节，提出改进意见和建议；对改进措施的落实情况组织督查，定期反馈和通报；引入相应的奖励机制等。本人还积极完善公司绩效考核流程，有效强化了各部门工作的执行力，全面提高了公司的业务工作效率。

6. 为进一步强化对公司工作人员的日常管理，提高队伍业务能力和工作效率，本人组织完善了《绩效考核管理办法》，包括将日常考评和定期考评相结合，把工作实绩作为最重要的考核内容，对德、能、勤、绩进行全面考察。本人根据工作实绩的优劣决定奖惩和晋升，通过绩效考核，实现了将员工聘用、职务升降、培训发展、劳动薪酬的结合，全面提升了公司员工参加工作的积极性和主动性，极大地增强了企业的业务运作能力，促使公司的经营效益由××××年的××元增长至××××年的××元。

信息化建设

1. 随着医院新财务会计制度的实施，财务核算系统也需要相应的优化。医院使用耗材量大，但收费系统信息与仓库耗材信息并不能对接，导致错误收取耗材费用，本人提出了启用二级库存信息系统，有效提升了耗材收费管理和其他资产管理水平，错误率有效降低，高值耗材错误率为0。20××年—20××年，本人主导科室完成基础数据库的建立与对接，实现了医用耗材与财务数据的一致，提高了我院材料等资产的财务核算精细化和规范化管理水平。

2. 20××年—20××年，本人根据学校的财务核算需要，主持信息化系统建设工作。

其间，本人通过与相关部门进行沟通，了解协同使用需求，配合研发人员，根据相关需求搭建财务系统；做好系统上线前的测试筛选，设计系统会计科目，组织部分人员汇总、整理财务数据，录入新系统，做好数据更新；组织开展软件操作培训，根据每位培训人员的电脑应用水平，制订不同的培训计划，使其能尽快熟悉软件的性能与特点，全面落实财务软件的日常维护工作等。经过不懈的努力，我校现今财务工作（如各种收费票据的开具、固定资产上账、物资采购等）已基本实现电算化，极大地实现了信息共享，为领导做出决策提供了有效参考，也帮助单位节省了××%的人力成本。

3.20××年，公司实行财务核算全面信息化。然而由于财务系统软件不完善，导致成本核算错误频发。因此，本人在相关领导的带领下，积极参与ERP系统的完善工作，主要包括多次与开发人员进行沟通，探讨漏洞解决办法，及时对存在的问题进行修改完善，并组织对相关人员进行ERP系统操作培训，有效解决了多次委外加工成本的核算和内部审批流程问题，减少了人为工作失误，实现了采购、生产、销售等过程的财务数据共享，提升了财会工作人员的工作效率，为企业的运营决策提供了高质量的信息参考。

4.为全面提高财务梳理效率，实现业财高度融合，公司需要借助互联网信息化系统，建立完善的财务管理体系。因此，本人于20××年，作为项目实施经理，根据公司财务现状，经过对比多款财务软件，最终选择了适用于公司发展的金蝶软件。具体上线工作包括与软件商积极沟通，对财务模块流程进行规划，梳理并统一会计科目，确定核算项目种类，确定编码规则，统一财务报表，制定财务报表合并策略、管理报表合并策略，同时对财务数据进行整理、确认，更新数据信息，完成基础数据库的建立与对接。此外，本人负责编纂软件操作培训资料，组织人员进行财务系统培训，促使新财务处理软件的迅速推广，使得公司从原有的手工计算成本过渡成系统计算成本，极大地提升了公司成本计算的准确性，并为公司有效节省了××%的人力成本，极大地提高了各项业务工作的处理效率。

税务筹划

1.本人在实际的财务工作中，积极按照领导的安排，负责审核各种交易税费、核算各项交易的实际成本、计算收益等，确保应纳税金额的准确性。随着"营改增"政策的实施，公司资金往来较为频繁，因此本人带领公司相关人员学习新的税收政策、增值税票据管理制度，及时向税务机关咨询政策执行细节，确认增值税票据种类及其使用时间点，保证收到票据的有效性与合规性。同时，本人按照"营改增"的相关要求，及时与税务部门进行沟通，做好相应的税务抵扣，降本增效效果显著。此外，在企业所得税方面，本人又组织业务人员对日常工作中涉及的税务基础知识、财务报销程序、发票管理等财务基础知识进行学习，加深业务人员对财务知识的了解，避免发票不合规问题的出现，防范税务风险。

2.本人在负责公司纳税申报和税收筹划期间，根据最新的税务政策，积极做好税收政策宣传、税务筹划执行等工作，为实现公司合理节税减税、降低费用支出奠定了基础。在具体的税务管理工作中，本人定时在公司开展与公司税务缴纳相关的政策培训，做好在发票、税务抵扣等方面的培训。同时，本人又加强对税务风险的适时监控，合理、合法地审阅纳税事项，如加强企业所得税汇算清缴工作，对资产划转和股权投资进行利弊分析，综合利用各种分析方法和手段，全面、系统地评估公司涉税风险，测算税收负担，制订相应可行的纳税计划，加强与税务部门的沟通协商，实现在公司的税金申报和缴付工作上的税务抵扣，有效降低了公司的成本支出。

3.基于对税务筹划重要性的认识，本人主持开展了单位税务筹划工作。本人自20××年以来定期或不定期在公司开展与公司税务缴纳相关的政策培训，做好在发票、税务抵扣等方面的培训。同时，针对公司不能取得增值税专用发票进行进项抵扣问题，本人结合近年销售业绩，与相关部门进行积极沟通，顺利将公司由一般纳税人转为小规模纳税人，合理减少增值税应纳税额，此举促使公司流转税税负直接下降约××%，累计为公司节省了××万元的税负支出，有效实现了公司成本费用的降低。

资产管理

1.20××年—20××年，为强化对医院资产的动态监督管理，本人在负责资产管理工作期间，积极梳理固定资产管理中存在的问题，主持完善相关资产管理制度，规范资产从申请到报废的全流程，并根据单位资产性质进行分类，加大资产管理监督力度，强化对资产使用全过程的监督管理，同时充分利用资产管理系统，将资产系统数据和账目数据进行核对，促进了资产管理与预算管理相结合，且有效解决了原先资产"重采购、轻维护"的问题，减少了资源积压和浪费，保障了资产使用效益的有效发挥，每年可为单位节省××万元~××万元资产成本。

同时，本人又主持开展应收账款清理工作，定期召开相关会议，重点分析应收账款账龄，特别是逾期应收款项，划分账款催收责任，将应收账款回笼按月与相关人员确认，并列入年度绩效考核体系；向单位领导、各业务部门提出预警，通过逐步完善应收账款管理体系，累计为单位收回款项××万元，实现了单位合理有效地调度使用资金，确保了资金的使用效率。此外，本人又按规定及时完成了医院非财政资金转存定期存款的相关工作，为推动单位经营工作的高效运转起到了重要作用。

2.为了对学校的基本情况、财务情况及资产情况等进行全面清理和清查，真实、完整地反映学校的资产和财务状况，本人在学校的财务管理工作中，积极根据学校资产安全管理的需要，参与了学校的资产清查核算工作，对学校的账务（含银行账户、会计核算科目及各项资金往来等）、财产（包括含房屋构筑物、土地使用、资产出租出借、对外投资、担保情况、设备及图书等）等事项在相关部门的配合下进行了相应的清查和核算工作，对资产清查中反映出的问题及时进行总结，分清责任，提出整改措施，完善相关资产管理措施，强化管理，以巩固资产清查成果，有效提高了资产使用效益。

3.基于公司以往资产管理上存在的问题，本人在负责财务管理工作后，积极主动查找公司资产管理中的不足并提出改进意见。其中，本人主持并参与修订了《资产管理办法》，对公司的资产进行分类，强化对资产使用的全过程进行监督管理，要求重要资产每季度至少监控一次或进行实时监控，一般资产每年至少监控一次，以提高资产的管理效率。同时，本人定期对公司的固定资产进行盘点，与固定资产管理部门积极沟通、紧密配合，积极解决原先固定资产"重采购、轻维护"的问题，为公司省下了×××万元以上的设备采购资金。此外，本人又主持健全固定资产的购置管理制度，处理固定资产调拨流程不规范、报废流程不规范等问题，减少资源积压和浪费，为全面发挥资产的使用效益奠定良好基础。

4.20××年至今，本人在负责公司资产管理工作后，主持建立健全资产管理制度，根据资产的性质，对现金、银行票据、存货、固定资产进行定期盘点或不定期的抽查监管；定期对呆滞产品进行减值处理，并协同业务部门制定促销政策，加快库存周转。其间共清查盘点几百件资产，对公司资产做到心中有数，提高了资产使用效益。此外，本人又主持搭建了应收账款管理体系，包括定期查阅账龄分析表筛选出超期客户，与对应销售人员了解客户特点、销售情况、逾期原因等；通过邮件、电话解答客户关于账单的问题并提出解决方法，监督销售人员上门进行催收，并及时反馈催收情况给应收专员；若客户仍然逾期不还，则由法务发律师函，或配合律师办理立案手续，协助律师与法院冻结客户资产等。一系列催收工作的开展，每年可为公司清理××万元的应收账款，切实保障了公司的合法权益。

内外部审计

1.审计工作对于保障医院的经济收支、开展各项经济活动、提升经济效益等方面有着重要的作用。因此，为保障我院的财务工作有序开展，本人积极配合相关审计工作。其中，本人每年年初会参与对我院各方面的收入与支出情况的审计工作，包括会计人员是否在领导的授权范围内办事，有无越权和违规现象，财务会计报告是否真实、完整等，并根据审计结果出具审计报告，提出相应的审计意见和建议。同时在上级各有关部门对我院财务情况检查审计时，本人又积极做好相关资料的筹备与提交工作，协助具体审计工作的开展，保障审计工作的顺利完成，取得了良好的审计效果。

2.积极开展行之有效的审计工作是强化内部管理的重要内容。本人组织参加学校内部审计，严查各项数据，对于审计中出现的问题，及时上报并提出整改意见；接待国家以及有关部门组织的各类账务检查，强化对教育资金的合规性审计，严格把关，确保客观公正，出具审计报告，并积极配合有关部门的审计工作。自任会计师一职以来，本人积极主动承担审计工作，20××年—20××年，主持积极推动内控工作，对不规范经济业务及时整改，积极配合有关部门的审计工作，加强台账管理，对经济业务实时跟踪监管，对不符合规范的及时进行整改，保管好各类经济业务的相关材料，积极配合审计部门的工作；系统分析学校财务与资金运行情况，为维护学校资产安全和促进教育均衡发展出谋划策；对各项资金的拨付做到事前仔细审核，加强事中控制和事后监督；对各项专项资金确保做到专款专用；对经济业务做好财务自检自查并积极配合审计检查。

3.为全面提升公司的内部控制水平，保证内部控制制度执行到位，本人积极配合公司内部审计部门的日常审计工作，主要包括抽审会计凭证、相关原始凭证，审核大额合同，抽审制度规范，检查资金运营规范控制对于发现的不合理的支出，坚持原则，及时上报；对于一些不规范操作和违规行为，积极指出问题并监督整改，有效解决了公司内控工作中存在的问题，促使内部管理的有序运转。此外，在外部机构（税务局、事务所）对公司的财务情况进行审计时，本人作为相关财务负责人会积极配合，提交相应的审计材料，有效保障了审计工作的圆满完成，且本人所主导的账务处理方式，也多次得到了第三方中介机构的肯定和认可。

4. 为完善财务管理，本人在负责相关财务工作后，不定期开展现场财务检查工作，对重点项目必须检查、一般项目抽样检查，并汇总整理检查过程中发现的问题，以此指导团队开展自我检查，有效地推动了财务业务标准化、规范化，为防范和控制财务系统工作风险提供了有力保障。同时，基于公司的特殊业务性质，每年接受的外部审计较多，作为相关财务负责人，本人先后多次配合关于债务（银行贷款、债券发行等）资金使用情况的审计、领导离任审计，以及外部会计师事务所的年报审计工作等，及时提交相应的审计材料，做好对审计中存在问题的解释、沟通和整改，确保各项审计工作的圆满完成，且本人的账务处理方式，也多次得到了上级部门的充分肯定和认可。

财务团队建设

1. 为完善医院的财务工作，本人将培养财务会计人才作为完善医院基础财务工作的重中之重，主要包括制定完善的人才培养流程和规范制度，合理设置人员岗位，选拔具有较丰富专业理论知识的人员，并对其进行医疗卫生机构财务制度、会计基础规范、国家基本公共卫生经费使用、发票管理、零余额账户管理、固定资产管理等业务方面的知识培训。同时，本人组织财务人员参加会计人员继续教育培训，加强会计人员职业道德教育，增强窗口收费人员服务意识，建立内部业务学习，主要是围绕新制度新文件落实学习，在业务范围内展开探讨，查漏补缺；鼓励财务人员参与各级财政部门和上级主管部门举办的各种培训班和继续教育，利用业余时间学习，取得更多会计方面的专业证书；创新人才培养思路，要求所有财务人员具备良好的心态和踏实的工作态度，使其在各自的工作岗位上成为单位财务工作处理的中坚力量，至今已累计为单位培养××位中级会计师、××位初级会计师。

2. 为全面提升单位的财会处理水平，提升财务人员专业素质与履职能力，××××年至今，本人积极主持财务人员培训工作，督促定期开展财务人员专业培训，主要包括开展政治思想学习，提升财务人员的政治思想道德修养，培养其财会法制观念。同时，本人鼓励财会人员根据自身不同的学历层次和岗位需求，继续进行在职专业学习，参加专业资格考试；多次邀请财政局预算专家、财务专家来单位就预算管理等财务知识进行培训和交流；本人也积极做好带头示范作用，不断提升自身的财务管理水平，结合预算管理对财政有关规定、财务管理制度进行讲解。本人采取多种渠道、多种方式提升财务人员综合素养，累计为单位培养了××位中级会计师、××位初级会计师，极大地优化了单位人才系统，为提高单位财务管理水平打下了坚实基础。

3. 本人在负责财务人才培养工作时，积极帮助新入职的同事处理财务会计核算和会计管理工作中的问题，传授财务会计管理技能，培训财务会计人才；定期组织公司财务人员进行业务知识培训，不断更新知识存量，提升财务人员专业素质，包括带领公司财务人员加入大成方略会计协会，通过授课加强学习，增强其依法经营、规范运作意识；要求公司的财务人员必须有会计上岗证，并鼓励财务人员根据自身不同的学历层次和岗位需求，继续进行在职专业学习。此外，本人通过建立定期轮岗制度，规定出纳、固定资产核算、工资核算、成本费用核算、往来结算、总账报表等岗位人员，定期进行岗位轮换，培养全能型人才，有效健全了公司的财务人才系统，为进一步开展业务工作奠定了有效的基础保障。

4.自本人负责公司财务工作以来，本人积极根据公司的财务特点和财务人员的个人能力进行合理分工，并定期进行专业化的业务知识培训，主题围绕与公司密切相关的"增值税会计核算及风险控制"及"金税三期系统下的稽查风险管控"等内容；适时开展政治思想学习，提升财务人员的政治思想修养，培养其财会法制观念。同时，本人积极鼓励财务人员根据自身不同的学历层次和岗位需求，继续进行在职专业学习，提升专业职称和业务处理能力，以期能够更好地优化本单位的财务人才系统，保障财务工作质量的提升。另外，本人重视团队工作，及时进行交流互助，自取得中级会计师以来，已培养了助理会计师×人、中级会计师×人，有效提高了公司的财务处理水平。

业绩挖掘与补充

业绩挖掘是一项长期工作，部分考生受单位岗位设置与职能影响，挖掘业绩难度较大，因此，务必提前开展，结合本书常见业绩部分内容，总结现有业绩，并于工作中对其他相关业绩进行持续关注，力求积极参与，在评审开展时使业绩达到较高水平。

在准备评审前，为了充分挖掘工作业绩，考生可以重点关注以下内容。

突出财务管理能力： 在财务管理方面，高级会计师应具有丰富的经验和技能。因此在工作业绩挖掘时，考生应留意可以突出财务管理能力的工作成果，包括财务分析、预算控制、投资和融资管理、单位财会制度的建立和完善等方面的工作成果。

同时，高级会计师除了自身具备较高的财务管理水平外，还应能够培养财税专业人才并指导其工作。在工作业绩中，考生可以描述如何制订培训计划、如何传授财务管理经验、如何评估培训效果等，以展示自己在培养财税专业人才方面的能力和贡献。

体现组织协调能力的内容： 高级会计师往往需要负责组织协调企业内部的财务活动，维护好企业与外界的财务关系。在工作业绩中，考生可以描述在组织协调方面的能力，如何协调内部财务部门与其他部门的工作、如何处理与供应商和客户之间的财务关系、如何制订财务规划等。

展示经济效益的创造： 高级会计师的一项重要职责是提高企业的经济效益。在工作业绩中，考生可以展示通过自己的财务管理活动为企业创造的效益，如通过优化财务管理流程降低成本、通过合理的投资决策提高收益、通过税收筹划减少税收支出等。

提前保存好证明材料： 各项工作业绩除了在评审申报中填写外，评审政策还要求上传每项业绩对应的业绩证明材料，如制定制度工作需要提供相关制度文件，编制预算工作需要提供相应预算表格、预算编制流程等内容。部分考生涉及多个单位与岗位，需要提前做好业绩材料保存工作，确保评审期间可以高效完成文件上传。

第七章　优秀业绩报告及论文赏析

优秀业绩报告赏析

企业单位业绩报告示例 1

本人×××，男，19××年××月出生，大学本科学历。自20××年取得中级会计职称以来，本人一直从事财务工作，现就职于××××有限公司。多年工作经验使本人具备了较为过硬的政治思想素质、扎实的财税理论知识和丰富的财务管理经验。现特根据评审文件要求，将本人主要情况汇报如下。

一、思想道德建设

本人从事财务工作多年，深知财务工作的责任重大，始终严格要求自己，认真学习习近平新时代中国特色社会主义思想，坚持党的方针和政策不动摇，坚持深入贯彻习近平法治思想，履职尽责，在思想上、政治上、行动上同党中央保持高度一致，遵纪守法，恪守会计职业道德，不断提高自身政治素养和理论水平，积极发扬乐于吃苦、甘于奉献的精神，对待各项工作兢兢业业、任劳任怨，坚持职业操守，并能够发挥好领导决策参谋助手作用，赢得了公司领导和同事的一致好评。

二、专业技术成果

（一）制定农民工工资支付制度，切实保障农民工的合法权益

为建立规范有序的外部劳务队伍管理运行机制、认真贯彻落实国家以及公司关于劳务队伍农民工工资支付管理的有关规定、确保企业依法有效利用社会资源、促进企业又快又好发展，20××年，本人主持公司××××项目的制度建设工作，通过主动与项目工作人员和劳务队人员的工作内容与强度沟通，执笔拟定了《××××××××》，将农民工工资的分发时间由月中提前至月初，同时使用电子货币与现金并行的方式分发工资，维持协作队伍人员稳定，保证施工生产正常进行，切实保障农民工的合法权益。同时本人还完成了《××》等管理文件的编制审批工作，进一步细化了工资制度管理体系，推动形成职责清晰、分工明确、协调高效的工作程序，极大地提高了工作效率，为项目顺利完工奠定了基础。

（二）开展预决算管理，确保单位各项任务的完成

为保障公司目标的可完成性，推动公司稳步发展，××××年，本人深化主持开展预决算管理工作。一是结合公司历年的核算数据与本年度工程经营计划，编制《××》

等指导文件，召开预算部署会议，同时指导各部门完成部门的预算编制，并做好预算的调整与汇总，编制公司全面预算。二是运用财务信息和其他相关资料对费用开支预算执行情况进行总体监控，定期追踪分析费用开支预算执行情况，给予部门改进建议，做好预算调整，保持预算刚性，促使预算目标顺利完成。在本人的大力工作下，公司整体预算执行率保持在××%以上。三是年底进行决算与考核，为来年更好地开展预算工作提供准确数据支撑，推动公司良性发展。

（三）加强资产管理，确保资产安全

随着企业业务的不断深化，固定资产及资金的管理状态直接影响和制约着企业资金的正常运转和良性循环，不及时的资源盘查及处理有可能造成财务困难。20××年，本人主持资产管理工作。一方面对××××公路项目的固定资产进行盘点，通过逐项核实、逐账核对等方式，发现累计未入账固定资产达×××万余元，并及时入账，做到不疏不漏、不虚不重、不留死角、账实相符，避免公司资产损失。另一方面对××××××有限公司固定资产折旧状态进行测算，根据固定资产折旧的方法，发现折旧累计少计提××××万余元，并对少计提的折旧进行了补提，确保公司利润总额不受影响，规避财务风险。

（四）强化资金管理，提高资金使用效率

由于新冠肺炎疫情影响，公司到期还款资金未及时到位，为此20××年，本人主持资金管理工作，主动与银行等金融机构对接沟通，提出展期申请，同时按照要求提交相关的资料，完成立项审批，并对多种还款方式进行讨论，最终确定××等还款方式。经过部门同事的不断努力，通过了银行展期申请，完成贷款延期，解决了公司的燃眉之急，大大降低了企业资金负担，减少了资源的闲置与占用，提高了资金的使用率。此外，本人在任职期间，还积极筹集资金，通过银行借款、×××等资金筹措方式，为公司筹措资金××万元，于后续还款日陆续归还××万元借款，保障了企业的正常运转。

（五）开展税务筹划，实现科学节税减税

为进一步帮助企业实现科学合理的节税避税，减少成本支出，20××年，本人主持税务筹划工作，利用业余时间，细心钻研税收动态，加强相关税收优惠政策的了解和申报，积极与税务机关保持有效沟通，通过简易征收政策，为公司节税××万元。同时本人针对公司项目工程，结合税收政策，与项目经理进行沟通，签订了甲供材补充协议，并整理资料上报税务局，获得了多项税费减免，其中20××年—20××年的××××××项目中，节约税款高达××××余万元；20××年为分公司节约增值税×××余万元，助力企业产业布局及项目投资定位，有效降低了公司税负。

（六）加强绩效激励考核，促进管理工作提升

为提升企业运营水平，深化企业发展，20××年，本人主持绩效管理工作。一是结合公司发展现状，深入部门进行岗位分析，反复测算岗位工作量，系统评估岗位难易程度和风险系数，优化现有绩效评价体系，针对风险事件提交《×××》《×××》等文件，并进一步与第三方沟通评价细节，出具《×××》财务管理文件，对不符合双方要求的部分进行修改整顿。二是在执行过程中，督促各部门按时完成指标，对发现的问题落实整

改，并及时调整绩效指标，合理分配，提高员工的工作积极性，同时于每月××日，对考核绩效较差的员工，进行奖金核减分发，对于超额完成工作量的人员，以财务例会表彰、颁发优秀员工奖金等方式进行奖励，树立了积极向上的工作风气。三是为强化绩效奖励效果，设立了固定奖金，实现"人性化"绩效管理，提高了公司的运行效率，实现了跨越式发展。

（七）配合多项审计工作，提升公司内部控制水平

为进一步完善企业内外部管理体系，对企业主体进行业务升级，20××年—20××年，本人积极主持、参与并配合各机构完成了多项内外部审计工作。首先，在对接××××有限公司的审计项目中，辅助审计团队完成财务账务的审阅，同时就审计中往来账、现金和折旧等流程中出现的问题，提出整改措施，积极落实整改，并完成了整改后的再次汇总审阅工作，确保该项目顺利完成审计。其次，在对接×××项目的审计中，积极与审计人员沟通，准备审计所需的会计资料，认真记录审计建议，针对审计过程中的问题，通过规范内控、审计调整等措施一一落实，尤其是对费用类科目进行了调整，规避了税务风险。最后，参与××××有限公司的内部审计，成立核查小组，对资金存放数额、发票接收等方面进行督导检查，重点对账务数据与现存数额的一致性进行检查，对于发现的问题，积极查找原因，并编制内部稽查报告报上级审批，纠正错误的同时规范公司的财务管理行为，堵塞监管漏洞，不断推进各公司财务工作的高质量发展。在本人的组织领导下，本部门在内部核查和外部审计工作中受到全体领导的表彰，为本企业在税务和流程事务上树立了"自纠自查，勇于担当"的良好形象。

（八）强化财务团队建设，提高业务素养

自任现职以来，本人主持公司的财务培训工作。一方面，定期组织财务人员参加专业会计咨询机构举办的各类财会、税务相关知识培训，以及继续教育培训，紧跟市场动向，及时学习财务及税务政策变化知识，还积极邀请财政局预算专家、财务专家来公司开展营改增、增值税改革、预算管控等财务专业知识讲座，提升财务人员的专业知识与业务技能水平。同时，本人还结合自身经验，对出差费用的进项税抵扣以及印花税申报等易混淆业务进行培训，保证部门人员业务知识的更新，纠正进项税抵扣数额，减少××万元的税费损失，并开展岗位流程培训，举办PPT制作大赛，开展Excel使用技巧培训，激发员工工作积极性。另一方面，本人还订阅《华为战略财务讲义》《战略成本管理》等财刊，让工在工作之余进行阅读，扩大知识面，提高了财务人员业务素养，建立了一支思想政治素质良好、专业技术精湛、工作能力过硬的财会队伍。

三、学术研究成果

（一）继续教育

随着新时期对财务人员的要求逐渐提高，本人一直秉承"活到老，学到老"的理念，始终坚持学习会计法规、准则，及时更新专业知识，每年按时完成会计人员继续教育，同时还积极参加财政局与各机构组织的财务知识培训课程，完善了知识理论体系，提升了专业知识水平。此外，本人在认真完成工作之余主动学习更新财务知识，全面提升独立领导能力。

（二）论文发表

在紧张的财务工作之余，本人结合工作实际和业务经验的基础上，独立撰写并于《××××××××××××》发表了《××××××××××××》等×篇财会方面的高质量论文。在开展学术研究、业务总结的同时，本人能够为同行分享自己的经验，具备运用会计理论专业知识指导自身工作的专业理论水平。

四、自我评价与未来展望

通过开展多年的财务工作，本人已掌握了较为系统的财务管理相关知识，能担负起公司的财务会计管理工作，草拟和解释财务会计制度、办法，组织和指导经济核算和财务会计工作。本人虽然取得了一些成绩，但也存在不足，在今后的财务工作中，将会继续加强财务分析、会计核算以及内控建设等方面的学习，完善财务体系，在工作中努力创新、攻坚破难，使自己不仅能适应各项常规工作，还能在工作中不断开拓创新，为公司的财务工作做出更大的贡献。综上所述，本人现已具备任职高级会计师的资格，特申报参与评审！

企业单位业绩报告示例 2

本人××，男，19××年××月出生，毕业于××大学会计学专业，本科学历。20××年，本人进入×××有限公司财务部从事会计工作，于20××年×月取得中级会计职称，现任该公司财务部会计主管一职。多年来，本人通过不断提升专业素质、积累实践经验，逐渐从基础会计岗位走上财务管理岗位，现已具备了较强的财务管理、宏观筹划与组织协调能力，各项业绩成果突出。现将本人近年来的主要工作业绩情况进行总结汇报。

一、思想道德表现

本人在日常的工作与生活中，始终坚持用科学的理论武装自己的头脑，不断提高自身政治素养和理论水平，深入学习马克思主义理论、党的路线方针政策，坚持以习近平新时代中国特色社会主义思想为指导，贯彻党的十八大、十九大、二十大精神，牢固树立"四个意识"，坚定"四个自信"，做到"两个维护"。在职业道德建设方面，本人严格遵守《会计法》及其他法律法规，恪守会计道德标准，切实维护会计管理的规范，自觉抵制不良思想的侵蚀，在工作中无任何违反财经纪律的行为，且不计较个人得失，以高度的责任感和使命感，赢得了任职公司领导和同事的一致认可和好评。

二、专业技术成果

（一）建立健全管理制度，提高公司财务管理水平

随着公司业务的不断发展，原使用的财务制度已无法满足公司管理需求，管控成效薄弱，为进一步提升公司制度管理效能，20××年，本人结合公司实际情况，积极协助开展集团及公司财务制度修订工作，协助完成《×××××》编制，涉及《×××××》《××××》《×××××》等一系列制度，贯穿日常财务管理流程，实现制度的全覆盖与全控制。同时为避免制度形同虚设，本人积极组织公司员工开展制度培训，加强对制度执行过程中的监督管理，定期查验制度执行效果，确保新修订制度顺利落地实施，推动健全了"用制度管人，用制度管账，用制度管物"的内部管理体系，有效夯实了公司财务管理基础，规范了财会工作行为，保障了公司经济活动合法合规、资产安全、财务信息真实完整，为推动公司持续有序发展、经济效益稳步增长奠定了良好基础。

（二）主持预决算管理工作，提高公司资金使用效率

社会经济发展过程中，企业间竞争日趋激烈，预算管理在企业管理水平的提升、市场竞争力增强方面具有极其重要的现实意义。基于此，20××—20××年，本人积极推进、落实公司预算管理体系。在预算执行前，每年××月结合公司实际情况，组织相关人员开展年度预算编制工作，构建起科学合理的预算模板，并对标当年新发生的业务及情况，进行预算模板调整，完成预算草案编制，形成利润版预算和现金流量版预算报表，经董事会批准后，将预算指标层层分解落实到各责任部门，并与绩效考核相挂钩。在预算执行中，实时关注预算实际执行情况，保持预算刚性，严格控制各项费用支出，做到统筹安排公司资金。在预算执行后，定期做好预算执行后的差异分析工作，针对预算执行过程中存在的问题，查明原因，提出解决对策，如遇特殊情况（如政策调整、重大事项发生）年中适时调整预算，年终进行决算与考核。任职会计主管期间，在本人的大力管控下，公司年度预算执行率始终保持在××%以上，切实减少了不合理资金支出问题，为实现公司战略经营目标起到了积极的推动作用，降本增效成果显著。

（三）主持税务管理工作，有效降低公司纳税负担

随着国家税制改革的不断推进和税收征管精细化水平的不断提高，国家陆续出台了多项减税降费政策。因此，为推动公司应享尽享政策红利，本人根据公司所处行业、经营性质与具体涉税业务，充分研究运用税收政策，测算税收负担，制定相应可行的纳税方案，在合法范畴内有目的、有计划地筹划税款交纳时间及税额。任职会计主管期间，本人通过提交资料、办理税务备案，积极争取税收减免与返还。其中，严格要求原材料入账时提供合理合规的发票，做好税款与成本利润分析，为公司节约成本××万元，切实实现合理合法节税、减税，降低公司运营成本，实现公司经营效益最大化。

（四）推进信息化系统建设，提高财务工作效率与核算质量

随着公司不断发展壮大，对财务工作的要求也越来越高，因此，为顺应公司财务管理需求，本人积极开展财务系统升级工作。其中，20××年，本人主持将××软件升级为××工作，新软件引入了全新供应链管理模块，涉及存货模块、固定资产模块等内容。因此，本人带领财务人员积极梳理相关数据，做好资料转移准备，并邀请软件公司人员来到单位，对财务人员进行业务培训，确保软件上线后顺利投入使用。同时，20××年，随着业务量的增大，进货量和出货量也有逐渐增大，为实现对进货和出货等各环节的规范管理和监督，保证数据的真实完整准确，本人主持引入了×××软件，实现管理软件自动调取财务所需数据，大大提升工作效率，促使财务核算更为精细化、规范化，增强公司管理效能。此外，20××年—20××年，公司抓住××建设机遇，规模迅速壮大，财务工作量也随之增加，为保障相关工作及时完成，本人又主持引入×××软件，使财务工作效率再上一层楼，满足公司需求的同时，有效节约财务人员成本××万元。

（五）重视资产管理工作，助力公司持续有序发展

资产是企业运行的基础，是企业赖以生存的重要因素。基于此，本人在任职期间，不断加大资产管理力度，落实每月盘点，全面核实出纳管理的货币资金及票据，并做好银行对账单核对，保障资产完整性，并对闲置与不能使用的资产做好报废处理。

首先，本人在20××年梳理出在外流落的两台价值××万元的布料机，有效避免资产流失；20××年，发现两张××万元发票在客户处接近一年未予认证和抵扣，及时带领销售会计与对方财务人员进行对账，取回发票并做红字处理，确保账实相符的同时，也避免了多缴纳税金的情况。

其次，20××年××月—20××年××月，由于公司的产能未被充分利用，因此本人经科学研判，多方了解，对传统的生产业务与资产租赁对比分析后，发现租赁业务可以创造出更多的效益，成为新的盈利增长点，并出具相关分析报告，制定业务草案，从财务角度提出专业建议，供领导层决策参考，最终该建议获得采纳并得到领导层一致好评。

最后，20××年，本人及时梳理、核对应收账款明细，实时掌握零散客户经营状况、

资金状况，规范梳理合同，通过开展账龄分析，规范合同流程，查明款项拖欠原因，确认无误后制定具体可行的清理方案，并持续跟进、反馈清理进程，收回应收账款近××××万元，避免坏账损失近×××万元，有效保障了公司资产安全完整。

（六）组织开展内部检查工作，推动公司良性健康发展

为全面提高公司内部控制水平，本人每年定期对公司进行内部检查，其间严格把控检查流程，秉承客观公正的原则，从发票合规性、付款审批手续、资金往来流程等方面开展检查，针对发现的异常问题，及时跟进，查明原因，提交整改建议，并督促落实整改，充分发挥了财务监管职能，逐步堵塞了公司内部管理漏洞，完善了内控环境，规范了财务管理流程，推动增强了公司风险防范能力，使公司在防控财务风险的同时提高了经营收益。

（七）加强财务团队培养，提高财务人员专业素质

为保障财务工作效率与质量，推动公司财务管理目标的顺利实现，本人作为财务负责人，不断加大财务人员培养力度，督促财务人员按时完成年度会计继续教育，每年组织下属子公司财务人员开展业务交流，充分发挥"传帮带"精神，主动热心地关怀下属员工，交流工作方式方法，针对财务人员工作中遇到的疑难财务问题，及时提供帮助与指导，同时征订专业期刊，创建财务微信群及时宣传探讨最新国家财税政策，并与各大培训机构、会计师事务所、税务师事务所建立起合作关系，定期邀请讲师来到公司为财务人员进行业务培训，从而逐步提高财务人员专业知识与业务技能水平，保障公司财会工作处理质量，以更好地为公司业务环节工作开展做好后方财务支持。

三、学术研究成果

"百尺竿头更进一步"，为充分发挥自身在专业领域的主观能动性，本人在努力学习财务知识、刻苦钻研会计业务之余，勤于总结与思考，结合自身实际工作经验，于20××年独立撰写并在重点学术期刊上发表了两篇财会专业论文，为新时期国有企业财务管理建设提供了有效参考与借鉴，具备了运用理论研究解决实际工作问题的能力，增长了个人社会价值。具体论文撰写情况如下。

1.20××年××月，在《××××》上发表文章《×××××××》，本文从……出发，对……。

2.20××年××月，在《××××》上发表文章《×××××××》，本文从……出发，对……。

四、自我评价与未来展望

综上所述，从事财务工作数年来，本人现已较为系统地掌握了财务方面的理论知识，并能够有效运用相关知识，从容应对财务工作中的关键突出问题，整体工作获得不小的成就。但是为促使自身始终在专业领域保持进步状态，在今后的工作中，本人将以现在为新的起点，继续刻苦钻研业务，紧密结合企业经营管理、财务管理实际，学习有关先进企业内控、风险管理等方面的知识，使自己不仅能适应各项常规工作，还能在工作中不断开拓创新，为任职公司高效发展与经济效益增长贡献更大力量。

事业单位业绩报告示例 1

一、个人基本情况

（一）个人概况

本人×××，中共党员，20××年毕业于×××，全日制本科学历。本人于2014年通过会计师考试，于20××年××月获得会计师职称，于20××年通过全国高级会计师实务资格考试，成绩达到国家合格线标准，拥有注册会计师非执业会员资格，现任×××财务科主管会计。

（二）工作经历

20××年通过公开招聘进入××××；

20××年××月—20××年××月在××××工作；

20××年××月—20××年××月担任×××××，主要负责项目预决算、税务筹划、资金管理等工作；

20××年至今担任××××，负责预算管理、财务分析等工作。

（三）思想政治建设

本人于20××年光荣加入中国共产党，在政治上，始终坚持以习近平新时代中国特色社会主义思想为指导，坚持党的方针和政策不动摇；在思想上，严格要求自己，树立正确的世界观、人生观和价值观；在行动上，充分发挥模范带头作用，团结同事、廉洁奉公，坚持从小事做起，自重、自省、自警、自励；在纪律上，严格遵守各项规章制度，认真履行岗位职责，无违反财经纪律的行为，不计较个人得失，以高度的责任感和使命感，赢得了单位领导和同事的一致肯定和认可。

二、专业学习、论文研究情况

（一）继续教育

自任现职以来，本人每年定期从国家税总、财政部网站上浏览并学习最新的财税文件，关注与业务拓展相关的财税政策，并坚持参加每年度会计人员继续教育培训，增加自身的专业知识储备，增强会计实务的处理能力。20××年—20××年，本人先后通过全国注册会计师考试并取得全国注册会计师资格证明；20××年—20××年，本人先后通过税务师考试四科，有效提高自身财务素养。

（二）论文发表

本人坚持理论与实际相结合，独立撰写并于20××年××月在国家级期刊《××××》上发表《××××××》，20××年××月在省级期刊《××××》上发表《××××××》，为新时期事业单位的财务工作建设提供了有效参考，具备了较为全面的专业知识、理论水平。

三、工作业绩情况

自参加财务工作以来，本人通过不断深化专业理论和业务技能学习，逐渐成长为一名具有综合财务处理能力的财务工作者，现将本人主要工作业绩情况进行总结汇报。

（一）建立健全内部管理模式，确保各项工作稳步推进

1.探索规范制度流程，提高内控管理水平

建立健全行之有效的各项管理规章制度是竞争的需要，也是发展的需要，为此本人高度重视制度建设工作。20××年至今，本人围绕管理工作的科学化、规范化、程序化、标准化和系统化等要求，结合国家相关规定和单位实际财务情况，先后起草制定《××××××××》《×××××××××》《××××××××》《××××××××××》，负责制定《××××××××》《×××××××》《××××××》《××××××××》等一系列制度，规范财务管理，全面覆盖单位财务工作环节，有效促进单位财务制度建设，为保障其他工作的有序开展奠定基础。此外，本人完善了包括《××××××××》《×××××××》《××××××××》《××××××××》在内的多项规范性单据，全面优化相关流程，并主持制定《×××××××》《×××××××》，有效促进单位财务管理制度化、规范化。

2.主持专项整治，加强内部检查，增强单位财务风险防范能力

20××年××月，本人本着客观、公正的原则，积极配合中央巡视组为期一个月的巡查工作。其间，本人对20××年领导班子绩效、应收账款、车辆费用、招待费用、资产出租情况等相关方面进行逐一审计，充分发挥财务的监督作用，积极指出问题并监督整改，有效地解决了单位内控工作中存在的问题。

（二）开展全面预决算管理，助力单位高效发展

20××年至20××年，本人主持单位的财务预算编制工作，全面负责单位部门预算和综合预算，并参与地勘项目经费预算的审核及地勘项目财务决算、绩效评价报告的编写。其间，本人先后完成了××××××××、××××××××等××个结题项目财务决算报告，审核了××××××××、××××××××等××个项目预算，项目均获得领导的好评，审核的××项目预算金额超过××亿元，绩效考评均为优良。此外，本人立足各个项目实际情况，按要求做好项目资金申请工作，先后完成××××××××、×××××××××等项目资金申请工作，共计取得×××××万元。

同时，本人立足每年的财务预算与决算报表，深入开展数据分析，做好汇报说明，为领导层提供有效的数据支撑。如20××年预算执行过程中，发现预决算有明显差异，经调查后发现是因年中追加当年项目资金，造成的年初预算口径与决算口径不一致，就此情况，本人编制相关报告，向上级单位进行汇报说明。此外，20××年，本人分析发现预算资金无法满足实际需要，便临时申请追加××××万元拨款，以满足项目需求。

开展优异的预决算编制工作，促使单位自20××年起每年被主管局评为"部门预决算编制工作先进单位"，本人也于20××年被评为"优秀职工"。

（三）积极推进绩效考核工作，推动单位超额完成任务目标

为强化单位的绩效考核管理，20××—20××年本人负责绩效考核工作。根据省×××年度业绩考核指标，结合地勘行业的特殊性，制定科学合理的绩效考核方案，拟定经营计划，推进绩效考核工作进程，通过多方共同努力，20××年经营收入达成省×××院考核指标的××××%，经济运行质量考核得分××××分，超额完成省×××

×院经营任务目标，得到上级部门的一致肯定。

（四）主持信息化系统建设工作，提升财务工作管理效率

为有效转变单位原有的财务处理方式，实现本单位财务账套的统一，加强财务精细化管理，本人响应上级需求，主持开展单位财务软件的更换工作，将财务系统由×××××更换为×××××系统。其间，本人在各个会计配合下对所有科目的辅助余额及20××年年底报表进行梳理及期初录入，使得财务软件上线切换期间与原有会计档案能顺利衔接。20××年，为落实新政府会计制度，本人积极与软件公司展开充分沟通，重新对财务账套的辅助核算项目进行设置，完成事业类账套新建工作。此外，20××年，单位改制合并时，本人通过财务软件更换与账套梳理，实现了对各个二级企业的财务软件统一设置、外地单位账套的统一管理，有效夯实了单位财务管理基础，提升了财务管理质量，全面提高了单位财务工作效率和管理水平。

（五）主持清算工作，完成子公司注销，推进单位合并

20××年，本单位作为主导单位，与×××××、××××××、×××××××正式合并，相关财务规章制度以原物勘院为主，四个片区合并后的市场和财政两个账套的更换工作由本人全面负责。

作为核算组的副组长，本人在此次合并过程中，主动承担并顺利完成了改制合并前清算工作，积极与软件公司充分沟通，根据四个单位的具体情况重新对账套进行了设置，并立足各片区实际情况，对部门科目进行设置更换，推动账套重设工作顺利完成，同时做好制度衔接工作，推进单位合并与财务工作顺利进行。同年××月，本人全权负责并顺利完成×××××注销清算，包括税务事宜和账务处理等工作，保证合并工作顺利推行。

（六）加强税务管理工作，有效减轻税务负担

为有效减轻院内员工税务负担，20××年个人所得税修改后，本人第一时间提醒院内所有员工填写专项附加扣除，有效降低员工个税。

基于企业所得税汇算清缴对残疾人用工的优惠政策，本人通过加计扣除工资实现免残保金，实现20××年—20××年累计免税收入约×××万元，降低了单位的税务负担，达到合理降低税收支出、规避税务风险等目的。

（七）严控资产管理，保障国有资产安全

1.组织资产盘点，保障资产使用安全

基于对资产管控重要性的认识，本人从日常清查盘点入手，定期组织召开固定资产清查和盘点会，监督资产管理部门完成资产盘点和清查工作，严格审查资产盘点报告，及时发现资产管理中存在的问题，有针对性地进行完善，切实维护资产安全。其中，20××年本人主持了一次资产清查工作，通过此次清查，全面摸清家底，并对一些无责任人的设备、房产等内容落实更新责任人，进一步完善责任追究机制，提升资产安全维护意识，全面提升国有资产管理水平，并落实院统一管理、调配、处置，显著提升资产管理和利用效率。

2.严控应收账款管理，科学规避单位坏账问题，建立现金流归口负责机制

受新冠肺炎疫情的影响，20××年单位利润空间紧缩，应收账款难以收回，本人提出相应的建议与对策，摸清家底，清理无效资产，保障国有资产安全。

20××年—20××年，本人对单位下属子公司的历史遗留应收账款进行清理。其间，本人对子公司应收账款进行全面梳理，定期召集专项会议，制定清理方案，及时了解清理进度，推动清理工作顺利进行，20××年年底收回以前年度应收账款××××万元，往年应收账款的回收率达到××%。

（八）认真组织财务培训工作，大力提升单位财务人员管理素质

为了加快推进单位财务会计建设，构建统一、科学、规范的会计标准体系，20××年起，本人本着高度负责的态度，始终致力于对部门员工的培训工作，包括制定相关培训方案和计划，对不同类型的人进行差异化管理，定期开展国家政策、单位财务制度的讲解，确保相关人员对政策的理解把握，并充分运用到工作中，同时以身作则，自觉参加各类培训学习，并组织了多轮培训。如20××年《个人所得税》完成第七次修订后组织相关人员进行学习；20××年××月组织相关人员培训×××××财务软件操作手册；20××年××月组织相关人员学习《会计法》；20××年××月组织相关人员学习自然人代开发票支付方代扣代缴相关知识等。通过日常的学习与沉淀，本人在20××年××月参加×××××首届财务知识竞赛，并在比赛中获得笔试成绩第×名，带领团队获得×等奖的好成绩，为单位带来集体荣誉的同时，也充分彰显了单位的实力。

四、自我评价与未来展望

从事财务工作多年以来，本人在工作中取得了一些成绩，系统掌握了财务相关知识，也锻炼了遇到问题时灵活应对、处变不惊、条理清晰的逻辑思维能力。但本人还存在很多不足，在以后的工作中，本人将不断进取，扬长避短，持续提高专业知识储备量和组织管理水平，认真履行新时期高级财会管理人才的职责，在项目财务管理、财务分析、信息化管理等方面积极拓展，并强化各项政策学习更新与内部转培训工作，争取在工作中迈入新的台阶，助力单位不断向好发展。综上所述，本人现已具备高级会计师的任职资格，特申报参与评审。

事业单位业绩报告示例 2

本人×××，女，19××年××月出生，毕业于×××××专业，××××学历，于20××年取得中级会计职称，现担任×××××中心×××××一职，主要从事账务会计核算监督、记账、编制会计报表等工作。

一、思想道德建设

为符合新时期财务人员的工作要求，本人始终坚持用科学理论来武装自己的头脑，在政治上遵纪守法，信念坚定，重视理论学习，积极学习党史、强国理论、国家法律法规及规章制度，认真领悟并宣传国家的政策方针，积极响应党的号召，做到理论联系实际，在行动、思想上始终同党中央保持一致，有较高的思想政治和政策执法水平。同时，为了进一步提升职业操守，本人认真学习《宪法》和《会计法》等法律、法规。在日常的财务工作中，本人坚持实事求是的态度，踏踏实实地做好各项工作，始终保持与时俱进、开拓创新的精神状态；始终以耐得平淡、值得付出、默默奉献作为行为准则；始终把增强服务意识作为一切工作的基础；始终保持严谨、细致、扎实、求实的工作作风，脚踏实地做好本职工作。本人坚持原则，不谋私利，秉公办事，廉洁奉公，得到了领导和同事们的一致认可。

二、专业学习、论文研究情况

1. 继续教育、学习情况

"勤学如春起之苗，不见其增，日有所长"，为增强自身专业技能、克服本领恐慌，本人十分重视政策理论和会计业务学习，积极学习会计及业务相关的国家法律法规及规章制度。20××年至今，本人坚持参加每年度会计人员继续教育培训以及公需科目继续教育培训，并顺利取得了合格证。除此之外，本人通过自学，刻苦钻研电算会计实用操作技能，能够熟练操作微机会计软件。通过学习培训，本人不仅增加了自身的专业知识储备，还增强了会计实务的处理能力。

2. 独立撰写并发表2篇优秀论文

本人坚持理论与实际相结合，通过开展业务调研、总结个人经验，独立撰写并于专业学术期刊上发表了2篇财务管理方面的高质量论文，具备了履行高级会计师职务的学识水平。20××年××月，本人在国家级刊物《×××××××》发表《××××××××》，是针对……情况，就……问题所做的理论研究结果，提出了……观点，对于解决……问题具有一定的参考价值；20××年××月，在国家级刊物《×××××××》发表《×××××××××》，是针对……情况，就……问题所做的理论研究结果，提出了……观点，对于解决……问题具有一定的参考价值。

三、工作业绩情况

（一）主持建立健全内部控制体系，提升单位内部管理水平

加强财务制度建设，不断完善单位的财务管理和会计核算制度，能够增强单位管理效能。20××年—20××年，本人立足任职单位实际情况，主持开展制度建设工作。其

中，20××年—20××年，本人先后主持制定《××××××××》《××××××××》；20××年—20××年，先后主持制定《×××××××》《×××××××》；参与了《×××××××》等多项制度办法的制定，明确了相关工作流程，有效规范相关财务工作开展，推动绩效考核工作顺利开展，科学评价单位同事工作情况，得到单位同事与领导一致好评。同时，为使单位员工尽快熟悉内部监督管理体系，并落地实施，本人又积极开展培训，组织单位员工对内部监督管理体系内容进行学习，对体系不完善的内容进行修改，确保各项制度符合单位发展节奏。成功实施上述措施，加强了对财务工作的监督，建立健全了单位内部控制体系，提升了单位内部控制水平。

（二）主持开展会计核算工作，降低单位经营成本

开展会计核算，可以检查、监督和考核预算和成本计划的执行情况，反映单位成本水平。因此，20××年—20××年，本人坚持以身作则，实事求是，依据单位规章制度，严守报账手续；按时进行会计核算，强化收支管理，严格票据管理，严禁直接坐支和设立"小金库"等行为；运用电算化知识记账、编制会计报表并核对账目，严格控制单位公务开支，杜绝徇私舞弊、铺张浪费行为。成功实施上述措施，提高了会计信息质量，构建起了全面的成本管理思维，从单位整体运营的视角更宏观地分析并控制了成本支出，为单位领导提供了关键有效的成本分析支持。

（三）完善资产管理基础，提升单位资产使用效能

为进一步提高单位的资产管理水平，20××年—20××年，本人积极查找单位资产管理中的不足并有针对性地进行优化。首先，协同相关人员共同编制资产管理制度，要求对单位资产进行分类，并配备兼职的资产管理人员管理资产账务，强化对资产使用全过程的监督管理；其次，做好单位票据账簿及相关合同与××××设计资料的归案整理，定期进行财产核对清查，加强国有资产管理；最后，通过成立清欠小组，制定清欠方案，加紧完成村林业世行贷款和历年应收款的清收工作。成功实施上述措施，全面摸清了单位资产情况，共清理盘查资产×××万元，累计收回应收款项××万元，减少了单位呆账、坏账，减少了国有资产损失，保障了单位的资产安全。

（四）主持加强林业资金管理，保证国家资金落实到位

20××年—20××年，本人牵头主持开展林业款项收缴工作。在每年度依法开采森林资源工作中，本人提前做好谋划，做好开采资源数量盘点，核算竹木税费，并按时完成收缴工作，累计完成税费及罚款收缴××余万元；在林政清查整顿工作中，通过反复核对财务账目以及往来付款凭证，顺利完成违法违规罚款以及造林押金收取工作，确保每笔款项足额收取到位并及时上缴至县林业局或国库统一管理。

（五）统筹村账会计工作，保障镇村财务工作正常开展

20××年—20××年，本人统筹开展镇村财务工作。本人秉持着客观细致严谨的工作态度，坚持×××工作原则，严格贯彻财务纪律，依照财务报账制度、会计基础工作规范和国家法律法规要求，定期对××个村××个社区的账务进行会计核算和管理。此外，本人通过自学，利用会计软件进行会计记账、编制会计报表，提升了会计信息质量，做到会计信息的真实合法、准确完整，同时分析并监督各项资金的使用流向，发现异常

及时堵塞漏洞，维护财务纪律，充分发挥了对村级财务的核算监督作用，其中，20××年通过资金督查发现××村前年度××项目支出不相匹配，经核查发现多支出×××元，本人及时整理相关账目资料，与对应人员及项目承包人进行对接沟通，最终全额追回，有效维护了财政资金安全。

（六）包揽乡镇琐碎工作，保障乡镇机关正常运转

由于乡镇的农村工作杂而多，涉及农村脱贫攻坚、拆旧复垦、防汛抗旱、安全生产、违法用地、农村矛盾纠纷处理、民意调查、村级换届选举、县乡人大代表选举、养老保险医疗保险催缴等多个方面，因此，20××年—20××年，本人做完村账之余，积极听从工作调遣，尽职尽责，圆满完成了领导交代的各项工作任务。尤其是在2020年以来的新冠肺炎疫情防控和疫苗接种工作中，本人和同事加班加点，走乡入户，督促村民及时完成疫苗全面接种，同时全面排查清理疫情风险点，并及时完成数据整理工作，为领导层做出疫情防控决策提供了科学参考。成功实施上述措施，保障了一方领地平安，产生了极大的社会效益，为群众的生命安全和社会经济正常运转做出了巨大贡献。

（七）主持人才培训工作，提升干部财务管理能力

20××年起，自本人担任村级财务管理工作以来，为不断提升村干部的财务管理能力，推动财务工作顺利开展，落实各项政策办法，本人积极开展人才培训工作，每年召开村级财务培训会议，先后进行《××××××××》学习、财务会计基础知识培训、加强村集体财务管理和村利益分红、工程项目的业务结报履行程序等系列培训。此外，为了更好地完成镇村报账工作，在报账工作开展前，本人组织村报账员及有关村干部开展培训工作，帮助其了解报账工作流程，确保报账工作顺利完成，得到党委政府高度赞扬。

四、自我评价与未来展望

本人在工作上的努力，在相当大程度上得到了上级领导和同事的认可，但是作为一名具有多年财务工作经验的工作者，仍深知自己需要不断地努力学习、努力进步，才能更好地适应新时期的财务工作。因此，本人在以后的财务工作中，会继续勤奋刻苦，不断增强自己的专业技术能力与学习能力，实现财务工作上的进一步突破。综上所述，本人现已具备任职高级会计师的资格，特申报参与评审，期待能在高级会计师的岗位上发挥出更大的作用。

优秀论文赏析

对通信企业固定资产全过程管理的研究

摘要： 对于通信行业来说，通信企业固定资产占比较大。尤其是一些规模相对较大的通信企业，经过长期的发展，企业在管理模式、服务体系、技术手段、经营业务等方面获得了有效的发展，企业的资产数量也呈剧增趋势。在资产基数庞大、资产结构复杂的情况下，加强固定资产管理工作尤为重要。本文以固定资产的全生命周期为依据，分析通信企业固定资产全过程管理中的问题，并针对固定资产管理工作提出相应的改进对策。

关键词： 企业；固定资产；全过程管理；研究

引言

我国财政部门在会计准则中对"固定资产"这一概念进行了明确规定，即因产品生产、提供劳务、经营管理、租赁等活动而持有的资产，且使用寿命超过一个会计年度。于通信企业而言，固定资产一般是指安置在机房和基站的网络设备、铺设的管道、购置的房产等。在开展固定资产管理的过程中，通信企业需要兼顾企业的整体状况，从投资立项、建设施工、日常管理、报废处置等环节入手，实现对固定资产的全过程管理，以达到降本增效的目的。

一、通信企业加强固定资产全过程管理的必要性

调查发现，2020年，我国通信企业为了完成网络共建共享计划，共投资固定资产3730.7亿元，同比增长9.9%。数据显示，通信企业的固定资产在企业总资产中占比越来越大，投资规模也呈上涨趋势。对于通信行业领域来说，通信企业的固定资产包括网络设备、管道光缆、交换机服务器、房屋等。由于其业务内容的特殊性，通信企业的固定资产还具备分布范围广泛、流动性高、更换频繁、管理复杂等特征。由于通信企业的固定资产占比较高，加强固定资产管理可以避免因管理不善带来的重复采购、资源浪费错配等问题，有效节省了企业的采购成本。同时，现代化的通信企业在社会服务过程中发挥着支柱型作用，加强固定资产管理可以保障通信安全，避免通信事故，避免企业经济损失。此外，从固定资产的全生命周期入手，加强固定资产管理有利于实现企业资产购置、资产运作和资产评价等环节的一体化管理，及时发现资产管理缺漏的环节，并做好整改工作，进一步规范企业的固定资产使用行为，也能够提高企业整体的管理水平。

二、通信企业固定资产全过程管理各环节存在的问题

（一）投资规划立项环节

在投资规划立项环节，固定资产管理存在的问题主要体现在以下两个方面。其一，决策审批流程执行不到位。部分通信企业对固定资产的投资往往以年初总预算为依据，并结合项目完成时间，将资产投资活动平摊到季度。但过于依赖预算方案，没有考虑到实际需求，会出现投资审批走过场或预算部门为了完成任务突击投资等现象，引发严重

的浪费问题。其二，对投资决策缺乏事前预测。基于投资回收理论，企业的任何一项决策都应当在事前进行分析和评估，了解投资收益率、风险性和回收期等，验证投资项目的合理性和可行性。但通信企业对于固定资产投资未能进行合理计算，仅以事前预算判断实际投资资金，基于最低收益率编写可行性报告，影响了管理层的决策判断。

（二）采购环节

通常情况下，企业针对固定资产采购需要事前编制投资预算，在战略导向下，从全局角度考虑采购活动的成本效益性。但部分通信企业没有对采购活动进行统筹规划，各部门以自身的需求为主。例如，在采购环节，通信企业基站铺设管道需要采购相应的材料，对老化管道进行维修替换也需要采购材料，如果没有开展事前规划，可能会造成采购重复和资源浪费；同时，大规模的采购物资在仓库中闲置，不仅会占用企业的流动资金，还会增加管理成本，部分材料还可能会因为长时间不用而出现损坏等问题，造成严重的资金浪费。

（三）建设施工环节

在建设施工环节，固定资产管理存在以下问题。其一，对于一些已经竣工的项目工程，由于施工周期较长，在安排不合理的情况下，基建工程项目未能及时投入使用，项目维护成本高，在一定程度上会影响企业投资效益。其二，施工建设过程中，对库存物料管理有疏漏。企业仅以工程质量、施工安全和基站信号等为业务评估指标，但对于施工环节的材料领用和投入使用等关注较少，造成材料混乱等问题。其三，在建设完工以后，通信企业的工程建设部门大多只注重投资指标的完成，未能及时做好固定资产转资工作，固定资产折旧出现少提或不均衡等现象，不仅会影响企业利润指标，还会给企业的审计工作带来风险。此外，过分依赖监理单位，会造成监管不严。通信企业通常会针对不同的施工项目设置专门的监理单位对施工方案设计和施工现场进行监管，但对于监理单位疏于管理。尤其在企业投资额度越来越大的情况下，监理工作如果无法全面覆盖企业项目施工的全过程，也会影响到固定资产的实际使用效率。

（四）日常运维环节

通信企业对固定资产的日常运行维护主要表现在日常管理、资产维修等环节，这一阶段的管理问题主要表现在以下方面。在实物管理层面，通信企业对固定资产的实物管理依赖资产卡片信息，管理人员也大多为分散在各基站的维护人员，资产管理与维护一般由相应岗位人员在规定时间内去检修，企业通常只负责固定资产的实物信息变更与管理，但对资产实际价值变化了解较少，也无法准确地在账面卡片信息中反映出来；同时，财务部门对固定资产相关信息无法有效获取，在财务处理环节出现财务账面的资产信息与业务部门的实物信息不一致等现象，尤其是资产调拨环节，部分业务部门人员没有严格履行手续，长此以往，账实不符情况也会相对严重。从资产价值层面，固定资产的实际价值与实物资产的管理息息相关。但通信企业的部分固定资产以组件形式存在，如蓄电池组，在资产目录上通常被设置为单个资产，但它实际上包含多个价值差异较大的零部件。企业在更换这一类资产时，如果对资产实际价值了解不清，资产价值信息更新不及时，最终会造成系统录入的财务信息与固定资产实际价值差异较大。

（五）资产盘点环节

通信企业的固定资产大多具备数量多、分布广、类别多等特点，固定资产盘点的工作量也相对较大。部分信息化程度高的通信企业，在现阶段引入了信息化盘点方式，即APP现场盘点的方式，这在一定程度上可以减少财务人员的工作量，并提高资产盘点效率，但并不能解决资产盘点人力成本高居不下的问题。同时，大部分通信企业为了节约时间，资产盘点间隔时间较长，通常为每半年或一年全面盘点一次。在这种管理模式下，固定资产管理相对松弛，不规范操作行为无法得到及时有效的遏制，容易出现资产丢失、损坏、闲置等问题，再加上资产变更信息相对滞后，严重影响了通信企业的固定资产管理成效。

（六）报废处理环节

一方面，通信企业的资产报废处置存在不及时现象，即企业虽然针对资产管理工作制定了报废处置流程和操作要求，但在实际执行过程中，对资产审查存在遗漏，部分需要报废处理的资产时隔半年以上才能够进行统一处理。这就导致这一部分资产长期存在于财务账目，不利于会计核算工作的准确性。同时，同一时间处置报废资产，且资产报废处置净值价值较高，可能会影响到企业的全面损益，甚至引发审计风险。另一方面，通信企业固定资产报废处置制度的执行缺乏灵活性。对于一些原始价值较高的固定资产，虽然使用时间较长，且折旧计提已经足额，但资产实际损毁程度较小，仍旧可以继续投入使用，或者经过低成本改造以后还可以延长报废时间。但企业的相关人员依旧按照规章制度对已经到达使用时间的资产直接进行报废处置，并采购了新的资产。这种处理方式看似完成了企业全年的投资目标，但实际上增加了企业的运营成本。

三、通信企业加强全过程固定资产管理的有效对策

（一）提升资产管理责任意识

通信企业基于全过程开展固定资产管理，必须要提高企业员工对固定资产管理工作的认可程度，从思想意识上加强员工的责任感。具体来说，通信企业的管理层人员在关注企业利润指标的同时，也要考虑到成本问题，关注固定资产采购、运营、折旧、处置等环节中涉及的费用，通过制定规章制度、组织人员培训等方法，让执行层人员能够依照制度办事，同时将固定资产管理工作落实到专业的部门和岗位层面，配备高素质的管理人才，并对资产负责。此外，通信企业还需要注意信息沟通渠道拓展的问题，以提高部门沟通效率为目标，搭建完备的固定资产管理系统，并与其他财务系统和业务系统进行端口对接，及时转换实物与价值之间的信息，打通部门壁垒，从管理层面杜绝信息阻塞的问题。

（二）注重投资规划立项管理

投资规划立项环节是通信企业基于全过程开展固定资产管理的首要环节。在这一重要阶段，通信企业应当由投资部门牵头主导，在工程建设部门、财务管理部门、网络信息部门的配合下，制定采购预算方案，并落实到实际工作当中。一方面，通信企业需要规范项目投资决策的基本流程，对于固定资产的投资与立项需要做好项目事前评估，确定投资净现值、收益率等指标，编制固定资产投资立项可行性报告，经过专业部门的讨

论商榷以后，再进入项目立项程序。另一方面，通信企业需要从企业整体的预算规划入手，制定年度预算方案。在固定资产采购方面，对管理层下发的预算目标进行分解，结合各部门与项目的实际需求对预算数据进行调整，形成最终的预算方案；同时，跟踪各部门的预算执行情况，结合市场变化和实际需求，及时调整资产采购计划，既要保证预算执行率，还要避免无效采购问题。

（三）加强采购管理

从采购环节来看，制定完善的采购审批流程尤为重要。在这一过程中，由业务部门主动提出业务需求与采购请求，采购部门收到采购申请以后，核对月度预算目标，在网上公开招标信息，经过采购部门、财务部门和法务部门的共同审批，确定采购合同，并与供应商约定采购价格与到货时间；采购部门与库存管理部门做好质量验收与交接工作，将尚未使用的物资转移到仓库当中，并发往施工现场。通信企业可以要求各部门严格依照该流程开展采购工作，确保采购过程的规范性。此外，通信企业还需要注意对招标环节的管理，事前确定采购招标的基本要求，对供应商资质进行规定。部分预算金额较大的项目，例如管线维护等，在选择供应商时，需要了解材料市场价格波动情况，以内部最低预期价格为标准，在保证产品质量的基础上，落实采购成本效益原则。

（四）注重建设施工管理

首先，以项目施工周期为依据，事前做好竣工项目的投入使用规划，避免已经竣工的建筑设施长期闲置，影响实际使用价值；其次，落实材料领用责任机制，要求各施工部门按需领取材料，并对材料浪费行为进行惩处，增强施工人员的节约意识；最后，建立完善的监理机制，不仅可以保证工程质量，还能够避免出现材料浪费的问题。通信企业虽然可以聘请专业的监理人员对施工过程进行监管，但也需要指派内部人员不定期开展抽查，加强对施工环节中材料实际使用情况和设备机械调度情况的监督，防止材料浪费或设备闲置。在竣工结算环节，由资产管理部门的人员进行设备调试、资产盘点等，通过实地现场考察与管理工作，保证监管工作全面覆盖建设施工环节。此外，竣工结算环节也是对固定资产价值数据进行校验的关键环节，通信企业的财务部门可以将工程项目总支出数据与初始预算目标进行对比，对于部分预算执行率差异高于10%的项目，需要建设单位编制书面说明。同时，对已经形成的资产信息进行维护，并做好资产价值分摊，将最终生成的固定资产实物信息录入系统，实现固定资产信息革新，为会计核算工作提供更可靠的信息支持。

（五）加强资产日常运维

对于通信企业来说，资产日常运维应当注重以下几点，其一，明确资产管理的责任人，落实"谁使用，谁负责"的基本原则。如果资产在使用过程中出现损坏，则需要按照资产账面价值，由个人进行赔偿。例如，网络质量设备由网络运维部门的网络支撑组人员负责，地面管线铺设相关的设备则由网络部门的运行维护人员负责。对资产贴标签，可以增强相关部门人员的责任意识，促使其在职权范围内管理资产。其二，注意闲置资产的盘盈盘亏。闲置资产的存在不仅占用了企业的流动资金，还影响了资产的使用效益。因此，通信企业应当按照相关规定，每年对固定资产进行一次彻底清查盘点，由财务部门与资产管理部门共同参与，基于资产条形码对资产信息进行核对，了解闲置资产的存量，采取资产变卖、资产租赁等方式，做到物尽其用。

（六）规范资产报废处置

一方面，通信企业需要明确报废处置的审批流程，由业务部门对一些逾期的资产数据进行统计，提交报废处置申请至管理层；管理层人员审批以后，经财务部门审批以后，将报废的资产转入固定资产清理科目，并及时做好资产处置工作。另一方面，通信企业还要注意对废置的固定资产进行妥善处理。实际上，在确定固定资产账面价值达到报废标准以后，还可以增加一项环节，即由业务部门进行进一步审核，从技术层面确定该项资产是否可以在低成本的改造与维护下继续投入使用，发掘资产的潜在价值，也能够达到控成增效的目的。同时，无法再投入使用的资产应当由专员通过招标或拍卖的方式进行处置，可以加快企业资金回流。

（七）借助物联网技术提升资产盘点效率

物联网技术是互联网时代的产物，在互联网的基础上进行拓展和延伸，利用信息传感设备形成巨大的信息网络，可以实现各种信息在不同时间与空间下的快速传输。针对通信企业固定资产管理账实不一致的问题，通信企业可以充分利用 SN 码，从采购源头对不同种类的固定资产进行编码，建立统一的系统平台，并将固定资产种类、价格、规格、用途、所处位置等信息进行统一录入，由系统对固定资产进行分类管理，并及时反馈资产的入库和出库信息，企业相关人员也能够通过该系统了解资产的库存情况和使用状态，可以有效避免资产丢失、查找困难、配置不均衡等问题。同时，物联网技术也可以应用到资产盘点工作当中，财务部门的人员可以通过信息共享技术，随时获取固定资产的相关信息，极大地减小了部门的资产盘点工作量，协助部门人员开展固定资产管理工作。

四、结语

综上所述，对于通信企业这一类固定资产数量多、价值高、管理难度大的企业来说，加强固定资产管理工作将直接关系到企业的长效发展。基于此，通信企业应当尽快转变管理理念，以固定资产的全生命周期为依据，对不同阶段的固定资产管理制定差异化的方案，最大限度地避免资产价值流失现象，提高资产使用效率，进一步提升企业的经济效益。

关于事业单位业财融合的思考及应用

摘要： 随着我国社会经济的快速发展，人民生活水平不断提高，对于生活服务质量也有了新的要求。在此背景下，事业单位作为我国公共服务体系中的重要组成部分，应当通过自身制度改革提高单位管理水平，进而为社会公众提供更为优质的服务。业财融合作为一种新型管理理念，能够有效促进单位财务部门和业务部门相互了解，进而提高单位工作质量和效率，因此事业单位应当积极将其引入管理系统。本文从事业单位开展业财融合的必要性、当前事业单位业财融合存在的问题、完善事业单位业财融合的具体措施三个角度进行分析阐述，希望能为事业单位开展业财融合工作提供一些参考建议。

关键词： 事业单位；业财融合；应对策略

引言

随着互联网信息技术的快速发展，世界逐渐步入互联网数字化时代，人们的思维模式以及思想观念发生了翻天覆地的变化，给国际各行各业的发展带来了十分深远的影响。如今，越来越多的单位和企业开始将信息数字技术引入自身的管理系统，以此作为组织业财融合管理的有效工具，并取得了一定成效。但是由于实践经验的缺乏，事业单位在开展业财融合过程中遇到了一些问题，比如对业财融合缺乏正确认知、财务管理制度不够完善、信息系统开发程度有限等，因此有必要对以上问题进行探讨分析。

一、事业单位开展业财融合的必要性

（一）为事业单位财务管理提供保障

事业单位的财务管理工作涉及面较广，因此在预测和分析方面难度较大。开展业财融合工作，可以使事业单位财务部门及时了解业务部门的工作进展，以其工作报告为依据对内部环境进行分析，为事业单位的财务管理工作质量提供保障。

（二）降低事业单位财务风险

事业单位不同于社会其他组织机构，其运营管理经费通常来源于国家或地方财政拨款支持，因此不需要直接参与激烈的市场竞争，对财务风险的管控意识稍有不足。而事业单位开展业财融合工作，财务部门则能通过对业务工作的了解，进而快速发现当前管理工作中存在的潜在风险，并制定相应的预防和应对措施，降低单位的财务风险。

（三）提升事业单位资源使用效率

事业单位的本职工作在于为社会提供公共服务，而社会效益和经济效益的实现需要消耗内部资源。事业单位通过业财融合工作，使财务部门和业务部门高效沟通和配合，明确双方的管理目标，将资源直接投入核心业务项目，尽可能降低运营管理成本，提高内部资源的使用效率。

二、当前事业单位业财融合存在的问题

（一）对业财融合缺乏正确认知

对于事业单位的管理工作而言，业财融合工作的进行，首要条件是要在单位内部树

立业财融合管理理念,通过优化内部环境来促进业财融合工作的顺利进行。但是当前部分事业单位对业财融合工作缺乏正确认知,进而对业财融合工作不够重视,具体表现在三个方面。首先,由于事业单位的运营管理经费由财政部门拨款支持,不需要直接参与激烈的市场竞争,因此部分事业单位对财务管理工作不够重视,对其管理观念的革新也漠不关心;其次,部分事业单位的管理层对业财融合存在一定偏见,认为财务部门无须与业务部门协调配合,只需做好财务数据的核算整理工作即可;最后,部分事业单位的业务部门和财务部门认为完成好自身部门的工作指标即可,对其他部门的工作进展漠不关心,缺乏业财融合的动力。

(二)业财融合管理制度流程不完善

与其他管理工作类似,业财融合工作的开展亦需要完善的管理制度流程作为执行依据,但是当前部分事业单位的业财融合管理制度流程不够完善,具体表现在三个方面。首先,财务人员在缺乏对业务工作深入了解的前提下,没有结合单位业务活动的管理需求,匆匆制定业财管理制度流程,使得业财融合管理制度流程与业务活动出现脱节现象;其次,业务部门在设立管理程序时,因财务部门未参与其中,许多程序流程未能考虑全面,存在诸多缺陷,在后期执行工作中不能发挥应有的作用;最后,部分事业单位未能对业财融合工作进行全程监督管理,对于事前、事中以及事后的重视程度不一,比如过于重视事后考核,而对事前分析准备、事中执行工作不够重视。

(三)人员专业素养有待提升

事业单位的管理工作由单位人员负责执行完成,因此执行人员的专业素养直接影响业财融合工作的实际成效。人员专业素养不足的问题主要体现在三个方面。首先,财务人员对新时期财务管理要求不够了解,部分事业单位的财务人员还秉持会计核算的财务管理理念,并未意识到财务部门的职责应朝着单位决策规划管理的方向发展;其次,财务人员对业财融合的内涵和作用缺乏认知,没有认识到财务部门和业务部门协调配合、高效沟通的必要性,阻碍了事业单位业财融合工作的顺利进行;最后,相对于业务部门,财务部门的工作内容涉及专业内容较多,多数业务人员并不能准确识别其专业词汇的具体含义,由此对业务部门和财务部门的业财融合工作带来了沟通壁垒,并引发了业务人员的负面情绪。

(四)信息系统开发程度有限

事业单位开展业财融合工作,必然要加强财务部门和业务部门的沟通交流,从而促进双方协调配合,实现业财融合管理目标,提高单位经济效益和社会效益。而两部门甚至多部门的沟通交流,必然需要借助单位信息系统来实现,但当前部分事业单位信息系统的开发程度有限,未能为单位的业财融合工作提供强大助力,具体表现在两个方面。首先,事业单位的财务人员和业务人员并不具备熟练操作信息系统的能力,使得信息系统在业财融合管理工作中发挥的作用有限,未能明显提升信息沟通和处理分析等工作的效率和质量;其次,部分事业单位缺乏信息系统的使用经验,只是利用信息系统处理一些简单的财务核算以及信息收集等工作,未能将单位财务部门与业务部门的信息系统融合,实现两部门数据的对接整合,导致出现信息孤岛现象。

三、完善事业单位业财融合的具体措施

（一）加强事业单位对业财融合的认知

要加强事业单位对业财融合的认知，可以从三方面着手。首先，事业单位要在内部树立健康良好的业财融合管理理念，通过自上而下的方式加深事业单位对业财融合的理解。单位负责人要发挥领导表率作用，积极主动学习了解业财融合相关知识理论，在对其深入理解的基础上，认识到业财融合对事业单位健康长远发展的积极作用，并投入资源促进业财融合工作的顺利进行；其次，单位管理人员要对财务管理工作重视起来，动员单位人员革新财务管理观念，使其积极参与到业财融合工作中；最后，单位管理人员要借助合理的绩效考核制度，将工作侧重点放在业财融合工作上，增强业务部门和财务部门融合动力，加快业财融合工作进度。

（二）完善业财融合管理制度

在完善业财融合管理制度方面，事业单位可从以下三个方面着手。首先，财务人员在制定业财融合管理制度之前，需要前往业务一线环境，深入了解业务部门的工作内容以及工作需求，进而完成业财融合管理制度流程的制定工作，确保其制度具备可行性和合理性，为业财融合工作开展奠定良好的基础；其次，业务部门在完善自身业务管理程序时，也要邀请财务部门人员参与进来，借助财务管理知识理论对现有的程序流程进行改进和完善，保障制度流程的全面性和科学性；最后，事业单位要对业财融合的执行工作重视起来，设立完善的监督管理制度，全程对其执行工作进行严格把控，确保事前、事中、事后的相关管理流程都能得到有效执行，确保预设管理目标的高质量完成。

（三）提升人员专业素养

事业单位应当重视单位人员的专业素养提升，以人员个人能力带动单位业财融合的顺利推进。事业单位可从三方面提升人员的专业素养。首先，新时期对事业单位提出了新要求，因此事业单位的财务管理也面临着转型。财务人员要及时调整自身工作管理理念，摒弃传统财务核算观念，转变为为管理层提供决策规划服务的管理理念；其次，财务人员要加快自身新知识、新理论的学习，主动学习了解业财融合的内涵和价值，并认识到新时期财务部门和业务部门的结合对企业财务管理和业务管理工作的积极作用，提高部门沟通配合的积极性；最后，由于财务管理工作具有一定专业性，使得两部门沟通效率较低，为了打破双方在沟通方面的障碍，财务部门可为业务部门提供技能培训服务，为业务人员讲解基础财务管理理论和管理方法，同时可在双方的沟通交流报告中，酌情对某些专业词汇以及语句表达进行简化或通俗处理，降低业务人员的理解难度，提高沟通效率。

（四）强化信息系统应用能力

互联网信息技术的发展，为事业单位开展业财融合工作提供了可靠的交流工具。因此事业单位要加强信息系统的应用能力，开发信息系统各项管理功能，使其在业财融合工作中发挥更大的作用。事业单位可从两方面着手。首先，鉴于事业单位工作人员未熟练掌握信息系统的操作方法，管理层可根据自身业财融合的工作需求，邀请业务专业人士来为员工讲解信息系统的操作方法，定期开展技能考核活动，并将学习结果与绩效考

核挂钩，激发员工的学习主动性，确保员工能有效提升信息系统的操作水平；其次，针对事业单位信息系统开发程度较低的问题，单位可从外界引入优秀专业人才，对单位的信息系统进行改进升级，同时在员工信息系统应用能力提升的前提下，将财务部门、业务部门等多部门的信息系统实现数据对接，打破信息孤岛效应，促进单位内部的信息沟通交流。

四、结语

综上所述，事业单位开展业财融合工作，能够有效提高自身财务管理水平，促进财务部门和业务部门深入了解，促进部门之间协调配合，提高内部资源使用效率，更大限度发挥自身社会公共服务职能。由于本文篇幅有限，无法将所有涉及业财融合的问题一一进行详尽分析阐述，因此希望事业单位在实际工作中积极探索和学习，从而总结出适合自身的业财融合管理体系，在提升自身管理水平的同时，为我国社会主义建设事业贡献一份力量。

建筑施工企业管理会计体系建设研究与思考

摘要： 在经济新常态背景下，我国的建筑行业发展态势良好，产业链不断完善。为了进一步推动建筑行业的平稳发展，近几年国家有关部门先后出台一系列政策文件，使得行业市场内部竞争更加规范。建筑施工企业正在面临良好的市场机遇，管理会计的兴起同样为建筑施工企业的发展提供了强大助力。合理应用管理会计工具、促使企业财务转型升级显然已经成为各大企业改进财务工作的一项必然举措。本文从建筑施工企业应用管理会计的价值着手，分析了其应用的现状，并从多个方面讨论了相应策略，旨在帮助建筑施工企业进一步建立完善的管理会计体系。

关键词： 建筑施工企业；管理会计；现状；体系建设

引言

为了进一步加快管理会计转型进程，我国财政部陆续发布管理会计指导文件，主要有《管理会计基本指引》《会计改革与发展"十三五"规划纲要》等，这些文件成为各企业、各单位实现财务转型、贯彻实施管理会计的主要参考依据。管理会计的兴起标志着会计改革进入新的阶段。对建筑施工企业而言，以会计核算为主的传统财务工作模式显然无法满足实际需求，因此建筑施工企业在新时期必须及时更新财务思维，体现管理会计的价值，达到强化财务管理并为企业切实效益服务的最终目的。

一、建筑施工企业应用管理会计的价值

管理会计的工作重心、服务主体、工作标准等与财务会计有所不同。财务会计面向过去，主要是收集、分析会计信息，出具财务分析报告，反映企业财务状况、盈利水平。而管理会计使用灵活多样的数据分析方式，以人为本，面向未来，从战略层面出发，对企业经营活动实行全方位监控，突出管理职能，为战略规划、决策制定等提供支撑，服务于企业内部管理，可嵌入各个管理环节，应用范围广泛，不受会计准则的完全限制。

经济新常态背景下，我国建筑行业虽然整体发展态势良好，但经济效益增速减缓，行业内部竞争局势愈加险峻。建筑施工企业正面临低增长率、低利润率的现实困境，要想实现稳定长远发展、增强自身核心竞争实力、同步提升效益与项目质量，必须与时俱进，积极引进并全面应用管理会计。其应用价值如下：

（一）有利于为决策制定提供参考

建筑施工企业管理会计岗位主要负责分析经营情况、传递财务信息、完善会计制度等。建筑企业管理会计人员必须涉足财务专业、管理学、经济学等多个领域，同时还必须涉及生产经营方面的专业学习，了解建筑施工企业在生产经营与生产实施过程中的主要关键环节，对建筑行业的各种营造类型加以深入的了解，合理运用管理会计工具，如战略地图、生命周期成本法、预算管理等，为企业决策者提供制定比较经济方案的参考。

（二）有利于规划企业财务管理信息

建筑施工企业应用管理会计，整合、汇总财务信息与非财务信息，一方面对财务数

据的变动情况加以分析，规划财务管理信息；另一方面深入了解前端业务，兼顾局部与全局，精细加工、延伸历史数据，形成基础数据库。建筑施工企业的经营方式与生产模式具有特殊性，其整体产业结构不会因年代变化而变化，但经营数据与价格指数会随着发展而变化，管理会计可从数据库中提取数据与市场价值做比较，针对业务发展给予专业的远景规划与建议。

（三）有利于充分了解企业经营问题

管理会计以报表形式直接反映经营状况，在全面获取财务信息、非财务信息的同时，通过横向比对、纵向深入，找出管理缺陷与问题，分析主要形成原因，如实向上级汇报。基于建筑施工企业会对设计、设备采购、工程材料采购、工程设备租赁的价格，企业项目管理的成本，劳动力成本，国家对企业生产经营的征税，企业预期的利润指标等各种数据进行汇总、整理，以客观的态度来预测提供企业与项目所需要的参考依据。

二、建筑施工企业管理会计应用现状分析

（一）对管理会计的认知有偏差

尽管新时期管理会计受到了大力推广与广泛应用，多数企业已经陆续引入管理会计，但仍有部分建筑施工企业的管理会计应用效果不佳，归根结底是存在经营生产的传统习惯限制，对管理会计的认知有偏差，对管理会计如何应用等没有更加深入的了解与认知，没有引起思想层面的高度重视。例如，有的建筑施工企业对管理会计的内容与作用认知不到位，在传统财务思维的限制下，认为管理会计无非就是算账、报账，且未能设置专门的管理会计部门或组建一支更加专业的管理会计小组，最终导致管理会计实施效果不佳，无法为企业经营管理、决策制定等服务。此外，建筑施工企业生产经营方式相对单一，通常将管理会计与传统财务会计相对等，重心放在基础性工作上，不理解管理会计对企业的真正作用。还有的建筑企业对管理会计的宣传力度不够，普及范围不全面，导致很多员工认为管理会计仅是财务人员的工作，与项目部建筑业务部关联不大，缺少积极的配合，不利于管理会计的应用。

（二）管理会计职能发挥受限制

改革开放以来，建筑施工企业从国内走向了国际舞台，项目的类型比以往更加繁多，业主的投资方式也趋于多样性。此时，管理会计的作用就非常明显。由于建筑施工企业一直在传统的观念和模式下运行，即便是建筑行业的发展有了新的方式和新的市场，但有的建筑施工企业在财务管理方面依然遵循老式的核算方式，管理会计的职能发挥受到明显限制。建筑施工企业对管理会计的定位模糊，缺乏前瞻性和预期性，通常偏向于成本控制、利润预测等，应用范围狭窄，仅仅停留经济效益上。因财务管理体系多个环节缺位，管理会计根本无法在预算管理、绩效管理等方面发挥作用，且无法对企业项目建设、经营管理等实行全方位监控。

（三）管理会计人才较为匮乏

管理会计与财务会计相比有着明显的区别，要想保障管理会计的有效应用，必须配置专业的管理会计人员，新时期企业管理会计人员既要具有丰富的理论知识储备与实践经验，还要熟悉管理会计工具、技术方法等。但目前部分建筑施工企业管理会计人才较

为匮乏，一般都是建筑财务人员兼任管理会计；有的建筑施工企业仅仅偏重于生产经营的短期效益，未考虑企业的未来发展，甚至未考虑企业中长期的发展，因此并未单独设置管理会计岗位。到了需要用管理会计为企业或者决策层出谋划策之际，这些企业往往会陷入"有心无力"的困境与尴尬，无人领头、无人执行、无人监督，最终导致管理会计无法全面应用。

（四）管理会计信息化建设有待加强

如今已经迈入"互联网+"时代，信息技术高度发达，各种新兴技术大量涌现。根据国家有关部门下达的指导文件，新时期管理会计的应用要与信息技术联系起来。对建筑施工企业而言，管理会计与互联网的结合使管理会计更多地向企业管理高层、董事会、总经理以及不同层级的项目管理者提供分析与预测，有利于企业决策层理性考虑企业面对各种复杂的环境和产品从而采取不同的对策与有效的方法。但是从目前的情况了解到，建筑施工企业管理会计信息化建设还没有提到议事日程，网络化建设尚待加强，即使有的建筑施工企业搭建了内部互通互联平台，但是财务信息与非财务信息还是难以实现有效对接，信息传递效率低，财务的传统工作和习惯做法出现明显的滞后性。还有一些建筑施工企业在一些基础性财务工作中，对信息技术的应用不足，只是采取简单的信息化手段将大量数据整合、分类，并未实现自动化、智能化处理，长此以往，财务工作压力不减反增，工作职能难以转变，显然不利于管理会计的顺利推进。

三、加强建筑施工企业管理会计体系建设的策略

（一）加大宣传力度，提高认知，正确定位管理会计

新时期，建筑施工企业向综合型、多样性的方向发展，会涉及企业间的合作、融资、投资、贷款等各种经济活动，仅采取传统的财务会计的工作手段很难适应企业发展的要求。因此，建筑施工企业要正确定位管理会计，建立企业的管理会计体系。管理会计在建筑施工企业中的实施要点可概括为选用工具、培养人才以及利用报告，而只有正确认知管理会计，了解管理会计方法，从思想层面予以高度重视，才是管理会计得以运营的基础保障。对此，建筑施工企业必须以《管理会计基本指引》为参考，在政策的引导之下，提高企业管理层对管理会计的重视程度，促使管理者及时转变思想观念，对管理会计的应用给予大力支持。同时，建筑施工企业应以管理层为榜样，从上至下形成全员重视、全员参与的氛围，适当加大宣传，通过内部宣传与专题教育培训，扩大管理会计相关知识的普及面，加深企业员工对管理会计的认知，在强化个人管理会计的同时，更新知识框架，在认识管理会计功能，明确管理会计的价值与重要性的基础上，主动配合管理会计的实施，为管理会计的应用与实施创造良好环境，进而真正地将管理会计在企业战略规划、决策制定等方面的作用体现出来。

（二）扩大管理会计适用范围，有效应用管理会计工具

管理会计在建筑施工企业的职能适用范围不限于建筑施工生产本身，还可以覆盖企业的所有市场、境内与境外的工程项目、融资合作项目、BOT项目、EPT项目以及其他企业间的合作项目等。建筑施工企业根据管理会计的工作原理对企业生产的规模、类型、成本、属性、成效加以分类分析汇总，总结其成败的原因，对共性项目的施工运行加以

归类，设置概算、预算、决算的成本增长最可能性的共同点，做出科学划分，由表及里，用管理会计的整合数据与综合数据对现行施工生产以及经济活动提供战略参考，编制科学预算，设立预期目标。建筑施工企业还应建立预算执行控制与监察点，强化预算执行过程的全面控制，及时发现预算偏差问题并查明原因，根据实际情况决定是否进行预算调整，并采用分段预算节点与绩效考核制度，应用平衡计分卡，从四个维度提取 KPI 指标，将企业战略目标逐步细分为可衡量的指标，完善绩效考核指标体系，实现客观且公正的综合评价，并将绩效评价结果与绩效奖惩直接挂钩，创新绩效激励手段，包括岗位晋升、绩效工资调整、荣誉表彰等，以此调动企业相关人员的积极性，将预算绩效的作用充分体现出来。

（三）立足实际，分步实施，逐步健全管理会计体系

建立健全管理会计体系是建筑施工企业能够确保管理会计实施以及其工具合理应用的一大前提。管理会计体系建设必须符合企业的实际情况，根据具体的需求来分步实施。第一步，建筑施工企业需要对工程项目进行可行性、安全性、经济性的研究。管理会计制度以建筑施工企业的工程项目为主要载体，前期侧重于项目规划、预算管理、节点的成本控制。第二步，管理会计人员分析影响项目开展时外部的有利与不利的环境因素、内部的优势与劣势自身因素，全面收集各环节的信息资料，包括总分包合同签订、工程设备与主体结构施工的材料采购合同、劳务合同、施工工期与节点的进度要求、施工措施与施工方案等，对施工生产的各个步骤实施量化数据的分析与汇总。第三步，限额设计与建筑规模相对应，从横向、纵向两条线加强控制，前者主要是指针对企业员工的监管、考核以及奖惩，后者是指结合工程设计实行由前至后、由外到里的有序控制与管理。第四步，关注新型复合建筑材料，质量与效益并重，在降低总成本投入的同时保障工程质量，达到创造价值的目的，凸显管理会计的特性。

（四）加大培训力度，培养人才，组建管理会计团队

知识经济时代，对任何企业而言，人才已经成为企业发展与竞争的主要推动力，为了进一步贯彻实施管理会计应用，建筑施工企业更加重视人才的引进与培养，将优秀人才配置到管理岗位，组建管理会计团队。建筑施工企业可采取以下具体做法。第一，应当加大培训力度，注重培养高端的复合应用型人才，不仅要对企业的生产经营了解熟悉，更主要的是能够运用管理会计的运作方式对企业的发展和新型合作、合资、联合生产的模式提供前瞻性与远景战略的预测。第二，可采用多元化的培训形式，如专家讲座、对外交流学习等，促使企业相关人员积极参加、主动学习、提升自我，学会将管理会计工具应用于实际工作中，并在不断的学习与工作中积累更多经验，以胜任转型后的管理会计岗位。

（五）加强管理会计信息化建设，形成管理会计信息系统

建筑施工企业应加强管理会计信息化建设，以信息技术为依托，以管理会计工具为基础，以财务工作为主线，着力开发管理会计软件，形成管理会计信息系统。应当注意的是，管理会计信息系统的建设需要强调全员参与，不限于财会人员，更要重视企业项目部人员、生产管理人员等的参与与配合，准确把握管理会计的定位与切入点。以某建

筑企业管理会计信息系统建设为例：首先，搭建 ERP 系统，在从项目可行性分析到项目竣工的整个过程，利用大数据完成信息资料的收集、整合以及分析，提高工作效率；其次，提取各类信息的深层价值，分析管理缺陷与漏洞，同时向管理层出具分析报告，提供决策、成本管控等方面的信息；最后，搭建财务共享服务中心，开发云平台，实现信息的高效传递与高度共享，避免陷入信息孤岛或者财务滞后，在信息技术的加持下将管理会计应用优势充分体现出来。

四、结语

根据上述的分析可知，新形势下加强管理会计体系建设是建筑施工企业最为主要的一项工作任务，与企业经营活动的顺利开展、整体管理水平的提升密切相关。建筑施工企业应当正确认知管理会计，区别其与传统财务会计，结合企业实际情况，分析问题，提出改进策略，加强管理会计体系建设，拓展其应用范围，在预算管理、成本控制、绩效管理等方面突出监督、评价等多种职能，进一步推动企业稳定长远发展。

数字化转型下企业财务共享中心的建设

摘要： 在数字化转型下，企业财务共享中心建设仍然存在一定的问题。本文主要围绕数字化转型下企业财务共享中心的建设展开研究论述，首先分析企业建设财务共享中心的必要性，其次阐述企业财务共享中心建设存在的问题，紧接着提出数字化转型下企业财务共享中心建设建议，最后分析企业财务共享中心建设成效，旨在推进企业财务管理转型。

关键词： 数字化转型；企业；财务共享中心建设

引言

近几年来，信息技术发展速度飞快，各类新技术不断涌现，大数据技术为企业的财务管理提供了新的改革契机。在大数据背景下，企业的财务信息化从财务流程、账务处理信息化向财务共享、提供财务决策信息方向发展。改革传统分散式的财务管理，建设财务共享中心是企业发展的必然趋势。现阶段企业的财务共享中心建设尚处于探索阶段，建设过程中存在一定的问题，企业应当采取措施保障建设工作，充分应用大数据技术推进财务共享中心建设。

一、企业建设财务共享中心的必要性

传统的财务管理模式已经难以完全满足企业规模扩张的需求，建设财务共享中心是企业的重要任务。集团型企业的主要特点是发展规模大、业务覆盖范围广、业务种类复杂，传统财务管理模式下的岗位职能界限清晰度不足，财务分散管理的缺陷显露。而财务共享中心将分散的财务工作集中管理，有专业人员处理财务工作，财务岗位重新划分职能责任，企业大多数重复性财务工作进行标准化的统一集中处理，并且集团型企业对分支机构的财务控制力度持续加大，企业经营目标顺利实现。另外，财务共享中心建设是节省财务管理成本和企业经营成本的有效措施，在传统财务管理模式下，企业因拓展业务而需要重复设立财务部门，导致人员成本增加，而基于财务共享中心，企业可实现远程实时财务管控，精简财务组织结构，减少财务管理成本。

二、企业财务共享中心建设存在的问题

（一）财务共享中心定位不清晰且流程管控存在阻碍

通过分析财务共享中心实践案例发现，大部分企业在建设财务共享中心的过程中，建设重点通常都集中在财务核算、资金管理、费用报销等财务工作方面，财务共享中心建设的战略目标融入以及发展规划融入不到位，企业的财务管理在向管理会计方向转型时缺少有效的工具支持，企业管理者难以实时掌握决策所需的信息。集团型企业的业务覆盖范围广，涉及的业务板块较多，因而企业会设立较多的分公司或者跨地区建立业务链条，在建设财务共享中心过程中，可能会因集中财务管理权限引起分公司的抵触，财务共享中心流程管控存在阻碍。

（二）信息系统有待优化，业财融合不到位

企业的财务信息准确性较高，但是存在数据获取效率低，企业的财务人员和财务共享中心的数据共享传递滞后，企业的决策支持信息时效性不足等问题。目前，在企业财务共享中心建设过程中，部分业务系统与财务系统对接不到位，部分数据还需要手动记录，企业的业财一体化建设还存在问题。另外，企业财务信息系统的安全性有待提升，系统使用规范、管理规范以及安全规范等存在缺陷，导致企业的财务信息泄露风险加大。

（三）财务数字化人才短缺，缺乏有效激励机制

目前，企业财务共享中心配备的人才都是从各财务组织抽调的优质财务人才，但是财务共享中心缺少财务数字化的管理人才，财务共享中心的战略型领导人员缺失，如财务数字化业务经理、信息工程师等。财务数字化人才短缺无疑增加了财务共享中心的建设难度，财务共享中心的实际作用难以顺利发挥。企业对财务共享中心人员的绩效评价主要依靠业务质量和工作时效进行，未能从其他角度进行，比如组织能力方面，片面的绩效评价无法促进财务共享中心效益提升。

三、数字化转型下企业财务共享中心建设建议

（一）夯实财务中心数字化转型基础

企业应当夯实财务中心数字化转型基础，全面提高财务数字化战略高度，并且动员企业全员配合整体部署，推进财务共享中心建设工作。企业首先要基于财务共享中心建设要求成立数字化财务队伍，安排数字化领导者带领财务共享中心落地实施。其次，在财务共享中心中加入基础数据稽查组织，对各项基础数据进行审核，规范信息登记、传递，快速定位财务问题并提醒相关部门及时处理问题。再次，明确企业哪些业务需要共享哪些不需要，对于企业经济发展来讲，并不是所有的业务流程都需要共享，比如业务流程较长的则需要进行独立核算，而其他业务则可以采用统一核算处理模式，避免增加财务共享中心的运行压力，同时能提高其工作效率。最后，确定合理的财务共享中心建设模式，结合企业的实际情况选择建立一个还是多个财务共享中心、由下级单位独立建设财务共享中心还是根据企业的业务板块划分建设多个财务共享中心。

（二）搭建有效的财务信息系统，推动业财融合

财务共享中心建设需要先进的财务信息系统支持，搭建有效的财务信息系统以及对其进行优化升级是核心任务。企业财务共享中心大数据平台建设优化可以从以下几个方面入手。第一，与外部银行系统对接，搭建银企直联系统，方便及时确认资金收支情况。企业归属于财务共享中心管控范围的所有资金收支都需要财务共享中心负责监控，所以银企直联系统非常关键。企业需持续优化信息系统，支持对账、支付工作，实现银企直联系统与企业内部现行的 ERP 信息系统融合对接，实现通过财务系统直接查询银行账户信息、资金流向等。第二，当前税务机关要求企业进行线上纳税申报，所以企业需要搭建税务信息共享平台，完成发票管理、纳税申报、纳税风险控制等税务管理工作。第三，加快业务系统与财务信息系统的对接。企业可以将财务共享中心分为前中后三个模块。前台模块负责采集和共享业务数据以及财务数据；中台模块负责财务核算、会计核算以及记账等工作，在中台模块中可以融入各项先进的信息技术工具实现财务自动化、智能化；后台负责对前台反馈的各项业务数据、财务数据进行整合、深度挖掘和分析处理，利用信息技术进行数据可视化处理，将处理后得出的信息反馈至企业决策层。

（三）加大人才培养力度，建立有效的激励机制

要想财务共享中心顺利建设，人才是关键。企业应当加大人才培养力度，制定多样化人才培养计划，并且不断引进数字化财务人才。企业可在财务共享中心成立财务信息化管理队伍，与企业的会计人员进行合作，聘请数字化技术人员、智能技术人员等作为财务共享中心建设领导者，应用国内外优秀经验推进财务共享中心建设。同时，企业可与从事大数据分析的机构展开合作，由其对企业的财务共享中心数据平台进行分析，并且为财务共享中心人才培养提供建议，有针对性地培养技术型财务人才。企业基于完善的绩效考核机制对参与财务共享中心建设的人员进行考核评价，然后结合工作内容变化和职能变化，对员工的薪资标准进行调整，同时设置额外的奖惩机制，激励员工全面配合财务共享中心建设。

四、企业财务共享中心建设成效分析

现阶段企业财务共享中心建设已经取得了初步成效，以下主要从经营成本、资金管理、市场竞争以及风险应对层面分析具体成效。

（一）经营成本有效控制

随着企业的发展规模逐渐扩大，业务板块数量逐渐增加，传统财务管理模式的成本控制出现鞭长莫及的现象，企业很难及时获取各个分公司的财务信息，因而成本控制难度提升。而企业开始建设财务共享中心，应用智能化工具对各个业务板块实施动态控制，借助人工智能信息抓取技术快速采集分公司的财务信息，实时掌握分公司的费用支出，远程控制其经营成本。

（二）资金管理水平显著提升

企业利用财务共享中心集中管理资金，整合分散的银行账户，设置独立的岗位统一管理资金，全权负责资金预算、资金分配和资金运行监管，全过程控制资金使用行为。企业的业务规模较大，各个业务项目涉及的资金数额相对较高，分散管理无法有效控制资金流向，可能出现资金预算超支、资金结余上交不及时等问题，财务共享中心有效解决了分散资金管理的困境，使企业可以准确掌握资金用度、资金余量，盘活资金存量，全面控制资金风险和成本。

（三）市场竞争优势和风险应对水平同步增加

基于财务共享中心，企业对分公司的财务状况了解详细，信息孤岛消失，在经营过程中可实时查询分公司账目和经营数据，动态调整企业的战略，适应市场发展需求，保持企业的市场竞争优势。企业建设财务共享中心后，分公司的业务流程逐步规范，紧跟企业指导，企业的风险控制能力进一步提升，而且管理层根据财务共享中心后台反馈的经营信息，对关键风险点实施控制，采取措施规避风险。

五、结语

综上所述，企业建设财务共享中心在成本控制、资金管理以及市场竞争方面已经取得较好的成效，现阶段企业应当做的是持续优化财务共享中心建设，从人员团队、信息系统等多个方面着手改进财务共享中心，进一步强化财务共享中心功能作用，推进企业业财融合，为企业财务管理转型奠定良好的基础。

行政事业单位全面预算管理体系优化措施研究

摘要： 随着我国各项管理体系的逐步完善，各行业内部也进入建立完善管理体系的阶段。在建立完善管理体系阶段中，预算管理是核心内容。目前，我国行政事业单位仅囿于各项资金分配的运行模式是存在弊端的，行政事业单位应当立足内部的各部门及工作人员，执行科学有效的资金分配机制，以及相应的责任制度，从而不断激发行政事业单位全体工作人员的主动性与积极性。基于此，本文将对行政事业单位全面预算管理体系的完善优化进行深入分析。

关键词： 行政事业单位；全面预算管理体系；措施

引言

预算是维持企业内部资金正常流通的初步内容，也是有效管控各项收支活动的基本依据，并且贯穿于单位经济活动运行的全过程。在我国事业单位体制深化改革的关键实施阶段，对行政事业单位服务及管理提出了一系列要求，同时对行政事业单位预算管理工作也提出了更高要求。按照要求，行政事业单位需要针对现行预算管理体系中存在的薄弱点，进行完善和优化，从而有效提升行政事业单位的预算管理效率，实现整体管理水平的提升。

一、行政事业单位全面预算管理主要内容阐述

（一）行政事业单位全面预算管理体系的核心内容

目前，行政事业单位在预算管理中采取了"核定收支"与"定额、定项补助"的方法，具体而言，是指行政事业单位需将各项大额收支情况反馈至主管部门审核。这种管理模式使得收支管理工作取得很大成效，同时，有效地规避了随意使用大额公款行为的发生，严格制约了资金的使用，确保我国资金运行的有序性、有效性。但是，这种管理模式的运行也依旧存在问题，其中资金固定条件下如何合理分配预算资金，实现资金效用发挥最大化是当前面临的主要问题。因此，行政事业单位在固定资金条件下，合理分配资金，保障资金效益的最大化发挥，是行政事业单位全面预算管理体系的核心内容。

（二）行政事业单位全面预算体系的特征分析

第一，全员性。行政事业单位的预算需要综合考虑多项需求，不能局限在预算资金分配环节，而应当深入单位各部门及员工的实际需求，进而合理分配资金。同时，行政事业单位需构建有效的资金使用责任机制，帮助员工树立责任意识，实现资金科学合理的使用。

第二，全程性。全面预算管理不仅是单一化的过程，更是编制、执行及监管等内容组成的长期性过程。行政事业单位需建立完善的预算管理监管系统，对实施过程进行实时监控，一旦出现问题，可借助该系统第一时间进行处理及改进。

二、优化行政事业单位全面预算管理体系的意义分析

行政事业单位是带有公益性质的社会服务组织，虽然接受财政拨款，但也要做到对

资源利用的最大化。对于行政事业单位而言，全面预算管理是将单位各项收支引进预算管控中，其中包含不同类别的资金，同时也是全过程化的管理，囊括了预算编制、执行以及监督等工作，是一项系统化的管理制度。建立有效的全面预算管理体系有助于提升整体财务管理水平及效率，规范运行单位各项经济活动，通过强化全面预算管理工作，科学合理规划各项资金的运转，有助于节约预算资金，同时预算管理绩效评价工作的开展，有利于构建明确的绩效管理方向，监督绩效实施情况，从而提升预算资金使用效率。此外，全面预算管理贯穿了单位经济运行的全过程，是强化管理体系、提升管理水平的重要保障。

三、行政事业单位全面预算管理必要性分析

（一）有助于优化资源分配

全面预算管理实施的核心功能在于使事业单位内部有限资源实现最优分配，强调单位全体职工参与其中，确保全面覆盖，不断促进单位内部有效交流沟通。同时根据单位发展实际需求，合理分配资源，严格规范审批流程，制定合理规划，从而以防出现资源限制、过度浪费、占用资金等情况的发生。

（二）有助于防范廉政风险

事业单位设计预算指标，为内部控制工作提供标准，在全面性、全程性的基础上，对行政事业单位各项目、业务活动运行等推行动态化监管模式，实时关注资金运转情况，以严谨、规范的制度作为基础保障，全面预算管理手段作为支撑，进一步规范行政事业单位职工具体工作行为，加大全过程管控力度，从而有效规避单位廉政风险发生。

（三）促进决策更为科学

有效的预算管理依赖于科学的决策机制，行政事业单位在项目定点中需吸取多方面的建议，从而以防出现盲目决策行为，确保单位制定决策更为科学化、合理化。

四、行政事业单位全面预算管理存在的问题

现阶段，我国行政事业单位已经普遍认识到加强优化全面预算管理对提升管理效率的重要作用，但从行政事业单位全面预算管理具体开展情况来看，依旧存在一定问题，具体表现在以下方面。

（一）预算组织体系适应度低

目前，多数行政事业单位内部未构建与单位自身组织运行特征相符合的全面预算管理组织体系，其中结构体系缺乏完善性、科学性、合理性。单位预算管理部门负责预算批准工作，而预算责任机构的参与度不足，造成产生的预算管理信息无法在单位各层次组织中进行有效传递。加之单位预算部门的组织性较低，造成全面预算管理工作开展环节缺乏参与度，而相应的管理部门对该理念的认识也依旧有所缺乏。

（二）预算管理无法有效承接单位战略规划

基于当前行政事业单位预算管理、预算执行与战略之间的信息存在不对等现象，加之制定规划与具体执行之间存在偏差，无形中加大了提升预算精准性的工作难度。预算管理过程中业财融合度不足，相应的依据不全面，从而导致全面预算编制与业务活动运行匹配度低，极易引发预算松弛、过紧等现象的出现。

（三）预算编制科学性、真实性不足

首先，我国财政部门于每年 9 月份安排行政事业单位进行下年度的预算编制工作，再于 10 月份反馈，由于时间紧张，导致行政事业单位缺乏有效时间对各项目展开研究、取证等一系列工作，进而造成预算编制内容不完善。

其次，每年行政事业单位上报的预算在审批环节往往会被审减掉部分预算项目。这种审核方式可能会对行政事业单位下年度正常工作造成影响，为了保障预算资金的充足性，行政事业单位可能会存在故意抬高预算目标的情况，造成预算与单位实际情况不符，而财政部门也无法判断出行政事业单位上报的各项预算项目的缓急程度，甚至未将部分亟须建设的项目列入预算，而将可延缓的项目列入预算。

最后，行政事业单位的部分财务人员还未参与专项的全面预算管理培训，无法根据现状选择预算方法，造成部分单位内部依旧采取固有的编制方法，没有结合我国政策及市场环境的变化做出调整，制定的预算规划缺乏可行性，无法实现预算的真正分解执行。同时，其他职能部门的参与度不足，预算编制的调研及论证工作落实不到位，进一步影响了预算编制质量。

（四）无法正确应对突发事件

全面预算管理作为一套相对完善的计划流程，难以对行政事业单位内部发生的突发事件形成特有的防范体系，特别是自然灾害事件，该类事件的发生无法借助全面预算管理达到风险防范控制目的，一旦对行政事业单位造成一定损失，务必要适当调整全面预算管理编制工作，否则会导致预算资金不充足，继而影响整体预算的严谨性。然而，行政事业单位预算一经调整，则会对全面预算管理全过程产生影响。所以，对于事业单位发生突发事件来说，全面预算管理是无法及时应对的，因此事后重建工作极为重要，同时大量资金缺口则是全面预算管理亟须处理的问题之一。

（五）预算监管与考核体系可行性不足

现阶段，行政事业单位预算监管体系尚不健全，无法对预算执行过程展开全面、综合的管理。同时行政事业单位预算管理还未构建相应有效的考核体系，导致对批复下达预算资金使用情况、使用绩效等无法精准地掌握，进而对预算管理工作的开展效果造成负面影响。

五、行政事业单位全面预算管理体系优化措施

（一）加强认知，健全全面预算管理组织机构

行政事业单位应当提升对全面预算管理的重视程度，形成正确认知。由我国财政部门针对各单位管理层以召开会议的方式展开培训，要求各单位设立专门且独立的预算编制部门，该机构由管理层直接负责，单位各科室负责人均参与其中，创建专业的小组。由行政事业单位的管理层引导全体员工共同参与预算管理工作中，并且组织工作人员开展相应专门的培训活动，形成自上而下的培训意识，才能真正激发员工的工作积极性。

全面预算管理作为一项系统化的工程，不仅局限在单位财务部门，而是需要单位各部门的共同参与。行政事业单位应该明确区分预算管理与财务部门职责，将其完全脱离独立运行，由多个职能部门组建专门的预算编制机构，从而为全面预算管理提供有效保障。

（二）对接顶层战略规划，实现预算管理"动态化"模式

全面预算管理过程中，需特别关注针对预算的动态化管理及监管工作，利用滚动预算法，结合单位既定的战略目标及运营方法对项目实行过程展开分析，通过单位历史周期反映其资源投入与产出价值之间的关系，从而有助于实现行政事业单位长期的战略发展目标。为此，行政事业单位应当结合实际情况建立具有层次化的动态管理模式。

行政事业单位基于战略规划，首先需要明确单位制定的长期目标，再根据战略规划的框架编制滚动预算，整体预算是针对单位经济发展目标、资金需求方案实行的远景规划，财务预算的侧重点多集中在业务的收入及成本支出、实际利润等指标上。

（三）科学编制财务预算，开展全面性培训活动

首先，行政事业单位领导层需对预算管理工作的开展形成正确认识，提前实行预算编制工作，延长周期，有利于为预算编制工作预留充足时间，保障预算计划执行的有效性。行政事业单位可采取"零基预算法"，打破固有预算方法，结合工作人员实际情况及发展需求，考虑内外部各项因素、行业的发展等，科学预测后续工作。在预算编制环节，预算管理人员需促进与业务人员、管理人员的交流沟通，根据当前最新政策、战略规划、环境、下发工作任务内容预测单位业务运行情况。预算管理人员应在规定时间内完成各环节工作，从而确保预算编制工作的合理性及科学性。

其次，针对预算管理人员开展专业、全面的培训活动。由于预算编制、执行工作均由财务部门负责，可见财务人员专业水平的高低会直接影响预算管理工作的开展。行政事业单位可通过定期组建培训活动的方式，对比分析全面预算管理与传统预算编制方法之间存在的差异。在实际培训环节，为了激发工作人员的积极性，可适当丰富培训活动，从而有助于落实培训活动。

（四）持续优化完善全面预算管理体系

构建全面预算管理体系与提升行政事业单位各项活动运行效率息息相关，而全面预算管理体系持续优化工作是行政事业单位面临的一项重大挑战。一般而言，行政事业单位各项制度均是持续使用的状态，制度运行中存在的问题没有及时得到修订改善。而想要在行政事业单位中最大化发挥全面预算管理作用，实行持续性优化是必然趋势。所以，行政事业单位在实施全面预算管理的过程中，应当实时收集识别全面预算管理体系运行过程中出现的问题及缺陷，并展开问题分析，便于更为有效地优化改善现行全面预算管理体系；与此同时，周期性开展全面预算管理体系评估工作，定期评审体系运行中存在的弊端，以及全面预算管理实施的不合理之处。总之，持续性优化全面预算管理体系，不仅能够促使全面预算管理实施长期处于稳定健康状态，而且有助于推动行政事业单位整体发展进步。

（五）全面加大预算监管及考核力度

行政事业单位想要提升全面预算的执行效率，则需要进一步加大对全面预算工作的监管力度，促进单位预算执行实现动态化监管模式，落实产生的动态数据的审核分析工作，就项目的实施进度进行追踪，同时强调对预算的审计工作，积极完成各项审计工作，从而保障预算工作落实到位。另外，预算的绩效考核工作的开展也极为重要，具体针对

预算项目支出的绩效情况、绩效指标、项目实施进程以及资金使用规划等展开评价，识别对预算绩效工作造成影响的因素，从而进一步提升行政事业单位预算的绩效水平及效率。

六、结语

综上所述，全面预算管理在行政事业单位发展中占据重要地位，对于财务管理体制的变革优化工作起着重要作用，为进一步提升行政事业单位预算管理效益，行政事业单位应实施全面预算管理。引进现代化管理理念，灵活投入实际工作，不断激发单位员工的主动性与积极性，结合单位实际发展情况，建立完善管理机制，从而为行政事业单位实现可持续稳定发展目标提供保障。

试论如何提高事业单位预算绩效管理水平

摘要： 事业单位作为我国社会公共服务体系中的重要组成部分，在我国社会经济发展过程中扮演着关键角色，因此需要依据社会发展需求，通过合理的改革措施来提升自身服务水平，为社会各界提供更为优质的公共服务内容。预算绩效管理是事业单位管理工作中的关键环节，具有规范工作、行为引导的管理职能，应当受到事业单位领导的重视。本文从预算绩效管理的相关概述、当前事业单位预算绩效管理存在的问题、提高事业单位预算绩效管理水平的具体措施三个角度进行分析阐述，希望能为事业单位提供一些参考建议。

关键词： 事业单位；预算绩效管理；存在问题；优化策略

引言

由于事业单位自身的特殊性质，事业单位各项资金使用等工作均与预算绩效管理有着直接的联系，因此预算绩效管理关乎单位资源的合理使用。事业单位借助科学的预算绩效管理措施确保单位内部资源的高效使用，将其潜在的经济价值充分发挥出来，促进单位健康发展。事业单位要想将预算绩效管理落实到位，还需要构建完善的预算管理体制，并基于实际工作反馈，对预算体制进行改进和完善，为我国事业单位预算绩效管理水平的提升贡献力量。

一、预算绩效管理的相关概述

事业单位预算绩效管理是指事业单位以绩效指标为评判依据，以管理目标为工作开展核心，运用公平、公正、科学的考核方法对事业单位当前的管理工作成果进行准确、全面的评价。

二、当前事业单位预算绩效管理存在的问题

（一）缺乏预算绩效管理理念

开展预算绩效管理工作的基础就是事业单位对预算绩效管理具备正确认知。目前，一些事业单位在该方面的工作没有做到位，对后续工作带来一定负面影响。首先，部分事业单位长期处于计划经济体系管理模式下，负责人缺乏开拓创新的精神，对于管理理念和管理方法的改进工作不够重视，甚至存在一定的抵触心理，使得该事业单位在引进预算绩效管理理念时，遇到了一些阻碍。其次，部分事业单位负责人对预算绩效管理工作认识不到位，在个人潜意识理解当中，盲目地认为会计核算与预算绩效管理是一回事，对于事业单位工作开展产生的作用并不明显，也未能动员所有部门人员共同参与进来，使得预算绩效管理工作未能取得预期效果。

（二）预算绩效管理制度不完善

预算绩效管理工作的推进需要科学合理的制度作为指导，因此制度完善成为预算绩效管理工作顺利进行的必要条件，但是目前缺乏完善的预算绩效管理制度的问题仍然存在于部分事业单位当中。首先，部分事业单位对于预算绩效评价机制的应用不够重视，

并未将绩效评价结果作为后期预算考核工作的关键依据，导致预算绩效管理工作的作用未能在考核结果中体现出来，其管理水平没有获得有效提升。其次，部分事业单位没有建立合理的预算绩效奖惩制度，因而单位无法通过奖惩机制来规范员工的工作行为，丧失了其行为引导的管理职能，使得预算绩效考核工作流于表面形式。最后，部分事业单位并未明确单位各部门各岗位的职责和工作目标，工作人员也就无法明确自身权责范围以及阶段性工作目标，无法确保总体战略目标的高质量完成，导致单位整体管理效率和工作效率较低。

（三）预算监管力度不足

预算监督管理工作是预算绩效管理工作中的重要环节，也是预算绩效管理工作取得预期成效的可靠保障，而一旦单位出现预算监管不足，则有可能引发各类风险。首先，内部审计部门缺失这一情况存在于某些事业单位，主要是由其他部门人员代理行使内部审计职权，比如财务部门同时掌握了财务审核权和财务监督权，这无疑违背了关键岗位不相容原则，无形中增大了单位财务风险的发生概率。其次，一些事业单位也没有认识到内部审计工作的核心需求，审计人员独立性和权威性在工作中并未充分体现，从而出现一些管理人员利用职权对审计工作进行干涉，无法确保审计结果的真实性和准确性。最后，部分事业单位并未将预算绩效管理工作置于全程监督管控之下，使得单位领导人无法及时了解当前预算绩效管理工作的进展，也无法对工作中出现的问题提出改进建议，影响预算绩效管理工作的高效推进。

（四）预算绩效评价指标体系不科学

预算绩效评价指标是指单位在开展绩效考核工作时，需要借助的某些衡量标准，从而给出合理的绩效考核结果，比如项目执行状况等。但是当前部分事业单位设立的预算绩效评价指标体系缺乏科学性和合理性，具体体现在以下三个方面。首先，部分事业单位设立的预算绩效评价指标体系针对性不足。由于各事业单位性质不同，其核心业务必然具有一定差异，因而预算绩效评价指标也应存在明显区别。其次，部分事业单位未能对其指标权重进行合理设定。一些事业单位在缺乏调研准备工作以及权重配置标准的前提下，出于个人主观意愿盲目确定各个预算绩效评价指标的权重比例。最后，预算绩效评价指标过于单一。部分事业单位在设计预算绩效评价指标时，直接以国家出台的文件内容作为依据，并未结合自身需求对指标内容进行丰富和细化，导致该预算绩效评价指标不能满足单位多元化管理需求。

三、提高事业单位预算绩效管理水平的具体措施

（一）树立预算绩效管理理念

在树立预算绩效管理理念方面，事业单位可从以下三方面着手。首先，事业单位应当打破传统体制管理思维的束缚，及时摒弃旧有管理思维模式，勇于开拓创新，紧随时代发展，对单位管理理念和管理方法的改进工作引起高度重视，为预算绩效管理理念的应用提供良好环境。其次，事业单位负责人要发挥领导表率作用，积极主动学习预算绩效管理的相关知识理论，在对其深入理解的基础上，认识到预算绩效管理工作的积极作用，并动员所有成员一同参与到预算绩效管理工作中，加快预算绩效管理目标的完成。

最后，针对预算管理人员专业素养不足的问题，事业单位可根据人员实际能力状况，制订合理的培训学习计划，并邀请业务专业人士来单位为员工讲解最新预算绩效管理的理念和方法，在较短时间内提高员工业务能力水平。

（二）健全预算绩效管理制度

在健全完善预算绩效管理制度方面，事业单位可从以下三方面开展工作。首先，事业单位应当对预算绩效评价机制的应用引起高度重视，认识到预算绩效评价结果在整个预算管理工作中的实际作用，将绩效评价结果作为考核工作的关键依据，规范绩效考核工作，促进预算绩效管理水平的进一步提升。其次，事业单位应当结合单位当前管理现状，建立合理的预算绩效奖惩制度，比如该事业单位可在预算管理工作中的薄弱环节设立奖惩机制，增强预算绩效管理的行为引导管理职能，有效解决预算单位管理工作中的问题。最后，事业单位应当通过预算绩效管理来促进管理目标的高效落实。事业单位可借助内部控制手段，对预算管理工作相关人员的权责范围进行合理划分，使其明确自身阶段性工作目标，促进其工作责任落实，为高质量完成预算管理目标提供可靠保障。

（三）加大预算监管力度

在加大预算监管力度方面，事业单位可从以下三个方面着手。首先，在组织架构方面，事业单位要设立内部审计部门，由审计人员专职进行内部审计工作，避免其他部门人员兼任监督管理职位，确保所有预算人员各司其职的同时，保障自身工作顺利高效地进行。其次，事业单位领导人应当对预算监管工作的特殊性有一个正确认知，可赋予内部审计人员必要的独立性和权威性，审计人员可直接对单位最高领导人负责，确保其审计工作不受其他管理人员的制约，从而保障内部审计结果的客观性和准确性。最后，事业单位应当明确预算绩效管理属于预算管理工作的一部分，预算绩效管理工作也应具有全面性、全员性以及全过程性，因此需对预算绩效管理工作进行全程监督管控，借助信息系统对其进行实时监控，及时对工作中出现的问题提出改进建议，不断提高单位预算管理水平。

（四）构建科学的预算绩效评价指标体系

在构建预算绩效评价指标体系时，事业单位可从以下三方面着手。首先，事业单位需要确保绩效评价指标的针对性和合理性。在设计绩效评价指标之前，事业单位要对自身的性质以及所处发展阶段的需求进行分析研究，并将评价指标设计与分析结果进行结合，避免直接照搬其他类型事业单位的绩效评价指标体系，使设计的绩效评价指标能够满足单位的预算绩效管理需求。其次，除了对绩效评价指标本身的设计之外，事业单位还需要对其权重比例进行合理设计，由于预算绩效评价具有行为引导职能，因此事业单位为了促进内部资源的高效利用，可适度提高与核心业务相关的绩效评价指标，并结合国家规定权重配置标准，对不同指标权重进行合理调整，促进单位业务工作的顺利完成，避免出现资源浪费。最后，对于绩效评价指标过于单一的问题，由于国家出台文件内容涉及的评价指标具有较强的普适性而缺乏针对性，因此事业单位应当端正自身工作态度，针对自身需求，对该一级评价指标进行细化和丰富，使其契合单位多方面的绩效考核管理需求。

四、结语

综上所述，事业单位开展预算绩效管理工作，能够有效提升单位内部资源的使用效率，并为单位未来发展奠定良好的物质基础和环境基础。因此，事业单位应当加强预算绩效管理理念，不断完善预算绩效管理制度，加大预算监督力度，深入分析目前预算绩效管理工作中存在的问题，不断对其进行改进和优化，充分发挥预算绩效管理的行为引导职能，以合理的奖惩机制来激发员工的工作潜力，促进事业单位可持续发展。

商业银行内部控制体系建设和风险防范

摘要：商业银行是国内金融行业的重要组成部分，对国家经济安全和金融运行安全有决定性作用，因此其内部控制体系建设也需要紧跟商业银行发展步伐。但是从目前的实际情况来看，商业银行的内部控制体系仍然存在些许不足，还需要继续完善优化，方能充分发挥内部控制防范风险作用。本文主要围绕商业银行内部控制和风险防范展开论述，主要对内部控制体系发展现状、建设存在的问题以及有效措施进行研究分析，目的在于健全商业银行的内部控制体系，提升内控防范风险能力。

关键词：商业银行；内部控制体系建设；风险防范

引言

随着我国金融市场的不断完善，金融类企业发展迅速，借贷业务并不一定要通过银行才能开展，商业银行面临的竞争压力较大，规范各类业务活动的开展是保障商业银行稳定经营的重要举措。内部控制体系被广泛应用于各个行业领域，商业银行开展内部控制主要是为了实现运营目标，防范银行运营风险。商业银行风险点集中，且风险具有滞后性、外部性的特点，因此商业银行是监管部门的重点监督对象。在此背景下，商业银行必须重视内部控制体系建设，做好风险防范工作。

一、我国商业银行内部控制的发展现状

自《商业银行内部控制评价试行办法》执行之日起，我国商业银行逐步将内部控制从管理体系中剥离出来。截至2006年，我国70%以上的商业银行已经建立了相对独立的内部控制管理机制；2014年，我国银保监会制定了《商业银行内部控制指引》，要求各商业银行的内部控制工作必须要遵循覆盖性、制衡性、匹配性等原则，通过制定系统化的管理制度、管理流程和管理方法，建立安全、稳健的内部控制管理机制。目前，随着巴塞尔体系的完善，我国现代化商业体系不断健全，商业银行在董事会和管理层的组织下，建立了内部控制合规管理体系，并形成了三道防线。具体来说，第一道防线是内部控制的起点，是银行管理人员和一线员工的自我控制。以核心业务部门为基础，要求部门成员参与管理制度和操作流程制定，在规定的时限内反馈内部控制系统存在的缺陷；第二道防线是内部控制的中心，由商业银行合规管理部门对内部控制开展专业化评价，及时修正管理制度，为银行合规经营提供监督保障；第三道防线主要体现在事后监督环节，即对第一道防线和第二道防线的工作进行评价，通过制定奖惩措施为内部控制的合规性提供制度指引。在这一环节中，内部控制为审计部门，负责对商业银行内部控制的有效性进行审计，并对内部审计出现的问题进行监督和整改。

二、商业银行内部控制体系建设存在的问题

（一）风险识别评估有效性不足

商业银行的风险识别评估工作较为关键。虽然现阶段我国商业银行通过持续探索制定了风险识别评估手段，但是与国外先进银行相比较，仍缺乏计量风险认知。商业银行

目前的风险识别评估以及管控主要集中在信用风险方面，对操作风险、金融市场风险等的识别评估防范简单，风险计量不到位，对风险的判断方式主要是历史经验、定性分析、集体讨论，缺少以风险计量为主、使用标准化工具识别评估风险的管控模式。商业银行风险管理部门少数员工不具备专业的管理能力，在识别评估风险过程中，需要参考大量的被评估部门提供的自评结果，导致风险评估结果主观性过强。商业银行的操作、信用、市场等风险评估需要从制度方式、管理流程、工具等方面持续加强。

（二）风险管控与业务活动脱节

从商业银行内部控制体系建设中风险管控现状来看，风险管控与业务活动脱节是较为突出的问题，商业银行的少数业务管理制度时效性低，并未紧跟业务活动更新风险管理制度。少数分行对业务管理制度的执行力度较弱，比如在开发新的金融产品、金融服务过程中未能根据制度要求对其进行风险评估；部分产品没有经过充分的市场调研和风险分析就推出销售；银行监管组织对业务活动的监督管理不到位，导致分支机构因业务开展不当受到监管部门的处罚等。由于各部门分配的业务绩效指标较重，各部门对业绩提升的重视程度远高于风险管控，忽视关键风险点的管控，内部控制流于形式，风险管理与业务活动严重脱节。

（三）风险管理系统建设不到位

国内大型银行对信息管理系统的建设非常重视，建立了高效的内部控制信息系统，实现了自动化识别预警风险。商业银行也利用信息系统有效防范风险，完善内部控制体系。但是目前商业银行正在使用的信息系统在正式上线运行之后，出现功能模块作用不明显、应用成果与预期相差较大、系统兼容性低等问题，主要是因为商业银行的内控信息系统建设需求不清晰以及建设成本受限。商业银行内部控制部分监督数据还需要手动填报，系统采集效率低，信息确认手续复杂。因此，商业银行的内部控制信息系统还需要持续优化，实现自动化程度高、可计量风险的目标。

（四）内部控制制度设计与执行落实有待改进

商业银行的内部控制制度中，部分内容设计存在缺陷，缺少对全局因素的考量，导致内控制度的权威性受损。商业银行的内部控制制度已经制定实行多年，商业银行在内控制度设计和建设方面具有丰富的经验，但是实际经营过程中，商业银行内控失效问题频频发生，内部经营风险未能得到及时控制。究其原因是商业银行的内部控制制度贯彻执行力度较弱，部分制度未能准确落到实处，无法顺利防范内部舞弊行为，内部控制制度条例流于形式。

（五）内部审计监督机制不完善

商业银行对内部控制中审计监督内容的了解不全面，片面地认为内部审计范围只是财务会计审核方面，而且银行内部审计独立性差且权威性低，个别银行分支机构因成本原因拒绝实施内部审计。商业银行内部审计未能深入业务工作，内部审计人员难以准确揭露更深层的内部控制执行问题，银行风险持续累积，银行经营安全隐患增加。另外，与专业的审计人员相比较，商业银行的内部审计人员综合实力相对较弱，在处理审计事项时容易出现失误，导致商业银行风险无法在事前进行防控，通常都是在事后进行补救管理，内部审计工作滞后。

（六）内控人才短缺

商业银行的内部控制需要高素质的人才支持，只有拥有专业人才，方能保证内部控制措施顺利落实以及风险控制效果提升。但是从现阶段的实际情况来看，商业银行风险控制人才短缺，在开展内部控制、内部审计、风险评估活动过程中存在较多的问题。商业银行每年度都要对内部控制进行全面检查，由于工作量巨大，内部控制人员数量难以支持检查工作顺利展开，通常会从其他部门调取人员参与检查工作，而商业银行内部只有财会、审计等组织人员了解内部控制方面的内容，其余员工基本不具备内部控制意识和能力。

三、商业银行建设内部控制体系防范风险的有效对策

（一）优化风险识别评估方法

建设内部控制体系是商业银行防范运营风险的有效手段。商业银行的风险是客观存在的，无法完全避免，商业银行应当通过完善内部控制体系以及优化风险识别评估方法，最大限度控制风险影响范围。首先，商业银行可以采用流程再划分的方式优化风险识别，以流程划分为切入点对业务流程、管理流程中的风险点进行准确识别。流程再划分实质上是对商业银行的各个业务流程的功能效益和风险进行再次评估，可以有效减少岗位重复设置、管理权限集中的情况，回溯各个业务环节，实施风险管理，进一步完善银行的风控机制。其次，引进风险计量方式，对风险进行量化处理，配合商业银行的风险定性分析结果，制定精准的风险解决措施。国内大多数商业银行都采用标准法和指标法计量操作类型的风险。商业银行需要结合自身的实际情况并针对操作风险、市场风险、信用风险等选择合适的计量方法，如操作风险和市场风险可以统一采用标准法进行计量评估；信用风险则可以采用初级内部评级法精确计量风险。

（二）重视制度建设，将风险管控融入业务活动

商业银行应当重视内部控制制度建设，通过制度约束内部控制行为和风险管控行为。商业银行在实施业务活动过程中存在较多的不确定因素，商业银行需要进行综合分析，提前更新相关的业务管理制度，并融入风险管理，加强对业务活动的风险管控。定期更新和调整内部控制制度是保证商业银行内部控制顺利推进的关键之一。同时，风险识别、评估等都需要有制度的约束规范。商业银行必须严格要求内部员工贯彻执行内部控制制度，确保员工按照制度完成业务活动风险防控工作，进一步强化内部控制效果。

（三）加快风险管理系统建设

在大数据时代背景下，使用信息系统开展内部控制工作是必然趋势，商业银行内部信息系统框架已基本搭建完成。目前，商业银行需要做的是结合内部控制要求提出明确的系统功能优化需求，与专业技术人员及时沟通，对内部控制信息系统、风险管理系统进行升级，实现系统自动识别风险和采集相关数据，快速掌握各个业务流程风险点。商业银行可以借鉴国外先进银行的经验，按照内部控制需求和风险管理需求，逐步完善内部控制合规检查、作业流程、风险计量、数据采集等功能，利用信息技术优化内部控制。

（四）健全内部控制制度，加大制度执行力度

俗语讲"无规矩不成方圆"，商业银行应当以严格的内部控制制度约束各部门管理工作，指导员工完成任务指标。在商业银行经营过程中，制度设计人员需要秉持利益均衡原则设计内部控制制度，以此维护内部控制的权威。一旦制度不合理，则会出现内部

控制管理漏洞，经营风险随之产生，商业银行必须设计合理的内部控制制度，一方面树立权威，另一方面控制各个经营环节薄弱处，降低风险发生概率。商业银行可自主设计内控制度，也可寻求咨询公司的帮助，由咨询公司站在客观层面对制度提出改进意见，确保制度的适用性。

内部控制制度设计完成后，则需要贯彻执行，将制度落到实处，而不是使其沦为一纸空文。内控组织出面整理内控制度和相关条文，整理后编制成手册，下发至各个员工手中，在公共平台严格要求各个员工熟悉制度要求，并在日常工作中以制度为纲领完成相关工作任务。同时，商业银行将制度执行情况纳入考核范围，一旦某些部门或员工制度执行出现重大失误，则要采取相应的惩罚措施，以此保证内控制度的权威性。

（五）优化内部审计，发挥其监督控制作用

商业银行的管理层必须高度重视内部审计的作用，意识到内部审计是内部控制实现的重要途径，在实际工作中，正确指导内部审计工作，同时避免干涉内部审计结果，确保内部审计工作可精确定位银行的内部控制缺陷。商业银行可以结合自身实际需求设置独立的内部审计机构，同时赋予其一定的权限，支持其融入各个关键业务环节实施审计监督，对内部控制执行情况、风险关键点进行无死角监管。此外，商业银行还应该培养内部审计人员，安排实践经验丰富、个人素质过关的内部审计人才，促使内部审计流程和制度标准化。内部审计需要与内部控制分离，并保持相互联系和监督制衡关系，内部审计人员也要与银行聘请的第三方审计机构人员进行沟通，及时就监督过程中发现的内部控制问题进行讨论分析，以便提出更确切的内控整改意见。

（六）加大内控人才培养和引进力度

健全内部控制体系过程中引进内控人才是关键，同时也是保证风险管控有效性的基础。商业银行应充分利用社会资源和内部资源，加大内控人才培养和引进力度，针对当前商业银行内部控制人才短缺问题，制订科学的人才培训和引进计划。首先，商业银行应对现有的内部控制人才定期实施培训指导，并且进行人性化的薪酬绩效管理，提供有效透明的晋升渠道，增强人才对商业银行的向心力，稳定现有的内部控制人才，建立人才考核评级机制，定期对人员的能力进行考核定级，结合考核结果调整员工的岗位，全面提高工作效率。其次，在员工岗位配置方面，商业银行要遵循最优化原则，确保专业人才与所在岗位高度契合，从而充分发挥其专业作用，推进内部控制体系建设。最后，商业银行应建立合理的绩效考核机制，将内部控制体系建设效果以及风险管控效果纳入考核范围，通过利益鼓励员工积极参与内部控制建设工作。

四、结语

综上所述，金融行业目前竞争异常激烈，金融风险发生频率较高，商业银行应当立足于实际，加快完善内部控制体系建设，强化内部控制的风险防范作用，控制金融风险对银行运营的影响范围。高效的内部控制体系能够优化商业银行的内部控制环境，强化商业银行的风险防控水平，商业银行在业务扩张的同时应高度重视内部控制管理，规范内部控制活动，进而提升经营效率和盈利水平。

第八章　高级会计师评审之百问百答

01.高级会计师评审业绩报告是不是套模板就可以了？

高级会计师评审业绩报告并不是简单地套用模板就可以的。在准备评审业绩报告时，考生需要结合自身的工作经历和实际情况，详细描述自己在工作中所取得的成绩和做出的贡献。同时，考生还需要提供相应的证明材料，如项目计划、工作成果报告、财务报表等，以证明自己所取得的业绩。

使用模板可以提供一定的帮助，但并不能完全替代自己撰写业绩报告。因为每个单位和每个人的工作经历和实际情况都不同，模板中的内容可能并不完全适用于自己的情况。因此，考生需要根据自己的实际情况进行修改和完善，使业绩报告更加符合自身的情况和特点。

在撰写业绩报告时，考生需要注意以下几点。

（1）内容要真实可靠，不要虚构或夸大自己的成绩和贡献。
（2）语言要简明扼要，不要过于冗长或烦琐。
（3）重点突出自己在工作中所取得的成绩和做出的贡献，特别是与会计相关的业绩。
（4）提供的证明材料要真实有效，并经过单位审核和盖章确认。

总之，考生需要认真准备高级会计师评审业绩报告，结合自身实际情况进行撰写，并提供真实有效的证明材料。只有这样，才能提高评审通过的概率。

02.考取高级会计师证书到底是为了名还是为了钱呢？

在财会领域，高级会计师证书的含金量无疑是极高的。对于很多人来说，考取这个证书的目的往往不仅是实现职业晋升，更是提升自己的专业素养和综合能力。那么，拿下高级会计师证书到底是为了名还是为了钱呢？

据了解，至少有80%的学员考取高级会计师证书是为了提升自己的职业竞争力，换言之，他们是为了钱而努力的。这一点无可厚非，因为无论是提升自己的职业能力，还是为了获得更好的薪资待遇，都是促使人们努力考取证书的重要动力。

然而，我们不能忽视的是，名与利并非割裂的。有时候，为了名而去努力考取高级会计师证书，也会间接带来利益的增加。这是因为证书持有者在职场中的竞争力也会相应增强，从而更容易获得更好的职位和薪资待遇。

近年来，随着企业对财会人员专业素养和综合能力的要求越来越高，高级会计师证书的重要性也日益凸显。很多企业在招聘时，除了要求应聘者具备丰富的项目经验外，还特别看重他们是否拥有高级会计师证书。这也就解释了为什么越来越多的人选择考取高级会计师证书。

当然，考取高级会计师证书并不是一件容易的事情，考生需要投入大量的时间和精力。但是，一旦成功考取，其所带来的收益也是巨大的。以一线城市的企业为例，对于那些成功考取高级会计师证书的员工，企业往往会给予他们一定的奖励，比如涨薪2000元或者将原来的13薪提升至15薪。这些奖励不仅是对员工努力工作的肯定，更是对他们专业素养的认可。

因此，我们可以得出结论：拿下高级会计师证书是为了名与利的双赢。当然，每个人的出发点可能有所不同，但最终的结果都是在职场上获得更好的发展机会和薪资待遇。所以，如果您还在犹豫是否要考取这个证书，那么建议您尽早行动起来。因为无论是为了名还是为了利，拿下高级会计师证书都将是您职业生涯中一个重要的里程碑。

03.拿下高级会计师证书后，工资能涨多少？

拿下高级会计师证书后工资能涨多少，具体情况还要结合所在城市的经济情况、单位情况和行业来考虑。例如，上海某会计师事务所的学员评过后每月涨2000元，从12薪变成14薪，每年增加五六万元的收入；甘肃省事业单位的学员评过后每月大概涨1200元。不同地区、不同单位涨幅不同，考生需要结合自身情况考虑。考取高级会计师证书可以提升个人职业发展和薪酬待遇，同时也可以为退休金等方面带来更多保障。考生需要详细了解这些内容，从而获得充足的动力去备考和评审。总之，考取高级会计师证书可以带来很多好处，大家应该积极备考，争取早日拿下证书。

04.已经取得注册会计师证书了还有必要再考高级会计师证书吗？

在财会领域，注册会计师证书和高级会计师证书是两个备受瞩目的专业资格证书。许多财会人员都想知道，在已经取得注册会计师证书后，是否还需要再考取高级会计师证书。

首先，从职业资格的角度来看，注册会计师和高级会计师是两个不同的体系。注册会计师属于职业资格认证体系，主要考查财会人员的专业技能和知识水平。而高级会计师职称体系，更侧重于考查财会人员的实际工作能力和管理经验。因此，即使你已经取得了注册会计师证书，仍然需要考取高级会计师证书来提升自己的职业能力和竞争力。

其次，从实际应用的角度来看，高级会计师证书在某些方面具有更高的含金量。在一些企事业单位的领导层招聘中，拥有高级会计师证书往往是一个必要条件。这是因为高级会计师不仅具备丰富的财会知识，还能够提供战略性的建议和决策支持。因此，如果您希望在企事业单位中担任高层管理职位，或者想要进一步提升自己的职业发展水平，考取高级会计师证书是非常有必要的。

对于年龄较小的人，建议考取注册会计师证书；而对于年龄较大的人，建议早日拿下高级会计师证书，以提升目前的待遇和退休金。

最后，想说的是，选择考取哪个证书，最重要的是要结合自己的实际情况和职业规划来做出决策。只有选择适合自己的证书，才能在职业生涯中取得更好的发展。

05.高级会计职称从报名到拿证需要多长时间？

在财会领域，高级会计师是一个极受尊重的职称，它不仅代表了财会人员的技术水平，也象征着他们在职业生涯中的一次重要突破。

高级会计职称从报名到拿证的最短时间是一年。如果考生从2024年年初开始准备考试，那么最快可以在2024年年底取得证书。但是，为了达到这个最短时间，考生需要在考前就进行一定的学习，特别是对考试内容和考试大纲的学习。

首先，要明确的是，高级会计职称考试的内容与大纲每年不会有太大的变化。因此，您可以提前学习2023年的课程，对考试内容有一个初步的了解。这样，当2024年的考试报名开始时，您已经具备了一定的基础，可以更加高效地准备2024年的考试。

其次，除了考试准备，论文的撰写和发表也是取得高级会计师证书的重要环节。论文的发表需要一定的时间，而且每个地方的评审政策可能不一样，有些地方可能需要2~3篇论文，甚至更多。因此，建议您提前开始论文的准备，以避免在评审阶段遇到麻烦。

同时，在准备论文期间，您也可以利用空余时间学习高级会计师的考试内容，或者听取有经验的老师的建议，了解哪些业绩在将来评审时可能有用。这样，当您完成论文的发表后，您就可以全力以赴地准备考试了。

总的来说，要想最快一年取证，您需要提前开始准备，并合理安排时间。只有通过充分的准备和努力，您才能在最短的时间内取得高级会计师证书，为您的职业生涯带来新的突破。

06.我们怎么做才能在高级会计师评审中获得高分？

在高级会计师评审中，如何获得高分是一个关键问题。对于不答辩的省市，评委根据个人的基本条件和工作业绩进行评分。工作业绩是不断刷新评委对个人好感的一大因素，因此考生需要认真准备。考生在写业绩报告时，需要注意两点：一是保证业绩结果充足，即提供具体的案例和实施效果；二是补充完整业绩中可能涉及的数据，以增加真实性和可信度。只有做好这两点，评委才会对个人的业绩认可并给予高分。

07.一线城市和二线城市的高级会计师评审通过率有差异吗？

高级会计师评审的通过率与所在省份的城市等级（如一线城市、二线城市）之间没有明显的关系，主要看重的是考生个人的工作业绩，以及给单位带来的具体贡献。

一、二线城市参评学员较多，竞争激烈，虽然政策上没有显著区别，但考生应该注重挖掘自己的业绩，提前准备好论文，在业绩报告中突出结果和数据。同时在涉及答辩的地区，考生需要提前对答辩进行梳理和练习，以期在评审中取得好成绩，顺利通过评审。

综上所述，考生无须过于关注所在城市等级对评审通过率的影响，而应注重提升自己的工作业绩，并确保对各方面工作提前进行准备。

08.什么样的学员适合报考高级会计师？

对于什么样的人适合考取高级会计师证书，一般来说，有丰富的工作经验和项目经验的人更适合考取高级会计师证书。此外，那些希望提升自身职业竞争力、拓展人际关系网、为公司创造价值并获得更好职位和更高薪资的人也适合考取高级会计师证书。

09.要想一次性通过高级会计师评审应该怎么准备？

高级会计师评审由各地自行组织，时间不同。要想一次性通过评审，考生需要提前准备考试和论文发表。考生需要提前学习考试内容，提前准备论文发表，因为论文发表存在长达 8~18 个月的发表周期。

评审内容以考生从取得中级职称后到参加高级评审期间的主要财务工作业绩为主，因此考生需要在这些方面进行准备。要实现最短一年的取证周期，考生需要同步进行考试、论文发表和评审的准备。

在论文发表后的等待期间进行备考，在备考阶段熟悉业绩要求，在工作中积极参与各类项目才是一年取证的正确方式。

10.在非答辩的地区，高级会计师评审评委喜欢什么样的人呢？

在非答辩的地区，评委自始至终是无法面见考生的，因此，考生在评审申报中的内容是评审委员会判断考生是否具备高级会计师任职资格的重要依据。而在众多申报资料中，以下部分是考生可进行优化的重点。

（1）如果考生是党员、获得过奖项或年度考核优秀，那么更容易获得评委的青睐。

（2）考生需要注重业绩的准备和呈现方式，列出充足的数据，突出自己的工作成果。

（3）在答辩和业绩报告的写作中，可以突出自己的优势和特点，如学历高、有获奖经历和考核优秀等。

综上所述，高级会计师评审评委更喜欢具备一定优势条件的考生。考生在评审过程中需要注重业绩的准备和呈现方式，突出自己的优势和特点。

11.明年参加高级会计师评审，今年需要做什么呢？

对于明年参加高级会计师评审的学员，现在需要做的准备包括以下几个方面。

（1）熟悉所在省市的评审时间。了解所在省市的评审时间，可以更有针对性地准备材料。

（2）发表论文。论文是高级会计师评审的重要材料之一，考生需要提前准备。因为论文的发表周期较长，所以考生需要提前准备论文，确保在评审之前能够发表完成。

（3）梳理个人业绩。参加高级会计师评审，考生需要提交个人业绩报告，需要提前梳理个人业绩，包括工作职责、工作内容、参与程度、项目结果等方面，确保在评审时能够提供充分的材料。

（4）参与或主持项目。如果可能的话，考生可以参与或主持一些相关的项目，这样能够增强评审时的竞争力。

总之，提前准备，可以确保考生在评审时能够提供充分的材料。

12.高级会计师评审业绩报告写多少字合适呢？

高级会计师评审的业绩报告字数要求因地区而异，例如山东要求 1200 字以内，浙江要求 5000 字以内，而有些地区则要求 3000 字以内。此外，业绩报告的内容也需要按照一定的格式和要求进行撰写，包括时间、工作职责、工作内容、参与程度、项目结果等方面。

13.今年考试考过了，但是没做好评审准备，明年再参加评审吗？

对于已经通过高级会计师考试的考生而言，建议不要错过每一次的评审机会，即便准备得不佳，或者业绩尚未开始进行挖掘补充，也应该尝试参加评审，这样做有以下几点好处。一是熟悉评审整体流程，为接下来的评审工作打下基础，因为在非评审阶段，评审系统是无法登录的。二是积累参评经验，为下一次参评做准备。多数考生在第一次参加评审时基本处于手忙脚乱的状态中，申报材料质量差，业绩未进行优化，竞争力有限，条件一般的考生更是有可能在准备不佳的情况下直接放弃评审，错失良机。

建议考生不放弃每一年度的评审机会。如若有条件提前开展评审准备工作，大部分考生是可以在评审开始前将自身各方面调整到较为优秀的状态的，前提是提早掌握业绩重点，在工作中时刻关注、积极参与。

14.各地高级会计师评审流程有什么区别？

各地高级会计师评审流程大体相同，都需要网上申报和现场提交纸质材料。对于非答辩的省市，评委将根据网上填写的信息进行评估，因此考生需要仔细填写。

在网上申报环节，考生需要填写大量的个人信息，包括基本条件、学术成果和工作业绩等。这些信息会影响最终的评审结果。

基本条件包括出生年月、籍贯、政治面貌、工作经历、学习经历、从业年限、年度考核结果、获奖、各种学术团体等，这些信息很可能会影响整体评审的分值。

学术成果主要是指发表的论文和其他的学术成就，国家对职称评审的论文非常重视，可能需要有 2~3 篇论文。

工作业绩是最重要的部分，主要包括从中级会计师证书取得之后到参加评审期间的业绩，具体包括在单位和兼职单位的财务工作业绩。

各地评审政策的差异主要体现在评审时间、论文篇数、论文收录网站、业绩报告字数等方面，建议考生在考试前掌握自身评审优劣势，并提早进行优化和梳理，确保考试通过后，在评审阶段已经有了相对较高的业绩完善度，以此实现最短年限取证。

15.备考下一年度高级会计师考试，现在准备早吗？

准备在下一年度参加高级会计师考试的考生，应该尽早开始对考试、论文、业绩报告的准备。高级会计师考试内容较为复杂,考生需要提前准备。同时,考试大纲和教材相较于上一年度不会有太大变化,从往年数据来看,整体变化不会超过 5%,因此即便下一年度新课尚未更新,考生也可以提前开始进行学习。

此外,考生还需要进行论文的撰写和发表,以满足职称评审的要求。论文发表需要一定的时间,因此,考生需要在考试前做好论文发表的准备工作。如果等到考试成绩合格后再开始准备论文,可能会错过第一年甚至第二年的评审。

关于业绩报告写作,建议考生寻求专业机构的指导,在熟知自身业绩情况的前提下,有针对性地进行优化,确保考后论文到位、业绩报告到位。考生只有这样做,才能最大限度地在评审环节取得优势。

16.论文提前发表,评审通过率就会大大增加吗?

提前发表论文可以提高评审通过率。高级会计师评审需要提交论文,论文发表需要一定的时间,如果等到考试成绩合格后再开始准备论文,可能会错过第一年甚至第二年的评审。因此,提前发表论文可以避免错过评审时间,提高评审通过率。

17.高级会计师评审中的业绩报告要怎么写才能出彩呢?

为了在高级会计师评审中脱颖而出,业绩报告需要具备以下特点。

(1)突出自己的工作成果和贡献。通过具体的数据和案例来展示自己在工作中所取得的成果和贡献,如财务报表分析、成本控制、风险管理等方面的具体数据和案例。

(2)展示自己的专业能力和管理水平。通过描述自己在团队中所起的作用、对单位整体运营的把控,以及在解决疑难问题时的决策能力等来展示自己的专业能力和管理水平。

(3)强调自己的社会价值。除了工作业绩和管理能力外,还需要强调自己在单位之外的社会价值,如参与公益活动、行业交流、专业培训等,这些都能够展示自己的综合素质和社会责任感。

(4)体现自己的学习能力和适应能力。在评审中,评委也会关注考生是否具备持续学习和适应变化的能力。因此,考生可以通过描述自己在工作中不断学习和适应变化的情况来体现自己的学习能力和适应能力。

(5)表述清晰、准确、简洁。在写业绩报告时,考生需要表述清晰、准确、简洁,避免使用过于复杂或模糊的词汇和句子。同时,考生要控制好篇幅,突出重点内容,让评委能够快速了解业绩和特点。

总之,高级会计师评审中的业绩报告需要突出自己的工作成果、专业能力和管理水平,同时体现自己的社会价值和学习适应能力,并且在文字表述上要清晰、准确、简洁,这样才能在评审中脱颖而出,获得评委的认可。

18.拥有高级会计师职称对职业发展有哪些帮助呢?

拥有高级会计师职称对职业发展有很多帮助。首先,拥有高级会计师职称可以提升个人职业竞争力,增加职业机会和升职加薪的概率。在财务领域,高级会计师是一个非常受尊重和认可的职称，在职业发展中更具优势，有机会获得更好的职位和更高的薪资。

其次，高级会计师可以提升公司的竞争力。拥有高级会计师职称的人往往具备更高的财务管理水平，能够更好地帮助公司制定战略、决策和规划。

再次，考取高级会计师证书还可以拓展人际关系网。在学习和考试过程中，考生可以结交来自各行各业的同学和朋友，拓展自己的人脉和人际关系网。这对于个人职业发展和公司业务拓展都非常有帮助。

最后，考取高级会计师证书还可以为个人带来精神上的满足和成就感。考生要想通过考试和评审需要付出很多精力和时间，一旦成功获得证书，将会带来一种成就感和满足感，同时也可以为个人带来更多的自信和动力。

19.期刊文章可以作为高级会计师评审的业绩材料吗？

期刊文章可以作为高级会计师评审的业绩材料，但并不被视为主要的业绩材料。在大部分地区的高级会计师评审中，论文属于学术成果，而不是业绩。这是因为论文发表是参加高级会计师评审的基本条件，对于每个人来说都是一样的，它不能作为个人的亮点和独特贡献。

然而，在某些地区，论文可能被视为业绩材料的一部分。在这种情况下，考生需要按照当地的要求将论文作为业绩材料之一。

总的来说，论文是高级会计师评审的必要条件。政策要求论文的，没有论文不能参加评审；政策没有要求论文的，论文可以作为评审加分项，提升考生在评审阶段的竞争力。在业绩条件较为普通的前提下，建议考生在满足参评条件的论文发表要求基础上，额外增加1~2篇论文，可以增强评审阶段的竞争力。

20.山东省高级会计师评审有哪些特色呢？

山东省在高级会计师评审中，要求相对较为严格。山东省的业绩报告字数要求为1200字，相比其他一些省份的字数要求确实较低，但这使得山东省的评审难度相对较高，因为考生需要在有限的字数内充分展示自己的工作成果和贡献。

在撰写业绩报告时，考生需要注意以下几点。

（1）时间要素。业绩报告中需要包含工作经历和项目完成时间，这有助于评委了解考生的工作历程和近期的业绩。

（2）工作经历。考生需要清晰地表述在哪个单位工作，担任什么职务，以及具体的工作内容和职责。

（3）项目成果。考生需要详细说明所参与项目的成果，包括项目的资金来源、项目的主要内容和目的、项目的实施过程以及项目的最终结果。

（4）个人贡献。在描述工作和项目时，考生需要突出个人贡献和在团队中的角色，包括在项目中承担的责任、所做出的决策、解决的问题以及所取得的成果。

（5）精简文字。由于字数限制，考生需要精简文字，尽量使用简洁的语言描述业绩。同时，考生要注意控制句子和段落长度，避免出现废话和重复的内容。

（6）突出亮点。在描述业绩时，考生需要突出亮点和独特贡献，包括在项目中取得的突破性成果、对单位的贡献以及获得的荣誉和奖项等。

总之，山东省的高级会计师评审要求相对严格，考生在撰写业绩报告时需要注意字数限制和内容的选择。精简文字、突出亮点和充分展示自己的工作成果和贡献，可以提高评审通过的概率。

21.之前发表的论文查不到还能用吗？

近年来，各地陆续提出了论文需要网上检索的要求，且要求在评审申报系统中上传检索页图片或检索网址。如果之前发表的论文查不到了，那么考生需要根据当地评审政策中的论文要求来判断其是否可以使用；如果以前发表的论文可以正常检索，那么可以继续使用。

对于要求论文必须能够被检索的地区，如果往年发表的论文已经无法正常检索，考生需要重新安排一篇论文，以确保下一次的评审能够满足参评条件。而对于不要求论文被检索的地区，考生可以继续使用之前发表的论文参加评审，但需要确保您的论文已经正式发表并且符合当地评审政策的相关规定，避免因论文不符合条件造成无法参加评审的情况。

22.本科学历，工作经验不到5年可以参加高级会计师评审吗？

一般来说，本科学历并且工作经验不到5年的人无法参加高级会计师评审。通常，高级会计师评审需要申请人在取得中级会计职称后有5年的工作经历，或者取得本科学历后从事财务工作满5年。

对于那些半路出家，之前没有从事财务工作，近三四年才开始从事财务工作的人来说，他们只要取得中级会计职称已经多年，就可以参加高级会计师考试。但是，如果他们的本科毕业时间还没有满5年，他们可能无法参加高级会计师评审。

不过，只要申请人的学历和中级会计职称都满足5年的要求，他们就可以报名参加高级会计师考试，并且可以参加评审。高级会计师考试和评审对学历和工作年限的要求是一样的。因此，只要满足这些条件，申请人就可以参加高级会计师评审。

23.在自评表中给自己的评分很高，对高级会计师评审有负面影响吗？

在高级会计师评审中，在自评表中给自己的评分高并不会对评审产生负面影响，因为自评表是为了让申请人了解自己的优势和不足，从而有针对性地提升自己的各项能力。

浙江省和广东省的高级会计师评审中都有自评表，申请人可以根据自己的基本情况、学术成果等内容进行自我评分。申请人可以根据评分标准填写自评表，然后有针对性地改善差的方面，以提高自己的得分。

需要注意的是，最终的评分是由各个省市的评委打分综合得出的，内容主要包括学历、职务、业务能力等方面。因此，申请人需要全面提升自己的各项能力，才能获得更好的评分效果。

在高级会计师评审中，自评表中的各部分内容所占的分值比例是比较小的，一般只占到总分的 30%～35%。而最终能否通过评审，主要还是看申请人的工作业绩。因此，申请人需要注意提高自己的工作能力和业绩，这才是获得更高评分的关键。

24.业绩报告中要避免的坑有哪些？

在撰写业绩报告的过程中，考生需要注意一些问题，以避免对评审产生不利影响。以下是一些可能对评审产生不利影响的因素。

（1）学历和专业。如果考生所学专业与财务或经济不相关，如土木工程或物理学，那么在业绩报告中不必提及。相反，如果考生拥有高学历，如硕士或博士学位，应该突出显示，因为高学历对评审有积极影响。

（2）职务和工作经验。在描述工作经验时，考生不要过多强调基层岗位，例如会计或出纳，相反，应该突出管理经验、领导能力和战略眼光等。

（3）年龄和资历。年龄对评审的影响不大，但考生如果很年轻，不必在业绩报告中提及。相反，如果考生拥有丰富的资历和经验，应该突出显示，这将对评审产生积极影响。

总之，在撰写业绩报告时，考生应该选择性地突出自己的优势和成绩，避免过多提及与财务或经济不相关的内容，要注意言简意赅地表达自己的能力和经验，给评审委员会留下更好的印象。

25.高级会计师评审业绩的重点是什么？

在高级会计师评审中，无论考生在职场中的职务高低，都应该注意自己在财务工作中的角色定位，以突出自己的管理职能和领导能力。

在写业绩报告时，考生应该强调自己在公司或事业单位中所扮演的角色，突出自己在决策、管理、协调等方面的能力。即使职务不高，考生也可以通过描述自己在工作中的积极建议、主动承担职责、推动工作进展等方面的表现来提升自己的形象。在文字描述中，考生应该使用"我主持了什么工作""我是如何推进的""我要求业务部门做了什么"等表述方式来突出自己的管理职能和领导能力，这将有助于评审委员会更好地了解考生的工作成果和贡献，并提升考生的通过概率。

在写业绩报告时，考生还应该注意突出自己的业绩所带来的影响和价值。例如，考生可以强调自己通过某项工作所实现的成本节约、效益提升、风险控制等方面的成果，以证明自己的价值和贡献，这将有助于提升评审委员会对考生的认可度和评价。

此外，考生采用合理的文字描述和表述方式，可以更好地展示自己的能力和贡献，提升评审通过概率。

26.高级会计师评审的评分标准包括哪些内容？

高级会计师评审的评分标准一般由三部分组成：基本条件、工作业绩和答辩。不同地区的评分标准可能会有所不同，但大体上都是以这三部分为基础进行评估。

（1）基本条件。这部分主要包括学历、职务、工作单位、年度考核结果、从事财务工作经历等内容。根据不同情况，这些条件可以有一定的加分。

(2)工作业绩。这部分是评审中最为重要的一部分,通常占到总分的35%左右,主要包括工作年限、职务、发表论文、课题研究、专著出版等多个方面。每个方面都有相应的加分标准,例如,工作年限每满3年加1分,发表论文每篇加4分等。

(3)答辩。答辩是评审过程中的一个重要环节,通常占总分的50%。在答辩中,申请人需要对自己的工作业绩进行陈述和展示,回答评委的问题。答辩的表现也会对最终的评分产生重要影响。

需要注意的是,不同地区的评审标准可能会有所不同,具体的评分标准可能会有细微的差异。因此,考生如果想要了解更详细的评分标准,建议到当地财政部门或相关机构查询或咨询。同时,考生也要注意在申请过程中提供真实、准确、完整的材料,以避免因为材料不真实或不完整而影响最终的评审结果。

27.高级会计师评审中的业绩报告是不是字数越多越好?

在高级会计师评审中,业绩报告的字数并不是越多越好。虽然字数多的报告可以涵盖更多的工作成果和贡献,同时也可能使得评委难以抓住重点,或者造成报告冗长而不便阅读。

因此,写业绩报告时应该注重以下几点。

(1)精简明了。在保证内容完整的前提下,尽量精简文字,突出重点。每个段落都应该有一个明确的主题或中心思想,避免重复和冗余。

(2)突出亮点。在描述工作成果和贡献时,要突出亮点和独特之处。例如,考生可以强调自己在某个项目中所扮演的关键角色,或者在某个领域中所取得的突出成绩。

(3)突出管理职能。在描述工作经历时,要注重突出自己的管理职能和领导能力。考生可以描述自己在规划、组织、协调、管理团队等方面的工作,以及如何为公司或事业单位创造价值。

(4)突出对单位的贡献。在描述工作成果时,要注重突出自己对单位或事业单位的贡献。考生可以强调自己通过某项工作所实现的成本节约、效益提升、风险控制等方面的成果,以证明自己的价值和贡献。

总之,写业绩报告时应该注重突出亮点、管理职能和对单位的贡献等方面的内容,同时保持精简明了,让评委能够快速了解自己的工作成果和贡献。

28.普通财务工作者参加高级会计师评审如何从业绩入手?

普通财务工作者参加高级会计师评审时,可以从以下几个方面突出自己的业绩。

(1)工作成果和贡献。在业绩报告中突出自己在工作中所取得的成果和贡献。这些成果和贡献可以包括考生在财务管理、会计核算、成本控制等方面的工作成绩,以及为公司或事业单位带来的效益和价值。

(2)管理能力和领导能力。在业绩报告中突出自己的管理能力和领导能力。考生可以描述自己在规划、组织、协调、管理团队等方面的工作,以及如何带领团队解决工作中的难题和挑战。

（3）学习和成长。在业绩报告中突出自己的学习和成长。考生可以描述自己通过学习、培训、交流等方式，不断提高专业水平和技能，以及如何将这些知识和技能应用到实际工作中。

（4）行业或领域的贡献。在业绩报告中突出自己在特定行业或领域中的贡献。考生可以描述自己如何了解和掌握行业动态和政策法规，如何为公司的战略发展提供支持和建议，以及如何推动行业或领域的发展和进步。

总之，对于普通的财务工作者来说，他们要参加高级会计师评审，需要在业绩报告中突出自己的工作成果和贡献、管理能力和领导能力、学习和成长以及行业或领域的贡献等。同时，他们需要提前做好准备，留够充足的时间来整理和撰写业绩报告，并与单位保持良好的沟通，获得单位的支持和认可。

29.评委的表情对考生的心态有哪些影响？

答辩过程中评委的表情可能会对考生的心态产生影响。考生应该明确的是，评委的表情并不能代表评审结果。

在答辩中，考生需要保持冷静、自信和专业的态度，专注于回答评委的问题，并且能够清晰、准确地表达自己的观点和思路。如果考生能够做到这一点，那么无论评委的表情如何，都不会对考生的心态产生过大的影响。

考生在答辩前需要做好充分的准备，包括了解评审标准、准备材料、练习口语表达等。只有做好了充分的准备，考生才能够更加自信地面对评委的提问，并且能够更好地展示自己的能力和贡献。

对于考生来说，答辩结束后，踏踏实实地等待评审结果才是最重要的。如果考生已经做好了充分的准备，并且在答辩中表现出了自己的专业能力和贡献，那么无论评审结果如何，都不应该对自己的心态产生过大的影响。

30.选择考注册会计师证书，还是考高级会计师证书？

考生可以根据个人情况和职业规划来决定。

首先，考生需要了解注册会计师证书和高级会计师证书的区别。注册会计师证书和高级会计师证书是两个不同的职业资格，分别对应不同的岗位和职责。注册会计师证书是从事审计、咨询等业务的专业资格，适合年轻的考生考取，因为他们有充足的时间进行学习和实践。而高级会计师证书则是针对财务管理、会计等领域的专业资格，适合有一定的工作经验和专业积累，已经在财务岗位工作多年，有了一定职业晋升需求的人士考取。

其次，考生需要考虑个人的职业规划和目标。考生如果希望在财务领域有更深入的发展，或者想要提升自己的职业地位和待遇，那么考取高级会计师证书是有必要的。因为高级会计师证书不仅是一个职业资格，更是一个衡量财务管理水平和专业能力的标准，考取高级会计师证书可以提升自己在单位内部的职级和地位，也有助于提高自己的工资待遇和福利水平。

最后，考生需要考虑个人的实际情况。考生如果时间充裕，精力足够，家庭情况允许，那么同时考取注册会计师证书和高级会计师证书也是有可能的。但是需要注意，两个证书都有一定的考试难度和要求，考生如果时间紧张或者精力不够，那么可以先考取其中一个证书，等到有更多时间和精力的时候再考取另一个证书。

31.高级会计师评审未通过的原因有哪些？

高级会计师评审未通过的原因有很多，以下是一些常见的原因。

（1）答辩表现不佳。在答辩省份，答辩是评审过程中的一个重要环节，考生如果答辩表现不好，就很难给评委留下深刻印象。常见的问题包括缺乏自信、回答不准确、没有条理、思路不清晰等。

（2）业绩不够突出。在评审中，评委通常更关注申请人的业绩。如果申请人的业绩不够突出，就很难在评审中脱颖而出。

（3）材料不规范或不齐全。评审过程中，申请人需要提交一系列材料，包括工作经历、成果报告、培训经历等。如果材料不规范或不全，就会影响评委对申请人的评价。

（4）缺乏高级职称相关知识。参加高级会计师评审，考生需要掌握一定的会计、财务、税务等领域的知识和技能。考生如果缺乏这些相关知识，就很难在评审中获得好的评价。

（5）不符合评审要求。每个地区的评审要求都有所不同，如果申请人的条件不符合评审要求，就很难通过评审。

为了提高评审通过率，申请人需要注意以下几点。

（1）提前了解评审要求和流程，做好充分的准备。

（2）准备规范的、齐全的材料，确保材料的质量和完整性。

（3）在答辩省份，积极参加答辩前的模拟训练，提升自己的答辩能力和技巧。

（4）在工作和学习中积极积累经验和知识，提升自己的专业素养和能力。

（5）注意材料的细节和规范性，确保材料的质量和真实性。

32.高级会计师评审评委更喜欢哪些类型的人？

高级会计师评审评委更喜欢具备专业能力和实践经验的人。他们通常会关注申请人在会计、财务、税务等领域的知识和技能，以及在实践工作中的表现和能力。如果申请人在这些方面表现出色，并且在业绩报告中能够突出自己的贡献和成果，那么就会给评委留下深刻的印象。

高级会计师评审评委也喜欢具备独立思考和创新精神的人。他们更喜欢看到申请人具备独特的见解和思考能力，能够在实践中发现问题并提出解决方案。同时，他们也喜欢看到申请人具备创新精神，能够不断探索新的领域和尝试新的方法。

高级会计师评审评委还喜欢具备良好沟通和协作能力的人。他们更喜欢看到申请人在工作中能够与他人进行有效的沟通和协作，共同完成工作任务。

33.拿下高级会计师证书的人算是财务领域的高端人才吗？

是的，拿下高级会计师证书的人可以被认为是财务领域的高端人才。高级会计师不仅需要具备丰富的财务知识和技能，还需要具备较强的管理能力和领导力。他们通常在财务战略规划、决策支持、成本控制、风险管理等方面发挥着重要作用，为企业的运营和发展做出重要贡献。

与注册会计师等其他财务相关职业资格相比，高级会计师在职称等级上更高，更注重实践经验和综合能力。高级会计师通常需要具备多年的财务工作经验，能够解决复杂的财务问题，并且具备较强的管理能力和领导力。因此，拿下高级会计师证书的人可以被认为是财务领域的高端人才。

在评定高级会计师时，除了考试成绩，评委还会着重考查申请人的工作业绩和贡献。这包括申请人在财务管理、会计等方面的专业能力和实践经验，以及在团队管理、领导力等方面的表现。因此，申请人需要在工作中积累丰富的经验，并且在高级会计师考试和评审中表现出色，才能获得评委的认可。

34.考生发表论文应注意什么？

考生发表论文确实是一个挑战，以下是一些建议。

（1）了解所在省市的评审时间和政策要求。这可以帮助考生了解需要在何时之前完成论文发表，以及论文需要满足的条件。

（2）选择合适的期刊。选择符合论文主题和质量的期刊，并确保该期刊符合所在省市的评审要求。考生可以查阅一些知名的学术期刊目录或者参考他人的经验来做出选择。

（3）认真撰写论文。确保论文质量高、专业性强，符合学术规范，避免抄袭和剽窃。

（4）寻求专业帮助。可以寻求专业人士或机构的指导和建议，比如教授、学者或者专业的论文发表机构。他们可以提供有关论文撰写和发表的建议和帮助。

（5）适当提前准备。考虑到论文发表和评审的时间，可以适当提前准备，以确保能够在规定的时间内完成论文发表。

总之，考生发表论文需要了解所在省市的评审时间和政策要求、选择合适的期刊、认真寻求专业帮助、适当提前准备。考生如果能够做到这些，发表论文就不是一件难事。

35.参加高级会计师评审一定要知道的事有哪些？

考生参加高级会计师评审时需要知道以下几件事。

（1）论文发表要求。考生需要发表 2~3 篇论文，论文需要在知网、万方数据、维普网等数据库中收录。考生需要在考试前提前准备论文，并了解所在省市对论文的具体要求。

（2）业绩材料准备。考生需要提交业绩报告，需要在考试前提前准备业绩材料，确保材料的真实性和完整性。

（3）评审流程和时间。高级会计师评审由各省市自行组织，每年组织一次或两次，具体时间根据各省市的情况而定。考生需要关注所在省市的评审通知，按照要求提交相关材料。

（4）注意事项。考生需要认真准备，了解所在省市的评审要求和流程，确保材料的真实性和完整性。同时，考生需要注意时间安排，确保能够在规定的时间内完成所有准备工作。

36.报考高级会计师实务考试一定要知道的事有哪些？

报考高级会计师实务考试需要注意以下几点。

（1）考试报名时间和流程。高级会计师考试一般每年1月进行报名，报名流程较为简单，但需要仔细阅读报名要求和流程，确保报名信息的准确性。

（2）考试内容和难度。高级会计师考试主要考查考生的综合能力和应用能力，考试内容涉及面较广，难度较大。考生需要全面掌握财务、会计、管理等方面的知识，同时还要具备较高的分析能力和判断能力。

（3）考试规划和准备。考生需要制订合理的考试规划和准备计划，根据考试内容和难度，合理分配时间和精力。同时，考生还要注意考试技巧，掌握答题方法和技巧，提高答题效率和准确性。

（4）提前了解政策变化。政策变化可能会对高级会计师实务考试产生影响，考生需要提前了解政策变化，及时调整自己的备考策略和思路。

37.高级会计师评审答辩时应该注意什么？

高级会计师评审答辩时应该注意以下几点。

（1）准备充分。在答辩前，考生应该准备充分，包括熟悉论文和业绩材料，了解所在单位的实际情况，以及预设可能被问到的问题。

（2）突出自己的优势。在回答问题时，考生应该突出自己的优势和贡献，包括在单位的工作表现、领导能力、财务管理方面的经验和成就等。

（3）结合实际工作。在回答问题时，考生要结合实际工作情况，举例说明自己在单位的工作表现和贡献，以及如何解决实际问题。

（4）表达清晰。在回答问题时，考生要表达清晰、简明扼要，避免使用过于专业或复杂的术语，同时要注意语速和语调。

（5）对问题有把握再回答。考生应该先认真听取评委提出的问题，然后仔细思考后回答。如果对问题不太清楚或者没有把握，可以请求评委重新提问或者稍后再回答。

（6）保持自信和冷静。在答辩过程中，考生应该保持自信和冷静，不要过于紧张或焦虑，同时要注意礼仪和形象。

38.高级会计师评审环节应该注意什么？

高级会计师考试是全国统一的，科目为《高级会计实务》。考试通过后，考生需要参加评审，高级会计师评审由各省市自治区自行组织。

在评审环节中，考生需要注意以下几点。

（1）论文准备。在考试通过后，考生需要发表一定数量的论文，具体要求可能因地区而异。由于论文发表周期较长，因此考生需要在考试之前就着手准备论文，确保在评审之前能够完成并发表。

（2）工作业绩。除了论文，考生还需要准备自己在工作中的业绩材料。这些业绩材料应该能够体现考生在财务管理、会计工作等方面的能力和贡献。

（3）评审时间。评审时间因地区而异，有的地区当年考完试后就会进行评审，而有的地区则是等到第二年再进行评审。因此，考生需要提前了解所在地区的评审时间，以便做好准备。

（4）评审要求。不同地区的评审要求也可能不同。考生需要了解所在地区的评审要求，以便有针对性地准备材料和应对评审。

39.高级会计师最快取证流程是怎样的？

（1）考试报名和准备：高级会计师考试一般每年1月到2月进行报名，报名流程较为简单，但需要仔细阅读报名要求和流程，确保报名信息的准确性。考生需要提前准备好考试所需的资料和证件，以及确定好参加考试的地点和时间。

（2）制订学习计划：高级会计师考试内容涉及面较广，难度较大，因此需要制订合理的学习计划，包括每天的学习时间和内容安排。考生可以根据自己的实际情况和学习进度，适时调整学习计划，确保能够全面掌握考试内容。

（3）论文准备：通常，考生需要发表一定数量的论文。由于论文发表周期较长，因此考生需要在考试之前就着手准备论文。考生可以结合自己的工作和实践经验，选择一个合适的题目进行深入研究，并按照论文的格式和要求进行撰写。

（4）工作业绩准备：除了论文，考生还需要准备自己在工作中的业绩材料。这些业绩材料应该能够体现考生在财务管理、会计工作等方面的能力和贡献。考生可以整理自己过往的工作经历和成果，以及在领导和团队中所扮演的角色和所取得的业绩，作为评审材料。

（5）评审准备：高级会计师考试通过后，考生需要参加评审环节。高级会计师评审由各省市自治区自行组织，因此不同地区的评审要求和流程可能不同。考生需要了解所在地区的评审要求和流程，并按照要求准备好相关的资料和证明文件。

综上所述，考生需要充分了解考试要求和流程，制订合理的学习计划和论文准备计划，并准备好相关的资料和证明文件。同时，考生还需要注意时间安排和评审要求的变化，适时进行调整和补充。

40.参加高级会计师评审为什么要提前准备论文？

论文发表是高级会计师评审的必要条件之一，在评审开始时，考生如果尚未满足评审政策的论文要求（字数、篇数、收录等），是无法参加当年的评审的，因此，提前规划论文发表非常重要。高级会计师考试需要提前准备，因为考试难度较大。同时，论文和业绩是高级会计师评审的重要内容，考生需要提前准备并发表一定数量的论文，以及准备好自己在工作中的业绩材料。如果考生没有提前规划，很可能会错过评审机会。在准备考试和论文的过程中，考生可以制订合理的学习计划、论文和业绩准备计划，并准备好相关的资料和证明文件。同时，考生还需要了解所在地区的评审要求和流程，并按照要求进行准备。此外，考生还需要注意政策变化，适时进行调整和补充。

41.基层岗位员工参加高级会计师评审为什么更要提前准备业绩材料？

参加高级会计师评审的考生可能来自会计、出纳、稽核、科员等基层岗位，也可能来自经理、总监、主任、科长、处长等高层岗位，业绩部分没有在同一个起点上，职务低就意味着能接触到的财务工作是片面的，因此，基层岗位员工必须提前做好业绩准备，针对一些平时接触不到的业务，想办法积极地参与，保证参加评审的时候，业绩部分能更充实。在日常工作中，我们不是奔着职称评审去做工作的，即便是高管也一样需要进行业绩的补充和挖掘，因此，基于这个大的方向，考生就需要结合目前所拥有的业绩进行针对性的挖掘与补充，确保参评时，业绩部分能达到职称评审的要求。

而具体提前准备业绩的时间，考生要以自身当前工作情况为准，基层岗位员工甚至可以提前两年进行业绩的补充和挖掘。

42.高级会计师评审要求有哪些？

参加高级会计师评审需要满足一定的条件，包括考试成绩在有效期之内，以及论文符合当地的评审政策要求等。由于各地的评审要求可能不同，考生需要提前了解所在地区的具体要求，并按照要求进行准备。

在准备论文方面，考生需要选择合适的题目进行深入研究，并按照论文的格式和要求进行撰写。论文的准备需要一定的时间和精力，因此考生需要提前规划，确保有足够的时间进行准备。

此外，由于高级会计师评审的竞争较为激烈，考生需要充分准备，增强自己的竞争力。除了通过考试和准备论文之外，考生还需要准备好自己在工作中的业绩材料，以证明自己在财务管理、会计工作等方面的能力和贡献。

总之，参加高级会计师评审需要提前规划，充分准备，并注意当地的评审要求和政策变化。考生需要认真对待论文和业绩材料的准备，以确保顺利通过评审。

43.参加高级会计师评审，论文什么时间发表最好？

不同地区的高级会计师评审政策存在差异，但一般来说，论文的发表时间最好提前1~2年。这是因为，一方面，论文发表周期较长，需要经过写作、审稿、修改、排版等环节，耗费时间较长；另一方面，为了保证论文的质量和说服力，发表在知名的期刊上是比较有保障的选择，而这些期刊通常需要一定的审稿时间和版面安排，提前准备可以更好地把握发表的时间和机会。

准备参加2024年或2025年高级会计实务考试的考生现在就可以开始准备论文的写作和发表了。考生可以选择与自己专业领域相关、影响力较大的期刊发表论文，同时要注意期刊的审稿周期和版面安排，合理安排时间。

44.高级会计师评审答辩流程是怎么样的？

高级会计师评审答辩环节的流程和要求因地区和具体政策而异，但一般来说，答辩环节主要包括以下步骤。

（1）自我介绍。在答辩的开始，考生需要简短地介绍自己的基本情况，包括姓名、单位、从事的工作等。

（2）论文陈述。根据论文的内容，评委可能会要求考生对论文进行简要陈述，包括研究背景、研究方法、研究结果和结论等。

（3）回答问题。评委可能会就论文的内容或考生在工作中的业绩提出问题，考生需要在规定的时间内回答问题。

（4）互动交流。在答辩的最后，评委和考生可能会有一些互动交流，评委可能会就考生回答的问题进行进一步的追问或提出建议。

45.高级会计师评审业绩的要点有哪些？

高级会计师评审业绩确实是非常重要的内容，对答辩和评审结果都有很大的影响。以下是需要特别注意的几点。

（1）突出业绩数据。考生在陈述工作业绩时，一定要注重数据的呈现，比如节约了多少经营成本，提高了多少利润等。这些数据能够让评委更加直观地了解考生的工作成果，从而给出更高的评分。

（2）业绩取得时间。如果近几年考生没有从事财务工作，或者近期换到了其他职位，那么考生需要用其他的业绩来证明自己的能力和价值。从取得中级会计职称到参评这段时间内，考生需要保持持续的学习和提升，做出一些与财务相关的业绩，以证明自己仍然在财务领域有突出表现。

（3）调整申报材料比例。考生在准备申报材料时，要注意比例的合理性。不同的地区和单位对申报材料的比例要求可能不同，考生需要根据实际情况进行调整。如果申报材料比例不合适，可能会被评委认为是不符合要求，从而影响评审结果。

总之，高级会计师评审业绩需要注重细节和技巧，要突出自己的工作成果和价值，同时要注意申报材料的比例和要求。如果存在问题，考生需要有针对性地进行调整和完善，以提高评审通过的概率。

46.学历低对高级会计师评审有影响吗？

学历对高级会计师评审确实有一定影响，但影响相对较小。在浙江、广州、深圳和西藏四个地方，高级会计师评审需要填写结构化自评表，其中包含学历、职务、工作年限等基本条件，但学历所占的分值只有3~5分，相对于业绩部分和其他基本条件来说，影响较小。

因此，考生如果能够参加高级会计师考试并且满足评审条件，应该优先考虑优化自己的业绩和论文发表，这是评审的关键。同时，考生不要因为学历低而过分纠结，因为学历对评审的影响是极小的,更不要因为学历低,先去进行学历的提升,那样便是走弯路,延长了高级会计师的取证周期。由于对评审结果影响最大的是工作业绩,因此考生应将最大的精力投入业绩的优化工作。

47.高级会计师评审论文要求有哪些?

高级会计师评审论文要求因地区和时间而异,但一般都有以下要求。

(1)论文数量。高级会计师评审通常需要发表 2~3 篇论文,其中至少 1 篇是关于财务或会计方面的研究或案例分析。

(2)论文质量。论文应具有较高的学术水平和实际应用价值,能够体现作者的学术素养和综合能力。论文应符合学术规范,不抄袭、不剽窃他人成果,不伪造数据或捏造事实。

(3)论文方向。论文方向应与申报专业相关,与申报人从事的财务或会计工作密切相关。论文应具有一定的创新性和实用性,能够反映申报人在本领域的专业水平和经验。

(4)论文发表。论文需要在学术期刊上发表,期刊的级别和权威性需符合当地财政部门或人事部门的要求。一般来说,知网、万方数据、维普网等数据库收录的期刊是被广泛认可的。

(5)答辩表现。在论文答辩环节,申报人需要能够清晰地陈述论文内容、回答评委的问题,并能够结合自己的实际工作经验进行阐述和讨论。申报人的答辩表现也会对评审结果产生一定的影响。

需要注意的是,不同地区和不同时间的高级会计师评审要求可能会有所不同,因此申报人需要仔细阅读当地财政部门或人事部门发布的具体要求和通知,以便更好地准备论文和答辩。

48.为什么说通过高级会计师考试后再准备论文和业绩来不及?

通过高级会计师考试后再准备论文和业绩确实可能会来不及。这是因为高级会计师评审需要满足一定的条件,包括考试成绩、论文发表和业绩材料等。如果高级会计师考试通过后再开始准备这些材料,可能会因为时间紧张而无法在规定时间内完成所有的准备工作,从而错过当年的评审机会。

论文的发表需要一定的时间,一般需要至少几个月的时间进行写作和修改,然后还需要经过投稿、审稿、排版等过程,因此提前准备论文是非常必要的。此外,业绩材料的准备也需要一定的时间和精力,需要对自己的工作进行梳理和总结,并按照评审要求进行整理和提交。如果考试后再开始准备这些材料,可能会因为时间紧迫而无法充分准备,从而影响评审结果。

因此,建议考生在考试前就提前准备论文和业绩材料,这样不仅可以更好地应对评审要求,还可以避免因为时间紧张而错过评审机会。同时,提前准备这些材料也可以为后续的评审工作留下充足的时间和精力,从而更好地应对答辩等环节。

49.要想获得高级会计师职称，务必知道哪几件事？

高级会计师考试形式是笔试，考试内容是《高级会计实务》。考试成绩达到合格标准后，考生还需要准备论文和业绩材料，以及参加评审环节，才能获得高级会计师职称。

在论文方面，考生需要提前准备，因为论文发表周期较长，需要一定的时间进行写作和修改。同时，考生还需要注意论文的方向和内容要与自己的工作相关，并能够体现自己的专业水平和综合能力。

在业绩材料方面，考生需要对自己的工作进行梳理和总结，并按照评审要求进行整理和提交。业绩材料是评审环节中非常重要的一部分，因此考生需要认真对待，尽可能提供详尽、准确的材料，以展示自己的工作业绩和能力。

在评审环节中，部分地区考生还需要参加现场答辩，这是评审的重要环节之一。在答辩环节，考生需要具备良好的口头表达能力和应变能力，能够清晰地阐述自己的观点和思路。

总之，要想获得高级会计师职称，考生需要具备扎实的专业知识和良好的综合素质，同时还需要提前准备论文和业绩材料，并在评审环节中认真对待每一个环节。

50.事业单位业绩包括哪些内容？

事业单位考生约占到整体高级会计师考生的30%，且事业单位考生也是参与高级会计师评审的基层岗位最集中的人群，结合多数考生通过评审的经验，总结了常见事业单位业绩如下。

（1）制度建设及内控：编制、修订完善单位各项财务相关制度规范。
（2）资产管理：资产采购、清查、盘点，应收账款收回及降低。
（3）成本管理：三公经费、低值易耗品、人力成本等取得较好经济效益。
（4）信息化建设：信息系统升级、财务软件升级、系统培训等。
（5）资金管理：资金拨付、专项资金管理、资金集中管理等。
（6）新政府会计制度相关：适应变化、针对性调整、培训等。
（7）人才培养：培训、组织培训等。
（8）预决算：编制、执行、考核、评价。

51.高级会计师评审的细节要求有哪些？

在高级会计师评审中，考生需要注意很多细节要求。

首先，对于业绩材料的准备，考生需要认真回顾自己多年的工作经历，挑选出最具有代表性和独特性的工作业绩进行展示。这些业绩可以是参与或负责的项目、取得的成果、解决的问题等，但一定要与评审标准相符合，并且能够体现自己的专业能力和综合素养。

其次，佐证材料的提交也是非常关键的一环。每一项业绩都需要提供相应的佐证材料，这些材料可以是项目合同、验收报告、奖励证书等，以证明自己所描述的工作业绩的真实性和可信性。如果缺乏相应的佐证材料，评委可能会对业绩的真实性产生怀疑，从而影响评审结果。

此外，在答辩的地区，答辩环节也非常重要。在答辩过程中，考生需要清晰地表达自己的观点和想法，并且能够准确地回答评委的问题。如果答辩表现不佳，即使业绩材料再优秀，也会对评审结果产生不利影响。

综上所述，考生不仅要在业绩材料和佐证材料的准备上做到精益求精，还需要在答辩环节展现出自己的专业素养和综合能力。只有综合考虑所有因素并做好充分准备，才能提高评审通过的概率。

52.高级会计师评审答辩方向是什么？

在高级会计师评审中，除了论文和业绩的准备，在答辩的地区，答辩环节也非常重要。在答辩过程中，评委通常会针对申报人员的论文和业绩进行提问，因此申报人员需要熟悉自己的论文和业绩，并能够准确回答问题。

针对论文的提问，申报人员需要理解论文的主题和内容，掌握论文的研究方法和结论，并能够回答评委关于论文的提问。在回答问题时，申报人员需要清晰地表达自己的观点和想法，并且能够准确地回答问题。

针对业绩的提问，申报人员需要熟悉自己的工作经历和业绩成果，并能够回答评委关于业绩的提问。在回答问题时，申报人员需要详细描述自己的工作内容和方法，以及取得的成果和影响，并能够回答评委关于业绩的具体问题。

除了关于论文和业绩的提问，评委还可能会问一些其他的问题，比如对会计行业的看法、对未来职业发展的规划等。申报人员需要做好充分的准备，回答问题时要清晰、准确、有条理。

53.为什么高级会计师更受企业青睐？

在高级会计师和注册会计师的竞争中，高级会计师通常更受企业青睐的原因主要在于其具有丰富的经验和出色的业绩。考生通常需要有多年的财务工作经验，并且需要通过评审委员会的严格评估才能获得高级会计师职称。因此，他们在财务管理、预算、资产管理、资金管理和税务筹划等方面往往有更丰富的实践经验。这些经验和能力在实践中可以为企业带来更多的价值，因此企业更倾向于招聘具有这些经验和能力的高级会计师。

相比之下，注册会计师通常较年轻，虽然他们也拥有丰富的财务知识和技能，但由于工作经验相对较少，往往需要更多的时间来适应企业的实际运营。虽然注册会计师在理论知识和专业能力上也很出色，但在实际操作中，他们可能需要付出更多的时间成本和机会成本来展示自己的能力。

因此，企业在招聘时，往往会优先考虑具有丰富经验和出色业绩的高级会计师。当然，这并不意味着注册会计师不如高级会计师，而是因为不同的职位对于人才的需求不同。企业需要根据自身的需求和情况来选择合适的人才。

总之，对于想要在职业生涯中取得成功的人来说，不断学习和积累经验是非常重要的。因此，我们应该不断学习和提高自己的能力，以适应不断变化的市场需求。

54.高级会计师评审业绩报告撰写要点有哪些？

在准备高级会计师评审业绩时，申报人员需要根据当地政策和评审要求来制定相应的写作策略，同时要了解评审的时间和业绩要求，并根据这些信息来制订写作计划。

在写业绩报告时，申报人员需要把握好基础业绩、重大业绩和管理业绩的比例。其中，基础业绩主要包括制度建设和内控等方面，这是每个申报人员都必须具备的。在写作时，申报人员可以适当选取一项或两项具体的工作内容进行详细描述。

重大业绩是评审中较为看重的一部分，需要突出申报人员在解决单位财务或管理问题方面的贡献。重大业绩可以包括成本管理、税务筹划、投资决策、融资申请、组织培训等多方面内容。申报人员需要根据自身实际情况选择最有代表性的事件进行描述，突出自己在这些方面的能力和贡献。

管理业绩则相对比较事务性，主要包括预决算、内审、资产管理、资产盘点和信息化建设等方面的工作。这部分内容主要是为了体现申报人员的管理能力和综合素质，可以根据自身实际情况适当选取和描述。

除了把握好比例外，申报人员在写作时还需要注意用词准确、简明扼要，突出重点和亮点。同时，申报人员需要将文字描述与数字和具体案例相结合，使业绩更加生动有力。

总之，申报人员在准备高级会计师评审业绩时，需要认真了解当地政策和评审要求，并根据自身实际情况制定相应的写作策略。在写作过程中，申报人员需要把握好比例和重点，用简洁明了的语言描述自己在各个方面的能力和贡献。同时，申报人员需要注意与数字和具体案例相结合，使业绩更具说服力。

55.注册会计师的真实薪酬是怎样的？

注册会计师等并不是取得证书就可以达到年薪百万元的，实际上，其薪酬水平受到很多因素的影响，包括个人的工作经验、所在行业、市场环境等。而且每个行业的薪酬水平都有其自身的特点和规律，不能简单地进行比较和衡量。

想要在注册会计师等职业领域获得高薪的人需要具备全面的能力和经验，同时要善于抓住机遇，发挥自己的专业优势和个人价值。此外，不断提升自己的能力和学习新的知识也至关重要，他们只有不断进步才能适应市场的发展和变化。

总之，注册会计师等职业的薪酬水平，需要从多方面考虑和评估。想要在注册会计师等职业领域获得成功的人需要不断地提升自己的能力和经验，发挥自己的优势和价值，同时要保持积极的心态和不断学习的态度。

56.小企业的高管和事业单位的基层岗位员工哪个更容易通过高级会计师评审？

对于小企业的高管和事业单位的基层岗位员工哪个更容易通过高级会计师评审，不能简单地根据岗位名称和单位规模来判断。实际上，高级会计师评审的通过率取决于多个因素，包括个人能力、工作经验、业绩表现等。

对于小企业的高管来说，由于他们需要直接参与到企业的各项工作中，才能够接触到更多的经济、财务、人事等相关工作，因此在业绩多元化方面更具有优势。同时，由于小企业的业务相对简单，高管的工作内容也相对较少，因此小企业的高管能够更好地掌握和发挥自己的能力和价值。

而对于事业单位的基层岗位员工来说，虽然工作内容相对单一，但是也有自己的优势。例如在制度建设、内控预算、固定资产管理等方面，事业单位的工作更为专业和规范，能够提供更为稳定和可靠的工作环境。此外，事业单位的基层岗位员工可以积极参与一些周期较长、综合性较强的项目和业务，积累更多的工作经验和业绩，提高自己的竞争力。

总之，无论是小企业的高管还是事业单位的基层岗位员工，都需要在个人能力、工作经验、业绩表现等方面不断提升自己，才能更容易通过高级会计师评审。即不能简单地以岗位名称或单位规模来判断哪个更容易通过高级会计师评审，而是要根据考生的实际情况和能力来判断。

57.报考高级会计师有哪些条件？

（1）基本条件

遵守《会计法》和国家统一的会计制度等法律法规，具备良好的职业道德，无严重违反财经纪律的行为，热爱会计工作，具备相应的会计专业知识和业务技能。

（2）学历和资历条件

具备大学专科学历，取得会计师职称后，从事与会计师职责相关工作满10年。

具备大学本科学历或学士学位，取得会计师职称后，从事与会计师职责相关工作满5年。

具备硕士学位或第二学士学位、研究生班毕业，取得会计师职称后，从事与会计师职责相关工作满2年。

具备博士学位，取得会计师职称后，从事与会计师职责相关工作满1年。

以上是报考高级会计师的基本门槛，具体要求可能会因地区不同而有所不同。建议考生在报名前仔细阅读报名要求或咨询考试机构工作人员。

58.注册会计师和高级会计师哪个更厉害？

注册会计师和高级会计师是两种不同的职业资格，它们的定位和职责也不同，因此很难直接比较哪个更厉害。

注册会计师是一种执业资格，主要面向审计、会计、税务等领域，负责审计、会计、税务等相关工作。注册会计师的考试难度较大，要求考生具备扎实的专业基础知识和丰富的实践经验，同时还需要通过多门科目的考试才能获得证书。

高级会计师是一种职称资格，主要面向企事业单位的财务、会计、审计等领域，负责企事业单位的财务管理、会计报表编制、财务分析等相关工作。高级会计师的职称评定要求较高，需要考生具备丰富的实践经验和较高的学术水平，同时还需要通过综合评审才能获得证书。

因此，注册会计师和高级会计师各有所长，无法直接比较哪个更厉害。如果你想从事审计、会计、税务等领域的工作，可以考虑考取注册会计师证书；如果你想从事企事业单位的财务、会计、审计等领域的工作，可以考虑考取高级会计师证书。同时，如果你想提高自己的职业竞争力，也可以考虑考取这两种证书。

59.考取注册会计师证书可以使你成为财务高端人才吗？

考取注册会计师证书并不能直接使你成为财务高端人才，但可以为你提供更多的职业发展机会，提高你的职业素质，这将有助于你在职场中不断成长和获得成功。

如果你想成为财务高端人才，建议你考虑以下几个方面。

（1）不断学习和提高自己的专业素质。除了考取注册会计师证书外，你还可以考虑继续考取高级会计师、注册税务师、资产评估师等高级职业资格证书，这些证书将有助于你提高自己的专业素质和职业能力。

（2）积累更多的实践经验。你需要在工作中不断积累经验，将理论知识应用到实际工作中，提高自己的实践能力和解决问题的能力。

（3）扩大人脉和社交圈。与同行建立良好的关系，参加行业会议和交流活动，加入行业协会或专业组织，将有助于你了解行业动态和趋势，获取职业发展机会。

（4）寻求导师或职业发展指导。寻找有经验的导师或职业发展指导者，他们可以为你提供宝贵的建议和指导，帮助你更好地规划职业发展。

总之，要想成为财务高端人才，你需要不断努力和学习，积累实践经验，扩大人脉和社交圈以及寻求导师或职业发展指导者的帮助。希望这些建议对你有所帮助。

60.高级会计师评审失败的常见原因有哪些？

高级会计师评审失败的常见原因有以下几点。

（1）业绩不突出。在评审中，评委通常更关注考生的实际业绩和能力。如果考生在工作中没有从事过大型项目或担任过重要职务，或者工作业绩不够突出，可能会影响评审结果。

（2）论文质量不高。考生需要在一定时间内发表一定数量的论文。如果考生发表的论文数量不足或者论文质量不高，可能会影响评审结果。

（3）材料准备不充分。评审过程中，考生需要提交一系列材料，如个人简历、工作经历、学历证明、推荐信等。如果考生提交的材料不完整或存在错误，可能会给评委留下不良印象，影响评审结果。

（4）答辩表现不佳。高级会计师评审通常包括答辩环节，要求考生在评委面前展示自己的专业能力和综合素质。如果考生在答辩环节表现不佳，如回答问题不准确、表达不清晰等，可能会影响评审结果。

（5）不符合报考条件。高级会计师评审有明确的报考条件和要求，如果考生不符合报考条件或要求，可能会被评审委员会拒绝。

需要注意的是，高级会计师评审失败的原因可能因人而异，不同的评委和评审机构可能会有不同的标准和要求。因此，考生在参加评审前应该充分了解评审要求和条件，做好充分的准备和规划。

61.高级会计师教材几年换一次？

高级会计师教材一般三年进行一次大的调整，而最近一次大的调整是在2022年增加了财务共享的内容。因此，如果考生准备参加2024年的高级会计师考试，教材和大纲与2023年的相比不会有太大的变化，95%以上的内容仍然是原来的内容。

此外，高级会计师考试注重考查考生的实际业绩和能力，因此考生需要关注自己所在行业的发展趋势和新的会计准则、制度等变化，以便在考试中能够更好地应对相关问题。

在评审环节中，考生需要提前了解评审的相关政策和要求，并做好充分的准备。

总之，参加高级会计师考试和评审，考生都需要提前做好规划和准备，掌握相关的知识和技能，以应对考试和评审中的各种问题。

62.高级会计师就业前景如何？

高级会计师的就业前景是非常广阔的。随着经济的发展和企业的壮大，对高级会计师的需求也在不断增加。同时，取得高级会计师证书能够证明个人在会计领域具有较高的专业水平和综合素质，从而获得更多的职业机会和发展空间。

在就业方面，高级会计师可以在企业、事业单位等从事高级财务经理、财务总监、总会计师等职位，也可以在金融、投资、咨询等领域从事相关工作。此外，随着互联网技术的发展，大数据、人工智能等新技术在会计领域的应用也越来越广泛，高级会计师也可以在这些领域获得更多的机会和发展。

在发展前途方面，高级会计师可以通过不断的学习和实践，提高自己的专业水平和综合素质，获得更多的职业晋升机会。同时，取得高级会计师证书也可以为个人的职业发展带来很多好处，如提高工资待遇、获得更多的职业机会等。

总之，高级会计师的就业前景非常广阔，取得该证书可以为个人的职业发展带来很多好处。因此，建议有意向从事会计领域相关工作的人尽早准备和考取高级会计师证书。

63.如果考生所在单位规模小、职务低，高级会计师评审业绩报告怎么写？

对于在小型公司工作的考生，如果平时的工作都是基础性的，那么在高级会计师评审时，可以通过以下方式来展示自己的业绩。

（1）突出个人贡献。在描述自己的工作经历时，可以突出个人在财务工作中的贡献，如通过优化财务流程、提高工作效率等方式为公司节约了成本、提高了效益等。

（2）强调个人能力。可以强调个人在财务领域具备的专业能力和综合素质，如熟练掌握财务报表分析、税务筹划、财务风险管理等方面的技能，以及具备优秀的领导、协调和管理能力等。

（3）强调工作成果。可以列举一些具体的工作成果，如参与了哪些项目、取得了哪些成果、对公司的贡献有哪些等，以此来证明自己的工作能力和业绩。

（4）学习和成长。可以描述自己在工作中如何学习和成长，如通过参加培训、自学等方式不断提高自己的专业水平，以及如何适应新的工作环境和挑战等。

总之，在高级会计师评审中，考生需要展示自己的工作能力和综合素质，并且突出自己在财务工作中的贡献和成果。即使平时的工作都是基础性的，考生也可以通过以上方式来展示自己的业绩和潜力。

64.想要一次性通过高级会计师的考试和评审，应该如何准备？

为了顺利通过高级会计师的考试和评审，提前准备是至关重要的。

考生要明确考试和评审的具体时间和要求。考试通常在每年的5月进行，评审则在考试后的几个月内进行。考生要在考前提前制订好复习计划，确保有充足的时间进行准备。

准备考试时，考生要注重复习方法和策略，掌握重要知识点，提高解题速度和准确率。同时，考生也要注意合理安排时间，做好考前冲刺的准备。

对于评审环节的准备，考生需要提前梳理自己的工作业绩和能力，准备好相应的材料和证明文件。同时，考生要注意论文的准备，提前着手撰写论文或准备相关资料，避免因为时间紧张而影响论文的质量和发表。

考生要认识到考试和业绩的重要性。考生需要在考试前积极参与到工作中去，积累相关经验和能力，为未来的评审打下坚实的基础。同时，考生也要注意协调好考试和业绩之间的关系，避免因为考试而忽略了业绩的积累。

考生要保持积极的心态和态度，相信自己能够顺利通过考试和评审。在备考过程中遇到困难时，考生可以寻求老师和同学的帮助和支持，实现共同进步。祝愿大家能够一次性通过高级会计师的考试和评审！

65.基层岗位员工如何更好地通过高级会计师评审？

（1）尽早准备评审：因为评审需要准备很多材料，包括论文、业绩报告等，所以尽早开始准备可以更加充裕地完成各项任务，避免因为时间紧迫导致焦虑和失误。

（2）提高职务级别：如果职务级别较低，可以在与单位沟通后尝试提升自己的职务，比如从基层员工提升为会计主管或财务主管等，这样可以让评委更加信任你的能力和业绩。

（3）多元化业绩：如果目前所从事的工作比较单一或片面，可以积极参与到其他工作中去，比如参与预算、固定资产管理、资金管理等，这样可以累积更多的业绩，使自己的业绩更加多元化。

（4）积极沟通：可以与单位领导、同事等进行积极沟通，了解单位的管理和运作方式，从而更好地了解自己在工作中的角色和职责，有利于写出更好的业绩报告。

希望这些建议可以帮助基层岗位的考生顺利通过高级会计师评审。

66.高级会计师评审时业绩材料如何选取？

（1）选取近5年的工作业绩进行展示，以体现自己的工作成果是与时俱进的。如果在现在单位的工作时间不长，则现在单位的业绩可以占百分之二三十，其他写之前单位的业绩。

（2）针对之前单位久远的业绩，建议仅保留那些大型项目的工作业绩即可。

（3）注意选取合适的业绩时间节点，避免选取太久远的工作业绩（大型项目的工作业绩除外），否则会给评审委员会留下"现在不做财务了"的印象。

（4）如果自己所在的城市没有评审要求，也需要对自己的业绩进行审查，避免出现类似的问题。

67.高级会计师评审的流程是怎样的？

（1）了解评审流程：了解所在地区的评审时间和流程，以便提前准备。

（2）准备论文：提前撰写和发表论文，以免错过评审机会。

（3）准备业绩：根据所在地区的评审要求，提前挖掘和补充个人业绩，特别是近5年的业绩。其中，业绩的准备可以分为3个部分：基础业绩、重大业绩、管理业绩。

（4）了解评审政策：熟悉所在地区的评审政策和要求，以便在评审时能够做出合适的选择。

（5）寻求专业指导：如果对评审流程或政策有疑问，可以寻求专业机构的指导或咨询专业人士。

68.高级会计师评审业绩报告的准备技巧有哪些？

（1）业绩报告不是简单地套模板，而是需要结合自身情况进行撰写。

（2）模板只是提供一些格式和框架上的参考，考生需要结合自己的实际情况进行修改和撰写。考生需要结合工作经历、项目参与情况、工作内容等方面，用自己的语言描述各项业绩和数据，这样才能更好地展示自己的能力和经验。

（3）业绩需要有针对性的证明材料来支持，如预算、制度等。

69.中级会计师考试通过后的规划和准备是什么？

中级会计师考试通过后，可以提前为高级会计师考评做准备。

（1）中级会计师考试通过后，考生可以提前了解高级会计师考评的相关事项。

（2）要想获取高级会计师职称，考生需要具备一定的业绩和论文发表等条件，可以提前开始挖掘和准备。

（3）考生应先调整状态，熟悉高级会计师考试的内容和要求，为以后的考试做好准备。

尽早拿下高级会计师证书是实现升职加薪的途径之一。建议考生在通过中级会计师考试后，换一个心情和状态，提早进行高级会计师考评的规划和准备。

70.高级会计实务考试的备考攻略和注意事项是什么？

（1）了解考试大纲和考试要求。考生需要认真阅读考试大纲，了解考试的具体要求和考试形式，明确考试的重点和难点，从而制订科学合理的备考计划。

（2）系统学习，打好基础。高级会计实务考试涉及的知识点较多，考生需要系统学习各个知识点，掌握基本概念、理论和技能，打好基础。同时，考生还需要注重知识点之间的联系和区别，建立完整的知识体系。

（3）深入掌握重点内容。高级会计实务考试涉及的内容较为广泛，但重点内容较为突出，考生需要深入掌握重点内容，如合并财务报表的编制、企业合并、长期股权投资等。

（4）注重实践和应用。高级会计实务考试注重实践和应用，考生需要结合实际案例进行分析和应用。同时，考生还需要注重模拟练习和真题演练，提高自己的应试能力。

（5）注意时间管理和答题技巧。高级会计实务考试时间较为紧张，考生需要合理安排时间，科学规划答题顺序。同时，考生还需要注意答题技巧，如审题、分析、推理等，提高答题效率和准确性。

（6）保持积极心态。考生在备考高级会计实务考试时需要一定的时间和精力投入，需要保持积极心态，克服困难和压力，坚持到底。同时，考生还需要积极参与备考交流和讨论，共同学习和进步。

71.参加高级会计师评审的注意事项是什么？

不要错过每一次评审机会。

首先，考生应该积极参加评审，即使准备不够充分，也可以获得宝贵的经验和反馈。

其次，参加答辩的考生可以获得一次宝贵的评审答辩经验，同时现场答辩反馈对于业绩和经验的积累非常重要。

最后，上海市的学员要注意只能参加第一年和第三年的评审，条件比较苛刻，其他地区没有这个限制。

不要因为条件不好而放弃评审机会，尤其是有答辩的地区，参加评审可以获得宝贵的答辩经验和业绩反馈，对于以后的评审有很大帮助。

72.高级会计师考试和评审的有效期有多久？连续评审的规定是什么？

高级会计师考试成绩的有效期为3年，不同地区的评审时间存在差异。

评审分当年评和次年评两种情况。如果错过了当年的评审机会，还可以参加接下来两年的评审；如果当地当年没有评审，那么考生可以在第二年参加第一次评审。

如果连续评审未通过，考生需要总结原因（如评估自己的业绩和答辩表现）来提高评审通过率，而不是直接放弃。

73.高级会计师考试报名和评审的时间安排是怎么样的？

高级会计师考试报名时间一般为每年 1 月，考试时间一般为 5 月中旬，考试成绩一般在 6 月下旬公布。大部分地区的考生当年考试通过后即可参加当年评审，因此考生需要提前准备论文和梳理业绩。

由于评审工作为各省市自行组织，因此各地评审时间不同。但大部分省市为当年考试，当年组织评审，因此考生应结合考试、论文发表、业绩挖掘的情况，尽早做好准备，一般建议提前 6~12 个月开始准备，这样可以确保考试通过后，论文、业绩部分也同时满足参评要求，实现一年取证。如果未提前准备，考生很可能因为论文、业绩未满足要求而错过 1~2 年的评审机会。

74.高级会计师如何做好时间规划？

高级会计师取证流程严谨而系统，首先需成功通过理论考试，考试成绩在 3 年内有效。紧接着，考生需在成绩有效期内通过评审环节，只要 1 年内通过评审，即可获得高级会计师证书。若当年评审未通过，无需重复参加考试，考生可根据评审反馈优化自身表现，继续参与后续年份的评审。

为确保取证过程的顺利进行，最佳策略是提前启动备考计划。在考试年度的新课程发布前，考生可以依据上一年度的课程内容进行基础知识的系统学习。同时，备考期间应着手准备论文的撰写与发表工作，确保考试合格后，论文能够满足评审的学术要求。此外，考生还需充分了解并整理自身的业绩情况，在备考过程中进行必要的补充和完善，以确保在考试通过当年即具备参加评审的资格，且业绩部分在评审中具有较强的竞争力。通过这样的精心准备，考生将能够更高效地完成高级会计师取证流程，顺利获得证书。

75.高级会计师评审业绩的准备方法是什么？

参加高级会计师评审，考生需要提前准备业绩，因为职务不同，部分考生会存在接触的财务工作片面的情况，因此需要积极参与平时接触不到的业务，以保证业绩符合评审的要求。

比如一项投资业务涉及尽调、市场分析、资金筹措、资金拨付、风险控制等环节，那么考生只需要在其中参与过某个环节，该项业绩均可写为参与，同时突出该项投资后续经济效益，这就是一条拥有数据的重大业绩。

另外，参加高级会计师评审，考生需要充分准备，除了通过考试外，还需要提前发表职称论文。目前各地对论文的要求为 2~3 篇，发表周期长达 8~18 个月。

不同的业绩需要提供符合评审要求的证明材料。考生只有提前了解评审要求和标准，积极提升自己的财务工作能力，丰富财务实践经验，才能提高通过评审的概率。

76.高级会计师评审的通过率是多少？

各地高级会计师评审通过率不同，根据不完全统计，大部分地区的评审通过率为

55%~65%。近几年，高级会计实务考试报名人数增长显著，但是通过率没有明显降低或提高，这使得对评审阶段早有准备的考生更具优势。

若考生在评审准备阶段没有进行专门的培训与指导，当年很难具备竞争力，这样就给了业绩条件一般的考生一个机会。参评人员越多，对业绩较差的考生而言，越是机会，因为众多业绩较好的考生往往会选择自行参与评审，在不清楚业绩报告如何写的情况下，很难满足评审的业绩要求。反之，如果考生业绩比较普通，但是经过专门润色后，其评审表现是很有可能超过各单位中高层管理人员的。

77.高级会计师评审中业财融合的业绩应该怎么写？

业财融合是一个业务人员熟悉财务工作和财务人员深入了解业务的过程，而这个过程的结果可以作为评审的业绩。

财务人员熟悉业务后，可降低单位财务和业务风险，提高风险管理水平，为领导建言献策，提出有助于成本降低和业务增长的意见，并实现对财务管理盲区的更好管理。而业务人员掌握财务知识后，可以增强对财务工作的认同，节约成本，降低税负等。此外，业财融合还可以通过信息系统实现财务系统与业务系统的对接，实现动态化监控，更有助于全年战略目标的实现。

因此，在评审中将业财融合的业绩与其他管理内容结合，可站在财务角度之外突显管理水平。

78.高级会计师评审通过率较低和较高的是哪里？

高级会计师考试通过率可以通过试题难度、评分严格程度等方式进行控制。

评审通过率是国家给各个省市每年下发的恒定通过率，一般为50%~65%。根据以往情况可知，上海市、广州市等地的通过率较低，为25%~35%；青海、云南和甘肃等地的通过率较高，为70%~80%。

各地也有相应的评审标准，包括基本条件、答辩情况、业绩情况等，其中基本条件包括职务等因素，但影响不大。

79.高级会计师评审的打分标准和流程是什么？

高级会计师评审分为需要答辩和不需要答辩两种类型。

在需要答辩的地区，答辩成绩占整个评审成绩的50%，评委有一票否决权。在答辩环节中，评委主要看工作业绩并提出问题，如果工作业绩不够出色，评委很可能不会给出高分。

在不需要答辩的地区，评委主要看工作业绩和基本条件，其中工作业绩占70%，基本条件占30%。评委通过优中取优的方式进行评审，通过率相对较高。

总之，在高级会计师评审中，考生需要针对不同地区和政策进行充分准备。对于需要答辩的地区，考生要注重提高答辩环节的表现；对于不需要答辩的地区，要注重充实工作业绩和基本条件。同时，考生要了解评委的评审标准和习惯，以便更好地应对评审中的各种情况。

80.高级会计师答辩的注意事项和准备内容是什么？

在需要答辩的地区，答辩是高级会计师评审的重要环节，需要注意论文和工作业绩两个方面的问题。

论文方面的问题可能涉及论文中的某个点或框架，需要提前了解论文内容并做好准备。

工作业绩方面的问题可能涉及时间较近、资金规模较大或评委熟悉程度较高的项目，需要提前梳理自己的工作业绩并做好准备。

不同地区答辩时间和自我介绍要求不同，考生需要提前了解相关政策和要求。自我介绍不要过长，以免被评委打断。

总之，在高级会计师评审答辩环节，考生需要充分准备，特别是论文和工作业绩方面。考生需要了解论文内容和设想评委可能提出的问题，并做好回答准备。同时，考生需要了解不同地区的答辩政策和要求，并按照要求进行准备。在准备过程中，考生可以结合其他考生遇到的问题和素材进行研究和思考，以提高答辩通过率。

81.高级会计师评审的加分项是什么？

针对高级会计师评审加分项，浙江、广东、广州、深圳以及西藏这5个地方公布了评分的细则，可以从中查看分值。其他地区可关注以下几点。

（1）高学历对评审有利，但不必为了评审而特意提升学历。
（2）从事财务工作的年限也是评审的一个因素，但不必过于担心年龄劣势。
（3）年度考核的结果对评审有影响，但不必过分追求优秀。
（4）考试成绩对评审没有直接影响，但可以作为自我介绍的一部分提及。
（5）学术成果是评审中一个重要的加分项，包括论文、课题、出书等。
（6）高职务级别对评审有利，可以通过与单位沟通提升职务级别。
（7）其他加分项包括单位获奖、先进工作者等，但这些内容对评审的影响有限。

在准备高级会计师评审时，考生要结合自身情况，明确哪些因素可以提升自己的评分，并努力去实现。同时，考生也要注意不要走弯路，不要为了评审而特意去提升学历、考取额外的证书等。

82.高级会计师评审中业绩报告的写作方法和注意事项是什么？

高级会计师评审中，各地对于业绩报告的字数要求不同，但一般建议考生撰写8~12项业绩，在确保业绩多元化的同时，保证每项业绩应为一个独立的事项。

不同类型的业绩可以分开写，但同一类型的业绩应合并为一项。不要将多项业绩混在一起，以免影响评委的理解。例如，制定八项制度可以作为一项业绩，不建议将某一类型业绩拆开变成多项业绩，否则会造成整体比例出现问题，导致无法突出个人工作业绩。

写作业绩报告时，考生应注意条理清晰、逻辑严谨，避免出现重复或无关的内容。

同时，业绩报告应尽量突出数据，可量化的内容更容易受到评委的青睐，比如节约××万元、降低××%、该项目造价××万元等。建议已经失败或者尚未有结果的工作不写入业绩报告。

83.高级会计师评审的必备要求是什么？

考生参加高级会计师评审有两个必备要求。首先，考试成绩需要在有效期内。其次，所撰写并发表的论文必须符合当地的评审政策要求。目前，高级会计师评审基本上都要求发表论文，不同地区的要求可能不同，论文一般要求为2~3篇。此外，有些地方还要求论文被网站收录。因此，为了顺利通过评审，考生有必要提前计划评审环节的工作。

近几年，高级会计师评审的竞争非常激烈，参加考试的人数越多，需要发表论文的人数也就越多。会计、经济、审计、统计职称评审都要求考生将论文发表在经济类期刊上。经过中宣部在2021年大规模的整改，许多杂志社都被淘汰了。现在剩下的杂志社已经不多了，因此，建议大家尽早准备论文，确保评审时满足参评条件。

84.如何快速拿下高级会计师证书？

首先，我们要了解高级会计师取证的全过程，包括考试和评审两个环节。对于考试，我们需要通过高级会计实务考试，取得60分以上的成绩，成绩有效期为3年。对于评审，各地区要求不同，但通常需要2~3篇财务经济相关的论文，以及业绩报告，有的地区还需要答辩。因此，要快速取证，我们需要做好以下3步。

第一步是提前备考，全面了解考试内容和形式，掌握考试技巧，提高应试能力。高级会计师考试报名时间一般是每年1月，考试时间一般是5月中旬，尽量在考试前一年开始进行学习，考试教材及大纲每3年才会出现较大调整。

第二步是提前发表论文。论文是高级会计师评审的必备条件之一。发表论文需要经过投稿、审稿、修改、排版等阶段，这个过程周期长达8~18个月。因此，我们要提前准备论文，尽早发表，以免影响高级会计师评审。同时，我们还需要注意论文的质量和相关性，要选择合适的期刊和研究方向，确保论文能够被评审委员会认可。

第三步是做好挖掘业绩。工作业绩是否有竞争力，将直接影响到考生能否通过高级会计师评审。考生需要提前梳理自己的工作经历和成果，结合本教材业绩部分的讲解，结合自身工作，尽早对业绩进行补充和完善。同时，考生注意业绩的真实性和完整性，要提供可靠的证明材料。

综上所述，要快速拿下高级会计师证书，我们需要同时做好考试、论文和业绩三方面的工作。只有全面准备，才能提高取证效率。

85.没有从事会计工作可以参加高级会计师评审吗？

有些考生在取得中级会计职称后，由于各种原因不再从事财务工作。如果他们想参加高级会计师评审，是否可行呢？答案是肯定的，但需要克服一些难点。

在撰写工作业绩时，考生需要刻意避免工作业绩中对于自己非财务人员身份的描述，与众多考生一样，应以较高的视野描述自身的财务工作与管理能力。例如，如果你现在是总经理，负责单位的整体运营和管理，那么可以描述自己如何通过开展各项财务工作促进单位的整体发展，取得了怎样的经济效益，解决了哪些财务难题等，这样的描述可以使你的业绩更加多元化，同时让评委看到你目前仍活跃在财务和相关管理领域。

如果参评地区需要进行答辩，评委可能会针对你的论文和工作业绩提出一些问题。因此，在参加答辩前考生要确保已经充分熟悉个人业绩，以回答评委可能提出的问题。

即使已经不再从事财务工作，只要能够克服这些难点并在评审中展现出自己的专业水平，一样是可以通过评审，取得高级会计职称的。

86.高级会计师评审中工作业绩很重要吗？

评审是高级会计师的必然环节，其中业绩部分的占比为65%~70%。在非答辩省市中，评委见不到考生本人，那么怎么判断考生是不是具备高级会计职称的任职资格呢？评委主要就是根据考生的工作业绩，工作业绩在非答辩省市的占比达到了70%，所以考生如果要提升自身的竞争力，确保一次性通过评审，那么对于工作业绩的优化一定是重中之重。在答辩省市中，答辩成绩占比约50%，业绩部分占比约35%，虽然答辩成绩占比高于业绩部分，但实际上评委在根据考生工作业绩提出答辩问题时，如果考生的业绩不理想，换而言之，即评委觉得该考生工作业绩尚未具备高级会计职称的任职资格，那么实际答辩的分值也很可能不高。因此，广大考生应以工作业绩优化为首要任务。除此之外，考生也可以通过一些其他手段进行加分，比如额外发表论文、参与课题，甚至出版专业著作来提升评审竞争力，借以弥补业绩部分的不足。总而言之，理想的工作业绩是通过评审的先决条件，一切应以工作业绩优化为先。

87.单位规模对高级会计师评审有影响吗？

根据评审政策文件，单位规模对高级会计师评审是有影响的，但考生所在单位的规模与工作职务是并行的，也就是说职务越高且单位规模越大，考生越有优势，但也不能一概而论。比如某考生是大型企业的基层岗位员工，在挖掘、撰写业绩的时候，可能会面临着很多阻碍，随着单位体制的健全，基层岗位员工所能接触到的工作内容有限，无法实现全局把握，最终业绩相对来说不够多元化。

反之，如果考生虽然任职于小型企业，但职务较高，甚至是财务负责人，那么很可能参与该单位中的大多数财务工作，比如投融资管理、税务筹划、三重一大等事项，以及常规的预算编制与执行、信息化建设、成本管理等事项，那么该考生最终所展现出的业绩要远超大型企业的基层岗位员工。

因此，只要业绩全面、数据突出，不论身处何种规模的单位，考生的整体业绩都不会太差，通过评审也就指日可待了。

88.高级会计师评审太难了，我要放弃吗？

不少考生认为高级会计师评审太难了，自己条件太差了。这主要有以下几个因素。

第一个是职务单一，目前的业绩相对来说较少。第二个是目前可能已经不在财务岗位了，在看到评审要求后，认为评审太难了。第三个是觉得自己年龄太大，各方面的条件都不好，或者年龄太小，工作经历不够丰富。总之，或主观或客观的因素，导致一部分考生对高级会计师评审望而却步，但是，这些都不是必须放弃的理由。现阶段，"80后"是参加高级会计师评审的主力军，年龄并不是问题，关键在于考生个人的工作业绩。此外，人们常说"财务越老越吃香"，事实上对于年龄大、工作资历较深的考生来说，高级会计师评审是有加分的，根据评分标准，大学毕业参加工作后，每满3年加1分。

因为个人业绩、职务不高导致参评信心不足的考生一定要注意，我们的日常工作都不是以评审为目的做的，短时间内业绩条件不好是很正常的。高级会计实务考试成绩3年有效，实际上给予了我们参与评审、不断进步的动力。因此，业绩较差的考生更应该提前准备评审相关内容，时刻关注工作中对业绩提升有帮助的项目，逐年累积，不要轻言放弃，每年以基层岗位通过评审的考生大有人在。

89.高级会计师评审内容主要有哪些？

在高级会计师评审中，熟悉评分标准是非常重要的。评审内容主要包括三大部分，即基本情况、工作业绩和答辩能力。

首先，基本情况包括你的学历、工作年限、学术成果和论文等，这些条件是基础，但并不是决定你通过评审的关键因素。

其次，工作业绩是评审中最重要的部分，它占了整个评分的大部分。如果你的工作业绩不够出色，那么你很可能无法通过评审。因此，你需要花时间总结和优化你的工作业绩，确保能够充分展示出你的能力和贡献。

最后，答辩能力也是评审中的一个重要因素。在需要答辩的地区，你需要具备良好的口头表达和应对问题的能力。如果答辩表现不佳，可能会对你的评审结果产生不利影响。

总的来说，高级会计师评审的评分标准是综合性的，它不仅考查你的基本条件，还注重你的工作业绩和答辩能力。因此，你需要全面准备，从各个方面提高自己的竞争力。

没有通过评审的考生需要按照答辩表现、整体业绩表现、基本条件的先后顺序，总结此次答辩得失，并于下一次参加评审前查漏补缺，争取下次顺利通过评审。

90.第一年没有参加评审，第二年会有影响吗？

很多考生在查询考试成绩后才开始准备论文发表事宜，往往会因此错过第一次评审的机会，根据以往的经验来看，这在大部分地区是没有影响的。但在上海市的考生需要注意，上海市评审政策要求如果考生评审没有通过，第二年是不允许参加评审的，也就是说，上海考生最多只能参加两次评审。

若因为各种原因，考生已确认下一次评审无法参加，那么，应好好利用这一年时间准备论文，并优化个人工作业绩，避免浪费时间。而各地评审委员会不会根据考生参评次数而降低或提高评审要求。

91.高级会计师评审答辩有哪些技巧？

答辩的难点主要在于前期复习方向的准确性。一旦复习方向出现错误，即使前期准备再充分，对后续的答辩也可能没有太大的帮助。因此，考生需要确保复习方向的正确性。

自我介绍需要提前准备好，并且对时间的把控要到位。许多考生在答辩时拿着稿子，可能是因为还没有背下来，对时间的掌握也可能不够准确。

自我介绍结束后，马上进入评委提问环节，考生可能没有足够的反应时间。考生在阐述单位情况的同时，要边说边思考，不要试图背诵某个问题的答案，因为针对同一个领域，评委可能会从不同的角度提问。

考生拿到问题时，如果不知道从何说起，可能会导致冷场，这是答辩过程中一个比较忌讳的问题，因为评委可能会因此认为你对相关知识掌握得不够扎实。

为了解决这些问题，考生可以采取以下策略。首先是结合论文和实际工作去思考，根据论文中写到的内容，如在单位做了哪些工作、解决了哪些实际问题等，来组织答案。

其次，要明确所在地区的政策规定，比如答辩整体时长要求、自我介绍时间限制（一般为1~3分钟）、答辩的整体时间限制等，避免答辩中回答时间过短造成评委的追问，或因超时被评委打断终止。

92.影响高级会计师评审通过的因素有哪些？

不同地区的高级会计师评审的流程基本一致，要掌握影响因素，首先需要了解评分标准是怎样的。在答辩地区，答辩占比约50%，工作业绩占比30%~35%，剩余部分为考生的基本条件。在非答辩地区，工作业绩占比约70%，基本条件占比约30%。因此，在充分了解评分标准后，考生应优先将占比较高的部分尽可能地多拿分，这样才能使自己在评审中更具竞争力。考生在工作业绩和答辩上已经不太可能再提升的情况下，还可以利用基本条件获得加分，比如学历、职务、单位规模、年度考核结果等，抑或是学术成果方面，如额外发表的论文、课题、专著等。

93.年龄大了还有必要考取高级会计师证书吗？

近年来，很多考生在准备参加高级会计实务考试前心里都特别纠结：自己年龄大了，可能还有几年就该退休了，那现在考还合适吗？以目前的市场情况来看，各个领域均对职称较为看重，如果距离退休还有3~10年的时间，笔者还是建议考生考取的。在评审环节中，年龄大、工作阅历丰富是评审的优势之一，依据评分文件标准，从事财务工作，每满3年加1分，这也算是对大龄考生的一大利好，同时从业经验丰富也意味着工作业绩更出彩，更加容易通过评审。因此，大龄考生应该保持积极向上的状态，早日考取高级会计师证书。

94.高级会计师评审业绩中的重点是什么?

首先是基础业绩,主要包括制度建设和内控,在整体业绩中占比15%~20%即可,但不能没有。其原因有两点:一是满足政策要求,二是为纸质材料提交增加数量优势。现场审核中,制度内容占多数。

其次是重大业绩。在实际工作中,不论主持还是参与,只要给单位带来了经济效益、社会效益,以及解决了相关财务难题的结果的工作,均属于重大业绩。这些内容是评委判断考生业绩是否突出的重要依据,且重大业绩要达到整体业绩的50%以上。

最后是管理业绩。日常工作中的一些常规工作均在此列,如编制预算、预算控制、绩效考核、升级财务软件等,还包括一些重大项目,如IPO、并购、上市、重组等,均可突出个人工作能力。管理业绩没有具体比例,考生依据基础业绩及重大业绩的占比灵活把握即可。

以上各部分业绩占比均合适的前提下,考生再通过语言描述把各项业绩串联起来,便可在评审环节做到让评委眼前一亮。

95.取得高级会计职称可以对生活带来哪些改变?

(1)提升职业竞争力。高级会计职称是会计领域中的高层次职称,拥有该职称的人在职业发展中有更多的机会和优势,可以在竞争中脱颖而出。

(2)增加职业机会。取得高级会计职称可以获得更多的职业发展机会,如进入大型企业、金融机构、政府机构等单位工作,也可以选择成为自由职业者或自己创业。

(3)提升工资待遇。拥有高级会计职称的人在职业发展中更容易获得高薪职位,同时也可以在现有工作中获得更好的薪资待遇和福利。

(4)增加社会地位。在职业领域中,拥有高级会计职称的人往往被视为精英人才,不仅会受到社会的尊重和认可,也会提升个人的社会地位。

(5)提升个人能力。取得高级会计职称需要掌握大量的知识和技能,通过考试可以不断提升个人的专业能力和综合素质,这些能力和素质在职业发展中也会发挥重要作用。

(6)增强自信心。取得高级会计职称是对自己能力的一种肯定和证明,可以增强自信心和自我价值感,从而在职业发展中更加自信和坚定。

总之,取得高级会计职称可以带来职业发展、薪资待遇、社会地位和个人能力等多方面的提升,对于想要在职业领域中有所作为的人来说,考取高级会计职称是一个非常不错的选择。

96.高级会计师答辩应该如何准备?

高级会计师答辩是评审过程中非常关键的一环,需要充分准备以展现个人的专业能力和素养。答辩的核心是对个人论文和工作业绩的考查。首先,在答辩前,考生应深入理解和熟练掌握论文内容,理解论文的整体架构,熟悉论文各个论点与工作是否有结合,并梳理相关工作的实际案例,便于作答过程中有理有据。

其次，对自己提供的工作业绩要有充分的了解和准备，如在业绩中有写到预算管理，需要将实际工作中是开展预算管理工作的各项细节充分熟悉，以便在作答时可以结合实际工作展开，更易突出管理职能。

最后，结合所在地区的答辩政策，梳理总结自我介绍，依据各地政策的不同，自我介绍建议 3 分钟以内。自我介绍的核心是给现场评委留下较好印象，并非要把诸多业绩一并表述，而是要选择部分较为重大的业绩进行重点描述。

在答辩时，应保持语速适中、逻辑清晰，尽量用简洁明了的语言回答问题。同时，要注意与专家的交流，避免自说自话，适时地回应专家的提问和意见。

总之，高级会计师答辩需要全面、深入地准备，不仅要对论文和工作业绩有充分的了解和准备，还要注重答辩技巧和形象展示。通过充分的准备和练习，可以更好地应对答辩过程中的各种挑战，展现出个人的专业能力和素养。

97.高级会计师评审没有通过，是因为什么？

结合以往经验，未通过高级会计师评审，考生可能通过以下方式进行自我检测。

（1）答辩省市需要考虑答辩表现，是否作答流畅，有没有跑题、冷场的情况发生。
（2）业绩是否数据突出，业绩数据是否足够，是否存在同类型项目拆分成多条的情况。
（3）业绩佐证材料是否齐全，是否可以证明各项业绩真实存在。
（4）岗位是否为非财务岗或讲师。
（5）各项业绩中，是否存在较大业绩空白，如 2024 年参评，大多数业绩截止到 2021 年。

按照上述顺序逐个自查，一般可以找到评审未通过的原因。

98.高级会计师评审答辩如何准备？

各地答辩政策不同，主要体现为整体时长、自我介绍时长不同。考生在准备答辩前要先明确答辩内容。根据各地答辩指导经验，各地答辩提问均围绕论文及工作业绩展开，一般为两个问题，因此考生需要充分熟悉论文方向及论点，注意，不是背论文，而是基于论文中写到的各个点，结合实际工作进行思考。在作答时，考生应以单位和个人的实际情况为准进行作答，不需要用到论文中的语言。

业绩部分也是如此，建议考生熟悉各项业绩中的问题及对策，评委较易以"问题及对策""难点与措施"的方式进行提问，因此考生可以结合论文和工作业绩，提前给自己预设问题，并反复练习。答辩当天收到问题后，考生需结合近期准备，进行灵活调整。

常见的提问方式如下。
（1）结合工作实际，谈一谈××××的问题及对策。
（2）如何加强资产管理，实现资产保值增值？
（3）税务筹划的风险有哪些？如何做好防范？
（4）谈一谈你作为财务总监的贡献和成效。

99.单位领导也参评，我是不是没戏了？

一般来说，评审是以个人为主，并非某单位只能通过一个人或几个人，但是如果单位有其他同事、领导同年参评，需要注意业绩部分尽量避免重合。如果两人或多人都写了主持某一项工作，或多人都参与了某一项工作，还都是做的同样的事，这样的情况出现在一些审核严格的省市，会判为"双输"。

此外，考生不要认为领导就一定业绩很好，立场不同，对政策熟悉程度不同，所体现出的工作业绩就不同，或接地气，或宏观，或展望，只有突出个人对单位财务工作、管理效果的贡献，才是好业绩。因此，寻求专业团队的指导尤为重要，在能力范围内突出各项管理水平，才能不惧阻力，顺利通过评审。

100.刚来新单位不久，没工作业绩怎么办？

高级会计师评审的业绩选取范围为取得中级会计职称后，直至参加评审当年，也就是说在这段时间里不论某一年，工作单位是哪里，对应的工作业绩均可用于评审的申报。

如果刚来新单位不久，很有可能还没有重大业绩的产生，因此业绩报告中关于新单位只写一些简单常规的内容，如制度建设、预算管理、人才培养等，其他主要内容取自前单位或更早之前的工作单位。需要注意的是，前单位的业绩佐证材料不需要原单位盖章，由申报单位盖章即可，评委也是认可的。因此，若考生近期有换单位意愿，务必在离职前，将各类业绩佐证材料收集好，便于之后评审使用。

写在最后

在本书的结尾部分，我想为读者提供一些个人的感悟和期望，作为这次学习之旅的总结和展望。首先，我要感谢每一位读者，感谢你们对本书的信任和选择。编写一本实用性强的评审指南是我多年以来的一个想法，在教学指导中，有大量的考生曾因对政策不熟悉、对业绩无从下手、不熟悉评审标准等未能短时间通过评审。因此，在本书的编写过程中，我倾注了大量的心血和汗水，力求为读者提供一份全面、系统、实用的学习资料。我深知评审的重要性，也理解读者对知识的渴望和追求。因此，我真诚地希望读者能够从中受益，实现自己的"高会梦"。

其次，学习是一个充满挑战和乐趣的过程。在这个过程中，我们不仅要获取评审知识，更要通过案例举一反三。高级会计师评审是个性化的，每个人的工作经历、业绩、学术成果等内容均不相同。在业绩准备期间，我们要充分发挥思辨能力与创新能力，找到自己的优势，淡化自己的劣势，从而切实提升评审竞争力。我希望读者能够借助本书，不断探索和思考，将所学知识转化为自己的评审竞争力，从而在评审中脱颖而出。

再次，我想强调的是，学习不仅仅是为了应对评审或者获得职称，更重要的是提升自己的综合素质和人生价值。在这个快速变化的时代，我们需要具备更强的适应能力和创新能力，才能更好地应对未来的挑战和机遇。因此，我希望读者能够将学习作为一种生活方式，持续不断地学习新知识、新技能，为自己的会计人生奠定坚实的基础。

最后，我再次感谢读者的陪伴和支持。是读者的阅读，让本书有了生命和价值。希望我们在未来的日子里，能够继续携手前行，共同探索知识的无穷魅力，成就更加辉煌的未来！